왜 그들이 이기는가

그림 출처

53p © Danny Shanahan - The New Yorker Collection / The Cartoon Bank
116p © Dana Fradon - The New Yorker Collection / The Cartoon Bank
125p © Lee Lorenz - The New Yorker Collection / The Cartoon Bank
140p © Peter C. Vey - The New Yorker Collection / The Cartoon Bank

성공하는 문화의 새로운 패러다임

왜 그들이 이기는가

MOVE UP

클로테르 라파이유·안드레스 로머 지음 | 이경희 옮김

나는 인류의 상향 이동에 도움을 준 모든 사람들에게 이 책을 바치고 싶다. 직립보행을 시작으로 인간이 마침내 달에 첫발을 내딛었듯이, 우리도 이 책을 펴내면서 인류의 상향 이동에 첫걸음을 내딛었을 뿐이다.

나에게 영감을 준 모든 사람들에게 감사한다. 내가 10대였을 때는 볼테르, 데카르트, 토머스 제퍼슨, 알렉시 드 토크빌에게 영감을 받았다. 점점 자라면서 레비 스트로스, 앙리 라보리, 루스 베네딕트, 에드워드 홀에게 영감을 받았다.

하지만 나는 무엇보다도 아프리카의 가장 열악한 지역에서 최근에 태어난 여자아이에게 영감을 받았다. 이 책은 지구의 미래인 그 여자아이를 위한 것이다. 나는 언젠가 그 아이가 상향 이동의 방법을 다음 세대에게 가르치리라 확신한다.

클로테르 라파이유

내가 영원히 사랑하는 사람들, 알레한드로, 데이비드, 발레리아, 페니, 오스카, 나디아, 파멜라에게 이 책을 바친다.

나는 여러분과 미래 세대가 구속 없고 깨달음이 가득한 세상에서 살기를 바란다.

크리스토퍼 히친스(1949~2011)를 추모하며…….

안드레스 로머

추천의 말

"인간은 왜 선택, 이동, 진화, 생존 요건 등을 더 많이 실현하려고 분투하는 것일까? 문화, 환경, 교육이 어떻게 사회의 상향 이동을 이끄는 것일까? 이 책의 저자들은 사회과학과 생물학 간의 패러다임을 통해 이 문제들을 파헤치고 있다. 《왜 그들이 이기는가》는 사회적, 지적, 경제적 수준을 높이려는 인간의 욕구 이면에 숨겨진 문화와 생물 논리의 특성을 설명하고 있다. 놀랍게도 우리의 생물학적 욕구에 논리가 필요하다는 것이 핵심이다!"

-마리오 J. 몰리나 Mario J. Molina
(마리오 몰리나 센터 회장, 1995년 노벨 화학상 수상자)

"《왜 그들이 이기는가》는 처음부터 끝까지 완전히 몰입하게 만드는 아주 흥미로운 책이다. 인간의 생물학적 특징과 문화의 복잡한 기반 내에서 발전하려고 노력하는 인간의 욕구를 상세히 소개하고 있다. 이 책은 발전하기 위해 극복해야 할 장애를 중점으로 행복을 위해 진보할 수 있는 참신한 아이디어를 제시한다. 《왜 그들이 이기는가》는 올해 내가 읽은 책 중에 단연코 가장 훌륭한 책이다."

-데이비드 M. 버스 David M. Buss
(《진화심리학 *Evolutionary Psychology*》, 《욕망의 진화 *The Evolution of Desire*》 저자)

“《왜 그들이 이기는가》는 사회의 발전에 영향을 미치는 문화와 생물학의 상호작용에 대해 아주 도발적이면서 흥미로운 문제를 제시하고 있다. 독자들은 이 책의 저자들이 제기한 중요한 문제들을 참신한 방법으로 생각해 볼 수 있다.”

-다니엘 L. 샥터Daniel L. Schacter

(하버드대학교 심리학과 윌리엄 R. 케넌William R. Kenan, Jr. 교수,

《기억의 일곱 가지 죄악 *The Seven Sins of Memory*》의 저자)

“성공하는 사회가 있고 그렇지 않은 사회가 있는 이유를 어떻게 설명할 수 있을까? 또 인간의 기본적인 욕구를 가장 잘 충족하는 사회를 어떻게 만들어낼 수 있을까? 2천 년 전, 플라톤은 제대로 확립된 사회와 제대로 확립된 영혼(생각, 감정, 의지 세 가지 요소가 모두 조화를 이루는 영혼)을 비교했다. 매우 흥미롭고 이해하기 쉬운 이 책을 통해 라파이유와 로머는 폴 매클린의 ‘삼위일체 뇌’ 모형을 이용하여 플라톤의 프로젝트를 현대화했다. 그렇게 해서 그들은 발전하는(상향 이동을 하는) 사회와 침체되고 쇠락하는 사회의 차이를 만들어내는 요소가 무엇인지 알아냈다. 실제적인 지혜로 가득한 이 책은 사람들에게 흥미와 깊은 사고를 유도한다. 나는 이 책을 매우 재미있게 읽었고 독자들도 그럴 것이라 생각한다.”

-데이비드 리빙스턴 스미스 David Livingstone Smith

(심리학자이자 철학자, 《거짓말쟁이는 행복하다 *Why We Lie*》 저자)

"여러분이 국가의 지도자로 선출되어 국민들이 이전에는 누리지 못했던 행복, 번영, 안전, 자유 등을 최고의 수준으로 누리게 하고 싶다면 어떻게 해야 할까? 무엇보다 먼저 클로테르 라파이유와 안드레스 로머의《왜 그들이 이기는가》를 읽어보아야 한다. 그리고 이 놀라운 책에서 말하는 과학과 기술을 비롯해, 역사상 가장 훌륭한 사상가들의 지혜를 활용하여 두 저자가 만들어낸 데이터에 따라 목표를 달성할 가장 좋은 방법을 결정해야 한다. 《왜 그들이 이기는가》는 실현 불가능한 것이 아니라, 시대를 넘어 세상의 많은 사람들이 더욱 만족스럽고 성공적인 삶을 살 수 있는 현실적인 계획을 제시한다."

-마이클 셔머Michael Shermer
(스켑틱 매거진Skeptic magazine 대표, 《믿음의 탄생*The Believing Brain*》, 《우리는 어떤 식으로 믿는가*How We Believe*》 저자)

"지금까지 안드레스 로머는 인권과 효율적인 민주주의를 고취할 뿐 아니라 중요한 과학적인 아이디어로 사람들의 이목을 끈 선도자였다. 또 클로테르 라파이유는 효과적인 마케팅 전략을 창출하기 위한 심리학 분야의 선도자였다. 《왜 그들이 이기는가》에서 라파이유 박사와 로머는 찰스 다윈, 알베르 카뮈, 지그문트 프로이트, 닥터 수스, 나폴레옹 보나파르트 등 독특하고 다양한 인물들의 도움을 받아 과학자, 의사전달자, 동기부여가, 활동가로서 자신들의 모든 재능을 보여주고 있다. 그들은 개인과 사회가 어떻게 이동할 수 있는가를 잘 보여준다. 물론 목표는 상향 이동이다! '생존, 성, 안전, 성공'에 가치를 둔다면 삶을 바꿀 여정을 떠날 준비를 하라!"

-데이비드 P. 바래시David P. Barash
(워싱턴대학교 심리학과 교수, 《인류의 수수께끼*Homo Mysterious:Evolutionary Puzzles of Human Nature*》 저자)

"라파이유와 로머는 '어떻게 하면 우리가 번영할 수 있을까?'라는 대단히 중요하면서 두려울 정도로 복잡한 문제에 심혈을 기울였다. 그들은 흥미로운 방식으로 많은 아이디어와 증거를 쏟아내며 여러 관점에서 그 문제를 세밀하게 검토했다. 또한 폭넓은 범위에서, 국가가 어떻게 상향 이동을 하는지에 대해 관심 있는 독자들에게 흥미를 불러일으킬 뿐 아니라 영감을 불어넣을 것이다."

-로버트 커즈번Robert Kurzban

(펜실베이니아대학교 심리학과 부교수, 《진화와 인간 행동 *Evolution and Human Behavior*》 편집장)

"《왜 그들이 이기는가》는 아주 멋진 책이다. 클로테르 라파이유와 안드레스 로머가 저술한 이 흥미로운 책은 사람들이 새로운 방식으로 생각해 볼 수 있게 한다. 이 책은 이론적인 범위가 넓고 규모도 어마어마하지만 더 좋은 삶을 위한 실제적인 제안들로 가득하다. 이 책은 사람들이 세상을 바라보는 방식에 변화를 줄 것이다."

-배리 슈워츠 Barry Schwartz

(《점심 메뉴 고르기도 어려운 사람들*The Paradox of Choice*》 저자)

"뇌와 문화의 유사점은 무엇일까? 이 책은 흥미롭고 도발적이면서도 신랄하다. 이 책을 통해 삶과 사회가 유용한 방향으로 이동하는 방법에 관해 독자들이 많은 생각을 해볼 수 있다."

-데이비드 이글먼David Eagleman

(신경과학자, 《썸 : 내세에서 찾은 40가지 삶의 독한 비밀들 *Sum:Forty Tales from the Afterlives*》, 《인코그니토 : 나라고 말하는 나는 누구인가 *Incognito:The Secret Lives of the Brain*》 저자)

“사랑하는 친구들, 클로테르 라파이유와 안드레스 로머가 주장한 개념들이 아주 마음에 든다. 성공적인 미래를 위해서는 그 나라의 문화 코드가 절대적으로 중요하다. 문화는 매우 중요하다. 기쁜 사실은 우리가 바뀔 수 있다는 것이다. 또 사고방식을 하나하나 바꿀 수도 있다. 모두 우리 자신에게 달려 있다. 여러분은 상향 이동을 하기로 마음먹어야 한다. 그것이 어쩌면 고향을 떠나는 일이 될 수도 있다. 이 책을 읽어보면 왜, 어떻게 해서 그래야 하는지 이해할 수 있다.”

-리카르도 살리나스 플리에고 Ricardo Salinas Pliego
(그루포 살리나스 Grupo Salinas 설립자)

“한 나라의 문화는 언제 사람들의 발전을 저지하고 또 언제 발전을 촉진할까? 경제, 사회, 외교 등의 정책 변화를 이끄는 데 충분히 도움이 될 만한 이런 포괄적인 문제에 대답하기는 매우 어렵다. 라파이유와 로머는 설득력 있고 일관성 있는 지침을 체계적으로 제시한다. 과거에 무엇이 효과가 있었고 없었는지, 그뿐 아니라 이유에 관한 설득력 있는 주장과 이론들을 제시하고 있다. 이런 지침을 너무 ‘서구적’인 토대에 기인하는 것이라거나 편협한 방식으로 몰아붙이려는 사람들은 다른 패러다임들이 얼마나 오랫동안 실패하고 결국은 포기했는지를 자문해 보아야 할 것이다.”

-오브리 드 그레이 Aubrey de Grey
(센스 연구 재단 SENS Research Foundation 책임자, 《노화의 종말 *Ending Aging: The Rejuvenation Breakthroughs That Could Reverse Human Aging in Our Lifetime*》 공동 저자)

"클로테르 라파이유와 안드레스 로머는 대단한 작가들이자 타고난 선동가들이다. 그리고《왜 그들이 이기는가》는 굉장히 좋은 책이다. 알기 쉽게 저술되었고, 행복, 자유, 번영을 이끄는 환경에 대해 매우 창의적으로 탐구했다."

-폴 블룸 Paul Bloom

(예일대학교 심리학과 교수, 《선악의 진화심리학 *Just Babies*》 저자)

"성, 성공, 생존, 안전, 파충류 뇌에 관해 지금까지 읽어본 것 중에서 가장 좋은 책이다. 로머와 라파이유는 흥미롭고 재치 있고 명료한 방식으로 현대 인간의 조건과 삶에 관한 어려운 개념을 설명하는 놀라운 과업을 이루었다. 삶이 무엇이고 어떻게 변화할 수 있는지를 배우고 싶은 사람이라면 누구든 이 책을 적극 권하고 싶다."

-아미르 D. 악젤 Amir D. Aczel

(《페르마의 마지막 정리 *Fermat's Last Theorem*》 저자)

"《왜 그들이 이기는가》는 사람들과 국가가 상향 이동, 창의력, 재능의 장애물을 평가할 수 있는 강력하고 새로운 공식을 제시하는 역작이다. 내용이 깊고 흥미로운 책이다."

-루안 브리젠딘 Louann Brizendine

(《여자의 뇌, 여자의 발견 *The Female Brain*》, 《남자의 뇌, 남자의 발견 *The Male Brain*》 저자)

"《왜 그들이 이기는가》는 '글로벌 시대에 어떤 나라들이 국민의 상향 이동을 촉진할까?'라는 중요한 문제를 다루고 있다. 이것은 사회과학자들이 오랫동안 연구해 온 문제이지만 라파이유와 로머는 진화생물학, 인류학, 동물학의 견지에서 그 문제를 살펴보고 새로운 관점으로 답을 제시하고 있다. 결론적으로 이 책은 아주 훌륭하다. 흥미를 유발하고 재치 있으며 매우 중요한 내용을 담고 있는 책이다. 꼭 읽어보기를 권한다."

-로버트 사폴스키Robert Sapolsky

(신경내분비학자, 《왜 얼룩말은 위궤양에 걸리지 않는가?*Why Zebra's Don't Get Ulcers?*》,

《멍키 러브*Monkeyluv: And Other Essays on Our Lives as Animals*》 저자)

"문화의 이동성이라는 획기적인 개념과 품격 있는 구성으로 이루어져 있으면서도 이해하기 쉬운 책이다. 《왜 그들이 이기는가》는 개인과 사회의 성공 요인이 무엇인지를 탐구하면서 역사와 과학을 통해 새로운 변혁의 바람을 일으키는 여정으로 안내한다. 인간의 성공과 성장에 필요한 요소를 지수로 나타내는 획기적인 방식을 소개하는 라파이유와 로머에게 찬사를 보낸다. 다양한 전문 분야에 대해 연구했고, 깊은 사고를 유발하는 이 책은 독자들이 이 세상에 대해 생각하는 방식을 바꿔놓을 것이다."

-셰릴 커셴바움 Sheril Kirshenbaum

(《키스의 과학 *The Science of Kissing*》 저자,

《비과학적인 미국*Unscientific America:How Science Illiteracy Threatens Our Future*》 공동 저자)

한국어판 저자 서문

나는 한국인들이 힘든 상황에 강력히 맞서 살아남는 놀라운 능력에 늘 매료되곤 했다. 한국은 35년의 일제강점기에도 불구하고 오늘날 세계에서 매우 번영한 국가들 중 하나다.

이유가 뭘까?

여러분은 이 책에서 그 의문에 관한 해답을 찾아볼 수 있다. 더욱이 인간의 근본적인 동기 '네 가지 S', 즉 생존Survival, 성Sex, 안전Security, 성공Success이 한국 문화를 어떻게 만들어내는지 확인할 수 있다.

어떤 국가는 상향 이동을 하고, 또 다른 국가는 그러지 못한 이유가 뭘까? 그 이유를 밝혀내기 위한 핵심 요소가 바로 문화다.

한국 문화는 아일랜드나 이탈리아 문화와 비슷한 특성을 보인다. 이를테면 한국의 정치인들은 서로 의견이 일치하지 않으면 대화로 해결하기보다 싸우려는 경향이 있다.

한국인은 술을 즐겨 마시는 아일랜드인과 비슷하면서도 낭만적이며 베르디의 음악을 좋아하는 이탈리아인과도 비슷하다. 한국의 전통 음악인 아리랑은 전 세계 곳곳에 살고 있는 모든 한국인들의 눈물을 자아낸다.

내가 집필한《컬처 코드》가 한국에서 수년 동안 베스트셀러가 되었듯이 한국인들이 문화에 매우 관심이 많다는 사실을 알고 있다. 또한 광주의 국립아시아문화전당 개관 기념 특별 강연을 위해 문화체육관광부 장관의 초대를 받는 영광을 누린 적도 있다.

국립아시아문화전당 전당장 직무대리 방선규와 아시아문화원 원장 김병석의 친절에 특별히 감사한다.

물론 이 모든 것은 나의 각별한 친구 미스터 조의 헌신 없이는 불가능했을 것이다. 수년 동안 절대적인 지지를 보내준 미스터 조와 그의 가족에게 고맙다는 말씀을 드리고 싶다.

나는 한국의 문화 코드가 위블Weeble(달걀 모양의 오뚝이 장난감 – 옮긴이)과 같다고 생각한다. 이 장난감은 절대 쓰러지지 않도록 만들어져 있기 때문이다. 한국인들은 고난을 이겨내고 발전시킨 자국의 문화를 자랑스러워해야 한다. 무엇보다 독창적인 한글을 비롯한 고유의 독특한 문화에 긍지를 가져야 한다.

나는 한국인들이 포기하지 않고 계속 상향 이동을 하기 바란다. 또한 침략과 점령을 당하고 남북이 분단되는 시련에도 불구하고 강한 문화가 어떻게 살아남고 번영하는지 세상에 보여주기를 바란다.

– 클로테르 라파이유

한국어판 저자 서문

대부분의 사람들이 그렇듯 나 역시 '우리는 누구인가?'라는 삶의 의미에 관한 질문을 받으면 당황스럽다. 이것은 삶에 내재되어 있는 이동성을 우리가 어떻게 이해하고 있는가, 즉 우리가 누구이며 어디로 가고 있는가를 물어보는 질문이다. (지리학, 천연자원, 기후, 공공기관 등의) 문제에 대해 불완전한 해답을 제시하는 대부분의 사람들과 달리, 나는 그런 문제의 핵심은 생물학적 특성과 문화의 연결성에 있고, 또 우리가 '상향 이동'이라고 부르는 전체적인 접근법에 있다고 확신한다.《왜 그들이 이기는가》는 왜 어떤 문화가 다른 문화보다 더 좋은가에 관한 근거를 밝혀내는 책이다. 다시 말해 (전혀 다르면서도 공통점이 있는) 우리의 문화 및 생물학 코드를 명료하게 풀어낸다. 이는 모든 문화가 각 구성원에게 제공해야 하는 필수 생존 도구를 평범한 시민들이 모두 가질 수 있는 권한을 주기 위해서다.

한국인들도 잘 알고 있듯이, 문화는 생존을 위한 수단일 뿐 아니라, (문화가 제대로 이해되고 발전될 때) 사람들이 넉넉하게 살고 삶을 더욱 충만하고 풍요롭게 즐기는 수단이다. 사실 우리는 점점 더 좋은 사회에 살고 있지만 미처 그 사실을 깨닫지 못하고 있다.

그런데 공공연히 사회의 이동성을 막고 진보를 망설이는 문화는 북한처럼 불투명한 정부가 운영하는 폐쇄경제와 고립 사회를 초래한다. 반면 끊임없이 소통이 이루어지는 문화는 남한처럼 개방경제, 시민의 자유, 민주 정부를 만들어낸다. 북한 사람들은 남한 사람들에 비해 평균 키가 더 작고(평균 4센티미터 차이) 기대 수명은 10년이 더 짧은 70세이다. 또한 유아 사망률은 4.8퍼센트의 남한에 비해 북한은 26.21퍼센트이며, 1인당 GDP는 3만 6,700달러의 남한(세계 46위)에 비해 북한은 1,800달러(세계 209위)다.

문화 역시 사람들처럼 끊임없이 변화하고 이동하고 진보하고 있다. 근원은 운명이 아니다. 그와 반대로, 근원적인 행동은 세상을 변화시키고, 그로 인해 우리가 가장 열망하는 기대와 미래가 함께 생겨난다.

세계 정세에 중요한 역할을 하는 아시아의 급부상, 특히 대한민국은 생기 넘치는 독특한 문화가 어떻게 발전하는지를 분명히 보여준다. 즉, 파충류 뇌, 변연계, 대뇌피질로 이어지는 뇌의 기능 확장 및 인간의 본성이라는 생물학적 특성, 경제 제도와 지리적 상황 등을 그들만의 독특한 문화와 잘 조화를 이루어 더 좋은 삶의 방식과 더욱 의미 있는 것을 성취할 수 있었던 것이다. 그리고 이것이 한국 사람들의 성공과 실패에 중요한 영향을 미쳤다.

- 안드레스 로머

서 문

전 세계를 취재하다

책을 펴내는 일은 아이를 낳는 것과 같다는 말은 진부하지만 사실이다. 빠르고 수월하게 출산하는 경우도 있고, 그렇지 않은 경우도 있다. 이 책은 완성하기까지 수년이 걸렸다.

우리는 2009년 스위스 다보스에서 세계경제포럼World Economic Forum, WEF이 개최되었을 때 처음으로 이 책을 쓰려고 생각했다. 클로테르의 아내 미시의 생일 파티에서 우리는 새로운 사회이동지수라는 아이디어를 위해 건배했다. 그 지수는 국민의 이동과 번영에 관해 국가가 무엇을 하는지를 반영할 뿐만 아니라 사람들과 국가 사이에서 사회 이동을 진정으로 촉진할 수 있는 요인들을 나타낸다. 이것이 생물-문화적 요인, 즉 이 책에서 언급하는 C^2(문화 코드)와 생물 논리의 구성 요소 '네 가지 S'를 말한다. 우리는 미시의 생일 파티에서 책에 대한 주제를 계속 논의했고, 세계경제포럼 학회에서는 그 주제를 다루지 못했지만 이런 의문을 계속 남겨두었다. '사람들은 어떻게 상향 이동을 할 수 있을까? 사람들은 어떻게 이동하고 또 어떤 요인으로 이동하는 것일까?'

우리는 스위스를 떠난 뒤에도 새로운 사회이동지수라는 주제에 관해 계속 의논했고, 각자의 경험과 찾아낸 것들을 공유하면서 매번 새로운 사실을 발견했다. 파리에서 멕시코, 멕시코에서 마이애미, 마이애미에서 뉴욕까지, 그리고 다시 파리로 옮겨 가면서 우리는 집착하다시피 해답을 찾기 위한 탐구를 계속했다(이 책에 관한 이론과 아이디어의 기반이 된 도서 목록은 참고문헌에 실었다).

이 책을 펴내기 위해 우리는 세계 곳곳을 다녔고, 서로 다른 환경에서 사는 다양한 사람들과 이야기를 나눴다. 그러던 중 우리는 모든 문화에 존재하고 또 어떤 문화의 발전에 믿을 만한 지표가 되는 강력한 원형을 알아냈다. 이 원형은 '상향 이동'이라는 말로 요약할 수 있다. '상향 이동'은 여러 가지 측면을 포괄하는 개념이면서 행복의 기준을 나타내는 가장 명확한 지표다. 대부분의 문화를 살펴보면, 사회적, 재정적, 물리적 성장 의식이 강한 문화가 이동성과 활력도 강하다. 그리고 상향 이동을 정확히 파악하는 문화가 세계 무대에서 확고하게 자리를 차지하고 있다.

사실 이 책은 '우리는 누구인가?'라는 매우 중요한 질문과 관련 있다. 이런 질문을 하면 또 이렇게 물어볼 수 있다. '어떻게 하면 우리는 더욱 의미 있는 삶을 살 수 있을까?' 또는 '우리는 어떻게 상향 이동을 할 수 있을까?' 이것은 대단히 중요한 문제다. 이 문제를 해결하기 위해 많은 사람들이 자기계발서를 읽거나 다이어트, 심리치료, 종교 활동, 운동, 명상, 요가 등을 하고 있다. 우리는 이 책을 통해 이동을 가장 잘 이해하는 사람, 문화, 사회, 국가들이 모두 혁신을 이루고 환경을 바꾸며 사회에 긍정적인 영향을 미치는 등 창의적인 방법으로 스스로를 표현할 가능성이 높다는 사실을 보여줄 것이다.

이 책은 학술 연구서가 아니라 호기심 많은 사람들을 위한 교양서이다. 그리고 국가의 경제 성장이나 성공 비결을 제시하는 자기계발서도 아니다. 또한 이미 많은 유능한 사회학자, 경제학자, 인류학자들이 사회 이동을 평가하기 위한 연구를 계속하고 있기 때문에 우리가 굳이 그것을 반복할 생각도 없다. 이 책의 목적은 어떤 문화의 이동성이 왜 다른 문화보다 높은지 그 이유를 밝혀내는 것이다.

이 책은 다음과 같은 질문에 대해 포괄적인 해답을 제시하고 있다. '왜 어떤 사람들은 원하는 방향으로 이동할 기회를 가지는 반면, 또 다른 사람들은 그렇지 못한 걸까? 왜 어떤 사회는 다른 사회보다 이동성이 높을까? 왜 어떤 사람들은 상향 이동을 하고, 또 다른 사람들은 그 자리에 머물러 있는 것일까?' 이것은 간단한 문제가 아닌 만큼 그 대답도 간단하지 않다. 그렇다면 다음 내용을 살펴보자.

서 론

왜 그들이 이기는가

문화는 구성원들이 발전할 수 있도록 변화하고 상향 이동을 해야 한다. 어떤 사람들은 그것을 성장이라고 하지만 우리는 문화의 진화라고 생각한다. 생물의 종들처럼 문화 중에서도 생존에 더 적합한 문화가 있다. 우리는 시대와 환경에 맞춰진 생존 방식을 물려받고 태어난다. 그리고 이 생존 방식은 우리가 성장하는 데 도움을 준다. 또 각각의 문화는 번식을 보장하는 서로 다른 전략을 갖고 있다. 환경에 따라 발생하는 문제가 각각 다르기 때문에, 북유럽 국가의 생존 방식은 카리브해 연안 국가들과는 다르다. 하지만 오늘날까지 존재하는 문화라면 그 생존 방식이 여전히 작용한다는 의미다.

삶은 이동의 연속이다. 이것이 바로 우리의 운명이다. 우리는 결국 죽을 것을 알면서도 더욱 발전하여 우리 아이들에게 더 나은 문화와 세상을 만들어주려고 한다. 그리고 자손 번식에 그치지 않고, 현재보다 더 나은 삶을 살고, 성공을 기두려는 본능을 가지고 있다. 더 높은 급여, 더 좋은 집, 더 좋은 직장, 더 멋진 배우자, 더 자유롭거나 더 참신한 프로젝트 등 어떤 형태가 되었든 우리는 성공을 목표로 한다.

인간의 유전자는 단지 생존에만 맞춰져 있는 것이 아니라 평생에 걸쳐 진화하도록 프로그램되어 있다. 하지만 위쪽이 있으면 아래쪽도 있다. 밤이 없다면 낮도 존재하지 않고, 추위가 없다면 더위도 없으며, 고통이 없다면 즐거움도 없다. 위쪽은 아래쪽의 반대가 아니라 상호 보완하는 역할을 한다. 이는 아침에 활기차게 일어나기 위해서는 밤에 푹 자야 하는 것과 마찬가지다.

국민을 번영의 길로 이끄는 국가와 그러지 못한 국가에 관한 문제는 늘 논란을 불러일으키는 오래된 쟁점으로, 그와 관련된 많은 베스트셀러들이 등장하기도 했다. 이 문제에 관해 어떤 학자들은 부유한 국가가 가난한 국가를 지배한 식민주의의 치명적인 영향에 초점을 두었다. 또 다른 학자들은 특히 최적의 기후와 풍부한 천연자원을 가진 국가의 지리학적 특성에 중점을 두었다. 경제학자이자 역사가인 데이비드 랜즈David Landes는 1998년 출간된 베스트셀러 《국가의 부와 빈곤*The Wealth and Poverty of Nations*》에서 존 케네스 갤브레이스John Kenneth Galbraith의 말을 인용했다. "지구본의 적도 위아래로 각각 1천 마일(약 1600킬로미터) 정도 떨어진 지점에 띠를 둘러놓고 보면, 그 띠 안쪽에는 선진국이 단 하나도 없다는 사실을 발견하게 된다." 랜즈는 열대기후가 사람들의 번영을 방해하고, 문화적 풍습과 경제 및 정치적 제도까지 불리한 여건으로 만드는 이유를 설명하는 많은 이론을 제시했다. 그는 열대기후 지역은 무더위로 인한 낮잠으로 하루 생산량이 제한되고, 육체노동이 아주 힘들며, 땅이 비옥하지 못해 농업이 쉽지 않고 또한 치명적인 질병들이 아주 많이 발생하기 때문이라고 설명했다. 이에 반해 유럽의 나라들은 온대기후에서 비롯된 근면성이 성공의 핵심이라고 강조했다. 랜즈는 빈곤한 나라들의 문화와 제도에 관한 이런 주장으로 몇몇 비평가들에게 찬사를 받았으나, 아시아 경제의 급부상을 간과하고 유럽 중심주의 견해라는 점 때문에 또 다른 비평가들에게 비판을 받기도 했다.

같은 시기에 제레드 다이아몬드Jared Diamond는 1997년의 베스트셀러이자 퓰리처상 수상작 《총, 균, 쇠*Guns, Germs and Steel*》에서 서구의 성공과 아시아 경제의 급속한 발전을 이끈 기술의 혁신과 제도의 차이가 환경적인 요인에서 비롯되는 이유를 독특한 뉘앙스로 설명하고 있다. 개발경제학 전문가 제프리 삭스는 2005년 베스트셀러 《빈곤의 종말*The End of Poverty*》에서 "아프리카는 가난하기 때문에 그 통치 방식도 열악하다"고 주장하면서, 특히 아프리카의 저개발에 영향을 미친 천연자원과 기후를 강조했다. 또한 충분한 지원을 받는다면 가난한 나라도 발전하지 못할 이유가 없다고 주장하면서 대외 원조의 중요성도 강조했다. 유엔은 제프리 삭스를 밀레니엄 프로젝트Millennium Project 책임자로 임명해 '새천년 개발 목표Millennium Development Goals'를 이끄는 과업을 맡겼고, 그의 주도로 많은 돈과 정부의 지원이 그 계획에 투입되었다. 하지만 제프리 삭스가 지지하는 빈곤 퇴치가 사실 국가들을 더욱 가난하게 만든 것은 물론 의존성만 더 키웠다고 일부 사람들에게 날카로운 비판을 받았다.[1]

최근에 가장 주목할 만한 논쟁은 대런 애쓰모글루와 제임스 로빈슨의 《국가는 왜 실패하는가*Why Nations Fail*》의 내용에서 비롯되었다.

그들은 온대 지역 국가들이 열대 지역 국가들보다 유리하다고 인정하면서 "세계의 불평등은 기후나 질병 등 어떤 지리학 가설로는 설명될 수 없다"고 주장한다.[2] 그들은 이런 가설을 반박하는 사례로 멕시코와 미국의 국경 지역, 북한과 남한, 통일 전의 동독과 서독 등의 극심한 차이를 열거했다. 제도경제학 연구 분야에서 풍부한 토대를 마련하고 있는 그들은 특히 서구 국가들이 성공한 비결로 평등주의 재산권 확립, 입헌 민주주의, 자본의 공평한 이용 등을 언급하면서, 국가가 만든 정치적, 경제적 제도가 세계 불평등을 좌우하는 결정적인 요인이라고 주장한다.

우리는 이 모든 연구를 감사하게 생각한다. 세계의 국가들이 어떻게 끊임없는 가난의 문제를 잘 대처하고 또 국민을 위해 수준 높은 행복을 제공하는가에 관한 통찰 모두 중요하기 때문이다. 이 책에서 우리는 이런 노력을 비판하거나 편 가르기를 하려는 것이 아니라, 기존의 연구에 기반을 두려고 한다. 분명 국가의 번영을 설명하고 특히 국가가 국민의 행복을 높이는 정도를 평가하는 접근법에는 한계가 있다.

우리는 다보스에서 GDP 규모와 성장에 기반을 둔 국가의 성공 지표가 삶의 질을 평가하는 다양한 요소들의 중요성을 얼마나 모호하게 만드는지에 관해 토론했다. 우선 미국처럼 GDP가 높은 선진 국가들도 자국 내에서는 극빈자들로 골머리를 앓고 있다는 사실과 신생 독립국의 경우 끝없이 계속되는 부정부패로 인한 빈곤 상태를 대단치 않게 생각하는 경향이 있었다. 또한 국민의 번영과 행복에 기여하느냐, 아니면 억누르느냐에 관한 문화적 관습과 신념을 배제하기도 했다.

우리는 문화 분석과 공공정책 훈련 등 보완적인 전문지식을 가지고 있었다. 그렇기 때문에 국가의 성공을 평가하는 더 좋은 방법을 연구하는 과정에서 협업할 수 있었고, 국가가 국민의 행복을 얼마나 잘 챙기고 또 앞으로도 그러한 수준을 유지할 수 있는지 확인하는 새로운 방법을 찾을 수 있었다.[3] 또한 우리는 변화를 이끌면서 더욱 효과적으로 국가의 문제와 관점을 분석하는 인간 중심의 포괄적인 방법을 제공하고 싶었다. 세계의 발전에 대한 지배적인 접근법이 무엇이든 간에 그 발전 속도가 적절하다고 주장하기는 어렵다. 실제로 많은 나라에서 상황이 악화되고 있고, 많은 선진국과 개발도상국에서도 심각한 문제가 지속되고 있다.

우리는 사회 이동을 평가하려는 것이 아니다. 그에 관해서는 이미 많은 유능한 경제학자, 사회학자, 인류학자들이 연구하고 있기 때문이다. 이 책은 어떤 문화들이 왜 다른 문화보다 더 빠르게 이동하는지, 그 이유를 밝히는 데 목적이 있다. 1965년 아무것도 없는 상태에서 시작한 싱가포르는 세상에서 가장 안전하고 부유한 나라가 된 반면, 과거에 아주 부유했던 프랑스는 오늘날 범죄율과 국가 부채가 상승하고 있고, 젊은이들이 더 좋은 기회를 찾아 외국으로 떠나고 있다. 싱가포르 사람들은 어떤 옳은 일을 하고 있고, 프랑스 사람들은 어떤 그릇된 일을 하고 있는 것일까?

우리가 10대 때부터 지금까지 40년이 지나오는 동안 미국이 '쇠

퇴'할 것이라는 추측을 둘러싸고 온갖 미사여구가 난무했다. '바로 이 때문이야. 미국은 침체되고 있고, 이제 끝이다'라고 권위자들이 주장하곤 했다. 하지만 미국은 매번 이전보다 더 강해져서 돌아왔다. 모든 지식인들의 설명과 논리적인 분석은 만족스럽지 못했다. 어떤 경제 모형도 이런 추세를 적절히 설명하지 못했고 통계는 번번이 빗나갔다. 예컨대 평균 소득을 기준으로 설명해 보자. 10명이 각각 1천 달러씩 번다면 평균 소득은 1인당 1천 달러다. 하지만 그중 한 명이 10만 달러를 번다면 갑자기 평균 소득이 1인당 10,900(109,000달러÷10=10,900)달러로 올라간다. 따라서 한 명이 10만 달러를 번다는 사실은 평균 소득을 바꾸기는 하지만, 대다수는 아직도 똑같은 돈(1천 달러)을 벌고 있다. 통계만 보면 모든 사람이 실제보다 10배 이상 더 부유하다는 결론이 나온다.

싱가포르 사람들이 연평균 6만 달러를 벌고, 프랑스 사람들이 연평균 2만 5천 달러를 번다면, 이는 무엇을 의미할까? 프랑스 대통령이 부자들을 싫어해서 그들에게 75퍼센트의 세금을 매기기로 결정한다면 그 결과는 어떻게 될까? 부유한 사람들이 떠나고 그로 인해 평균이 하락하는 결과를 초래할 것이다. 이는 대다수의 사람들이 돈을 거의 벌지 못한다는 의미일까? 세계 여러 나라의 통계 자료와 수치를 연구한 후 우리는, 유용한 모형들이 모두 이런 상황이 왜 일어나는지에 관해 명확한 통찰을 제시하지 못한다는 사실과, 더 나은 설명이 있을 것이라는 사실을 깨달았다. 이런 분석은 대부분 회계원처럼 숫자를 세고 비교하는 경제학자들과 통계학자들이 시행한다.

싱가포르는 1년에 550억 달러의 흑자를 내는 반면, 프랑스는 거의 똑같은 수치의 적자를 내고 있다. 이런 수치가 무엇을 의미하는 것일까? 프랑스에 6천만 명이 사는 반면, 싱가포르에는 겨우 6백만 명밖에 살지 않는다는 사실을 깨닫는다면 개개인의 성과가 싱가포르에서 훨씬 더 영향력을 갖는다는 것을 알 수 있다. 석유나 가스 같은 천연자원이 없고 땅덩어리도 아주 작은 나라에 겨우 6백만 명이 산다는 점을 고려하면 싱가포르의 흑자는 훨씬 더 중요한 의미를 가진다. 싱가포르는 무엇을 제대로 실천하고 있는 것일까? 또 프랑스의 실업률은 11퍼센트, 스페인의 실업률은 25퍼센트인 데 반해 싱가포르는 어떻게 실업률을 2퍼센트 이하로 유지할 수 있을까? 이 수치는 전혀 우연도 아니고 불규칙적인 것도 아니다. 실업률을 이렇게 낮게 유지할 수 있는 이유는 '안전하고 깨끗한' 싱가포르의 문화와 관련이 있다. 이와 대조적으로 프랑스에는 불안정한 중산층이 늘어났다.

1964년 말레이시아에서 독립했을 때 싱가포르는 거주민들이 전혀 없었고, 비옥한 땅과 천연자원도 없었으며, 경제나 농업이 이루어지지도 않았다. 그런데 어떻게 싱가포르는 오늘날 아주 성공적인 문화를 만들어냈을까? 리콴유는 국민들에게 이렇게 말했다. "한마디로 깨끗함이다. 우리는 깨끗하게 시작할 것이다. 몸이든 옷이든 집이든, 모든 것이 깨끗해질 것이다."[4] 싱가포르는 이렇게 단 하나의 문화에 집중함으로써 디욱 조직회되고 잘 통솔되었으며, 결국 개개인들의 상향 이동을 이끌어 사회를 변화시켰다.[5]

인구의 이동은 또한 어떤 문화가 상향 이동을 하고, 또 하향 이동을 하는지를 나타내는 좋은 지표다. 이는 사람들이 행동으로 의사 표시를 하는 것이기 때문이다. 다시 말해 사람들은 현재 살고 있는 문화에서 상향 이동을 할 수 없으면 다른 곳으로 떠난다. 국경의 장벽은 사람들이 마음대로 나가거나 들어오지 못하도록 만든 것이다. 제2차세계대전 이후 세워진 베를린 장벽은 사람들이 떠나는 것을 막기 위한 것이었다. 그리고 미국과 멕시코 국경의 장벽은 미국으로 들어오지 못하게 막기 위한 것이다. 장벽은 사실 국가가 얼마나 경쟁력을 갖고 있는지 알 수 있는 좋은 지표가 된다.

우리는 수십 년 동안 세계를 돌아다녔다. 문화를 해석하고 이런 문제들을 제기하기 위해서였다. 왜 가톨릭 국가들은 대부분 가난하고, 신교도 국가들은 대부분 부유할까? 왜 일본과 독일은 군대를 잘 양성하고 자동차를 효율적으로 잘 만드는 데 비해 아르헨티나는 고기 수출 부문에서만 성공할까? '자동차 문화'와 '고기 문화'가 따로 있는 걸까, 아니면 다른 이유가 있는 걸까?

분명 국가가 국민의 행복을 높이는 정도를 인간 중심의 관점에서 평가하려는 시도는 우리가 처음 한 것이 아니다. 경제적 번영 외에도 삶의 질에 핵심을 두려고 했던, GDP를 대신해 국민총행복Gross National Happiness, GNH이라는 흥미로운 척도가 있다. 국민총행복은 작은 나라 부탄 정부가 만든 개념이다. 이 개념은 가치 있는 것이기는 하지만, 우리는 행복 평가 수준이 사실상 행복을 설명하는 핵심이라고 생각하지 않고, 또한 국가가 국민을 번영하게 하는지를 반드시 행복으로 평가할 수 있다고 확신하지도 않는다. 사실 행복 연구의 아버지 마틴 셀리그먼은 많은 혁신과 추진력은 불만에서 야기될 수 있다고 주장했다.

우리는 그 쟁점을 계속 토론하고 개개인의 행복과 사회 전체의 번영을 높이는 국가의 능력에 영향을 미치는 모든 요인에 관해 생각했다. 그리고 그 요인이 국가의 번영, 복지 수준과 분배, 즉 '상향 이동'을 결정하는 근본적인 원동력이라는 데 초점을 맞췄다. '상향 이동'이란 국가가 국민들을 사회적, 경제적으로 발전시킬 수 있을 뿐만 아니라 더욱 행복하고 더욱 목적의식을 가지도록 만드는 진보를 말한다. 우리는 이루고자 하는 목표로 상향 이동을 제시함으로써 국가가 사회 및 경제적 성장을 비롯해 국민의 건강과 행복을 증진할 기회를 얼마나 많이 제공하는가에 중점을 두려고 한다. 그래서 상향 이동은 교육과 경제 수준을 높이고, 국가의 문제를 파악하고 해결책을 모색하며, 문화적 관습과 신념의 발전을 이끌고, 더 나은 복지 제도와 정책을 펼치려는 움직임까지 아우르는 의미다. 따라서 상향 이동은 교육 기회의 분배, 의료 혜택, 기업과 정부의 부패 근절, 언론의 자유, 모든 분야의 혁신 증대 등을 통해 이루어진다. 또한 국가가 국민들에게 해가 되고, 개인이 성장할 수 있는 기회를 제한하는 문화적 관습을 철폐하려는 노력을 기울이는 것이 상향 이동에 도움이 된다.

우리는 이 중요한 이동성이 한 방향으로 이루어져야 한다는 사실을 알게 되었다. 어버니라면 아이들이 자라서 상향 이동을 하기 위해 깨끗하고 건강하고 잘 먹고 사랑받고 보호받아야 한다고 생각한다. '상향 이동'은 프랑스어로 '방향'과 '의미'를 모두 포함하는 '상스sens'

즉 '자연스러운 방향'이라고도 할 수 있다. 따라서 우리는 세계 곳곳의 문화와 국가를 GDP와 같은 통계의 관점이 아니라, 사람들의 상향 이동을 가능하게 하느냐, 방해하느냐의 관점에서 살펴보았다. 분명한 것은, 먼저 생물학적 특성, 즉 삶의 자연스러운 과정(우리는 이를 '생물 논리bio-logic'라고 부른다)과 관련하여 살펴보아야 한다는 것이다.

삶이 이동이고, 아이들이 자라야 한다는 점에서 이동과 성장은 중요하다. 어떤 문화는 이동을 억제하고 성공과 성장을 처벌하며 국민들을 죄수로 만든다. 또한 삶의 기본 욕구를 존중하는 문화가 있고, 그것을 억압하는 문화도 있다. 생리대 브랜드 올웨이즈Always의 조사 결과, 어떤 문화에서는 여자아이가 초경을 할 때 수치심을 느낀다는 사실을 알게 되었다. 그곳에서는 초경을 하는 여자아이가 특정 기간 동안 사람들에게 외면당하기도 한다. 하지만 또 다른 문화에서는 초경을 하는 여자아이가 성숙해졌다는 뜻으로 축하를 받는다. 선물과 칭찬을 받은 그 여자아이는 자부심을 느낀다.

프랑스의 화장품 회사 로레알의 유혹에 관한 연구에서, 독일의 '유혹'이 이탈리아의 '유혹'과 전혀 다르다는 사실을 알아냈다. 또한 프록터앤드갬블P&G의 청결에 관한 연구에서, 독일 사람들은 매우 깨끗하지만 인도와 중국 사람들은 그리 청결하지 않다는 사실도 알아냈다. 일본의 화장실은 마치 우주선 안으로 걸어 들어가는 느낌이 들 정도다. 청결, 유혹, 음식 등은 분명 우리가 파충류 뇌의 욕구라고 부르는, 삶의 대부분을 지배하는 본능과 관련이 있다. 파충류 뇌의 욕구는 주로 생존과 번식을 다룬다. 섹스를 하지 못하게 하는 문화에서는 자손도 생기지 않을 것이고, 그렇게 되면 결국 그 종족은 멸종한다. 따라서 성공과 성장은 생존과 번식이라는 인간의 본능과 관련이 있으며, 또 문화가 이러한 본능적 욕구를 얼마나 충족하느냐에 달려 있다. 생존과 번식을 돕는 문화와 그렇지 못한 문화가 있기 때문이다.

아이들이 자가용을 세차하고 용돈을 받는 것처럼 일한 대가로 급료를 받는다고 인식하는 미국인의 방식과, 돈을 거부하고 대가를 바라지 않는 행위를 찬미하는 프랑스인의 방식에는 큰 차이가 있음을 알아냈다. 이동하고 성장하고 번영하기 위해서는 사람들에게 발전할 기회를 주고 지원하는 보상 구조가 갖춰진 문화가 필요하다.

우리는 상향 이동에 집착하게 되었다. 사람들은 언제 어디서 어떻게 상향 이동을 할까? 이를 연구하기 위해서는 문화를 살펴보고, 문화와 생물학적 특성의 관계를 살펴보는 새로운 방식이 필요했다. 그래서 여러 제약 회사들의 의뢰를 통해 건강, 위생, 의약, 의학, 음식, 영양 등을 연구하면서 세상을 돌아다녔다. 또한 피르메니히Firmenich, 로레알, 에스티로더의 의뢰로 감각, 관능성, 유혹의 개념을 연구했고, 트로잔Trojan과 존슨앤드존슨의 의뢰로 성性과 관능성을 탐구했다. 인도에서 브라질, 중국에서 멕시코, 러시아에서 호주까지, 우리는 세계 곳곳을 다니며 생물학적 특성과 문화의 관계를 계속 연구했다.

우리는 선진국과 개발도상국을 포함한 세계 곳곳 사람들의 행복을 촉진하기 위해서는 국가 간의 의사소통이 이동을 촉진하기 위한 목적으로 바뀌어야 한다고 생각한다. 그러므로 이런 의사소통을 위해서는 여러 국가들이 이동성을 촉진하는 정도를 평가하고 비교하는 방법을 만들어내야 한다고 확신했다. 그 안에 강력한 핵심 요소가 있기 때문이다. 그렇게 해서 우리는 사람들이 흔히 대수롭지 않게 여기거나 완전히 무시하는 두 가지 중요한 요소를 설명해야 좋은 척도를 만들어낼 수 있다는 결론을 얻었다. 그 두 가지 요소는 바로 생물학적 특성과 문화의 역할이다.

그렇다면 이 요소들을 차례로 살펴보자.

생물학적 욕구는 누구에게나 있다. 프랑스인, 브라질인, 에스키모, 유대인, 이슬람 교도, 불교도 등 모든 인간은 똑같이 생물학적 욕구를 가지고 있다. 이것은 논란의 여지가 없는 사실이다. 결론적으로 말하면 이 욕구가 인간을 생존과 번식뿐 아니라 번영의 길로 이끌고, 상향 이동을 촉진한다. 사실 인간은 생존에 필요한 자원을 두고 경쟁하고 자손에게 유전자를 물려줄 뿐 아니라 즐거워하고, 학습하고, 강한 유대를 맺고, 협동하는 방법을 알아내고, 자신을 표현하는 등 생물학적으로 프로그램되어 있다.

에이브러햄 매슬로는 60년 전 자아실현 이론을 포함해 많은 이론을 주장했다. 그리고 인간의 생물학적 욕구가 억제되었을 때 나타날 수 있는 부정적 영향뿐 아니라 그런 욕구가 점차 높은 단계로 성장하는 생물학적 근거를 밝혀낸 이후에도 수년 동안 많은 업적을 남겼다.

고전파 경제학의 관점으로 본 국가 발전 이론은 모두 합리적인 의사 결정이 경제활동의 근간을 이룬다고 설명한다. 하지만 지난 수십 년 동안 이루어진 많은 연구를 보면, 그와 같은 인간 행동의 관점이 얼마나 한계가 있는지 밝혀졌다. 진화심리학 분야에서는 신경과학에서 밝혀낸 연구를 바탕으로, 인간의 전쟁 성향부터 살인과 강간의 동기, 혈연관계와 큰 '부족'에 대한 강한 충성심, 이타주의와 공동체 설립에 대한 생물 논리의 욕구, 지위와 존경의 욕구 등에 이르기까지 인간의 행동이 어떻게 진화되었는지에 관해 흥미롭고 영향력 있는 설명을 제시했다. 인지심리학은 정신적 결함 때문에 우리의 사고가 얼마나 비이성적인가에 대한 많은 통찰을 제공했다. 대니얼 카너먼은 유명한 저서 《생각에 관한 생각 *Thinking, Fast and Slow*》[6]에서 폭넓은 '인지적 착각cognitive illusions' 때문에 우리가 지나치게 자신만만한 태도, 편견에 따른 성급한 판단, 치명적 결함이 있는 위험에 대한 평가 등 그릇된 판단을 하게 된다고 설명한다. 이런 연구에서는 파충류 뇌가 흔히 사고하는 뇌를 이기는 이유가 더 빨리 작동하기 때문이라는 사실을 입증했다. 하지만 행동경제학 분야에서 진보적이고 설득력 있는 많은 업적과 관련 분야 연구로 노벨상을 받았다 해도 주류 경제학자들은 생물학적인 요인이 있다는 사실을 거의 인정하지 않았다.

우리는 파충류 뇌라는 인간의 근본적인 욕구가 어떻게 국가의 번영에 영향을 미치는지(어떻게 각 국가의 이동성 수준에 영향을 미치는지)에 관한 진지하고 솔직한 토론을 할 때라고 확신한다. '파충류 뇌가 늘 승리한다(파충류 뇌는 늘 스스로 드러낼 방법을 찾는다)'와 '국가의 문화와 제도가 생물학적 특성과 조화를 이루지 않으면 대혼란이 따른다'는 것이 우리의 주장이다. 존 F. 케네디와 마릴린 먼로, 빌 클린턴과 모니카 르윈스키, 프랑수아 올랑드와 그 애인들을 생각해 보라. 그들은 모두 파충류 뇌의 본능적 욕구에 따라 행동했다. 여자들이 출산하면서 죽을 가능성이 높은 문화에서는 한 여자가 남편을 여럿 두는 일처다부제를 자연스럽게 채택한다. 그 이유는 뭘까? 그런 문화와 환경에서 생존하고 성공적으로 자손 번식을 하기 위해 여자들은 보호와 식량 공급을 남자들에게 의존하기 때문이다. 따라서 일처다부제는 생존 방식의 하나인 것이다.

생존 방식은 태어날 때 물려받으며, 한 세대에서 다음 세대로 이어진다. 하지만 어떤 문화는 정체되었을 뿐 아니라 적응을 멈췄다. 이런 문화는 소멸의 위험에 처하게 된다. 이런 상황은 바로 그리스와 이집트 문명에서 일어났다. 그들은 이미 성공한 요소에 의존했을 뿐 새로운 변화에 적응하지 못해 결국 기존의 도구들이 몰락의 핵심 요인이 되고 말았다.

생물학적 욕구가 좌절되고 억압된다면 인간은 이동성이 없는 행동에 빠져들어 스스로 발전하지 못하고, 또 그 때문에 주변 사람들까지 발전하지 못한다. 예컨대 이슬람교의 시아파 사람과 수니파 사람이 사랑에 빠질 수 없다고 한다면 인간의 타고난 열정은 억제되고, 그 대신 분노와 나태, 폭력으로 표출될 가능성이 있다. 그렇게 되면 인간의 이동성과 문화 전체의 이동성에 해가 된다. 오직 아이 하나만 키울 수 있고 그것도 남자아이여야 한다면 인간은 결국 유아 살해처럼 진화를 거스르는 행동을 저지르고 싶은 충동에 빠질 수 있다. 그렇게 되면 인간의 이동성과 문화 전체의 이동성이 위태로워진다. 또한 피부색 때문에 택시 승차 거부를 당한다면(우리가 일상에서 경험하는 여러 모욕적인 인종차별 중 하나일 뿐이다) 분노로 인해 주류 문화를 꺼리며 우리의 발전 가능성을 믿지 않게 된다. 반면 우리가 지원을 받고 사랑을 누릴 수 있는 사회라면, 또 우리가 자신감을 느끼고 보살핌과 존중을 받는다고 느끼는 사회라면, 그리고 표현의 자유, 안전, 의료 혜택이 보장되는 사회라면 개인뿐 아니라 사회 전체에서 생물학적 욕구가 충족됨으로써 이동성 또한 증대된다.

인구의 이동은 또한 '서로 연결된 통로'로 볼 수 있다. 하향 이동을 하는 문화의 사람들은 상향 이동을 하는 문화로 이주한다. 예컨대 아일랜드 사람들은 대기근 때 미국으로 집단 이주를 했다. 현재 아프리카 사람들은 이탈리아와 유럽으로 이주하고 있다. 또 파키스탄 사람들은 영국으로 이주하고 있다. 과거에는 정복할 땅을 찾던 야만인들이 로마를 공격했고, 오스만제국이 빈 입구까지 이르렀다. 카를 마르텔은 푸아티에에서 아라비아 군을 격퇴했다. 또 십자군은 예루살렘을 차지했고, 영국인은 인도를 점령했고, 일본인은 한국과 중국을 차지했다. 이는 군사 간의 싸움일 뿐 아니라 문화 간의 싸움이기도 하다. 그래서 일본이 35년 동안 지배했는데도 한국 문화는 정체성을 지켜낼 수 있었던 것이다.

훈족의 아틸라 왕을 비롯해 야만족 침략군들은 로마 입구까지 이르러 로마제국의 멸망에 한몫했다. 베네치아는 나폴레옹의 침략으로 결국 도시국가로 독립해 수세기 동안 발전을 이루었다. 히틀러는 효율적으로 이웃 나라들을 침략하기 위해 군대와 장비를 신속하게 이동시킬 수 있는 고속도로망을 건설했다. 최초로 신대륙에 건너간 영국 청교도들은 미국 인디언들의 미래를 바꿨다. 하지만 미국의 어떤 문화가 상향 이동을 했을 때 아파치족, 샤이엔족, 코만치족, 이로쿼이족 등의 문화는 하향 이동을 했다. 이렇듯 이동성은 고정성의 반대가 아니라 상황에 따라 달라지는 것이다.

그 핵심은 문화와 생물학적 욕구의 관계에 있다. 역사적으로 한 시기에는 생물학적 욕구와 조화를 이룬 문화가 있었다. 18세기 프랑스와 12세기 스페인의 무어인들이 그 좋은 사례들이다. 그 문화가 임시 해결책을 고착화하거나 더 이상 쓸모없는 문화 규범을 고수할 때 위험해진다. 한때 생물학적 욕구를 충족하는 뛰어난 해결책이었던 요소가 상향 이동의 기회를 파괴하는 규칙이 된다는 것이다. 예컨대 정식 교육이 금지된 여자가 세계 인구의 50퍼센트 이상을 차지하면 노동력과 경제 성장에 역효과를 초래한다.

문화의 역할로 다시 돌아가 보자. 문화가 중요한 역할을 하거나 국가의 번영에 결정적인 역할을 한다는 논쟁은 사회학의 개척자 막스 베버까지 거슬러 올라가는 긴 역사를 가진다. 막스 베버는 20세기 초 '신교도의 노동윤리'라는 용어를 만들어 서구 성공의 주요한 요소로 여겼다.[7] 역사가 니얼 퍼거슨은 최근 베스트셀러 《니얼 퍼거슨의 시빌라이제이션*Civilization*》에서 서구 국가들의 급부상과 우위를 설명하는 다섯 가지 핵심 요소 가운데 하나로 노동윤리를 언급하면서 베버를 거론했다.[8] 데이비드 랜즈, 제레드 다이아몬드, 제프리 삭스 등도 문화적 요인을 발전의 중요한 역할로 간주했다. 하지만 베버의 노동윤리를 강조하는 것이 비서방 세계 전체의 노동윤리를 비방하는 일이라고 분노를 샀던 것처럼, 문화가 국가의 발전과 삶의 질에 영향을 미치는 정도를 설명하려는 시도는 인종차별과 제국주의에 치우친 견해라는 비난을 받았다. 국가, 지역, 민족의 문화에 관한 수많은 평가가 의도적이든 아니든 오명을 남긴 것은 사실이다. 자유민주주의와 서구 자본주의의 장점을 찬미한 일부 학자들과 저자들은 그 제도의 문제점을 경시하고 라틴아메리카의 마냐나mañana(오늘 처리하지 못한 일은 '내일' 하자는 의미 – 옮긴이) 문화 같은 다른 문화들을 너무 단순하게 희화함으로써 비난을 받았다. 어떤 이들은 스스로 자유롭다고 착각하면서 자유롭지 않은 자유시장을 찬미했고, 악화된 여러 사회문제와 서구 선진국에서 늘어나는 불평등을 무시했다. 한편 '서구가 최고'라는 관점을 지닌 어떤 비평가들은 성급하게도 사회 발전에 역행하는 만연한 부패와 낡은 신념 등 개발도상국의 곪은 문제를 소홀히 여겼다. 또 다른 비평가들은 대런 애쓰모글루와 제임스 로빈슨이《국가는 왜 실패하는가》에서 제시한 문화의 역할을 완전히 거부했다.

우리는 한 국가의 문화적 특성이 이동성을 촉진하는 데 중요한 역할을 한다고 확신한다. 하지만 정확히 문화는 어떤 의미일까? 문화는 서로 다른 집단 간에 행동, 전통 의식, 관습, 태도, 신념의 차이를 보이며 같은 정보를 그들만의 체계적인 방식으로 처리하는 것을 말한다. 이런 관습, 태도, 신념 등이 이동성에 도움이 될 수도 있고, 방해가 될 수도 있다는 것이 우리의 주장이다. 어느 인종이나 민족이든 결혼에 제한을 두는 일, 여자들의 외출을 금지하는 종교 신념, 어떤 종족은 다른 종족보다 선천적으로 똑똑하지 않고 게으르다는 인종 차별적 신념, 기업 운영을 위해 뇌물을 바쳐야 하는 관행, 남녀 차별로 낙태를 일삼는 관행이나 쾌락이 죄악이라는 신념 등은 모두 이동성을 방해한다. 이와 대조적으로, 누구나 동등한 권한과 동등한 성장 기회를 가져야 한다는 신념, 교육이 인간의 근본적인 권리라는 신념, 섹스가 인간의 타고난 본능이라는 신념, 창의성을 고취하는 행위 등은 모두 이동성을 높인다. 다른 문화보다 이동성에 더욱 도움이 되는 문화가 있는 것은 분명하다. 하지만 순전히 '도덕'만을 추구함으로써 귀감이 되는 문화는 없다.

문화적 무의식의 개념은 우리의 분석에서 중요한 역할을 한다. 문화는 개개인에게 각인(어떤 관념과 경험을 규정하고 의미를 부여)되고, 이런 문화적 각인은 눈으로 확인할 수 있다. 우리는 세계 여러 나라의 문화 코드가 어떻게 이동성을 촉진하거나 방해하는지에 관해 포괄적인 분석을 실시했다. 그렇게 해서 선택의 자유, 혁신적 정신, 남녀평등, 안전, 성공의 추진력 등에 관한 문화 코드처럼 이동성에 영향을 주는 문화적 무의식을 중요한 부분으로 다루었다.

각 문화에는 그 문화를 규정하는 코드가 있다.[9] 이런 문화 코드를 발견하면 문화적 집단 무의식을 통해 문화의 성격, 삶에 대한 사고방식, 미래에 대한 특정한 기대 등을 물려받는다는 사실을 문득 깨닫게 된다. 문화 코드는 초기에 각인되고 평생에 걸쳐 반복적으로 강화되는 완전한 준거 체계다. 예컨대 독일 오페라가 이탈리아 오페라와 전혀 다르다는 사실은 매우 흥미롭다. 바그너 오페라와 푸치니 오페라는 사랑의 의미를 다르게 표현한다. 프랑스 문화에서 핵심 동사는 '생각하다'이다. '나는 생각한다, 고로 존재한다'는 말에서도 분명히 확인할 수 있다. 그리고 프랑스의 학교에서는 문학 평론을 통해 다른 사람들의 사고를 비평하는 법을 배운다. 프랑스의 '사고'에 관한 범국민적인 취향은 잡지와 평론지에서도 놀라울 정도로 많은 사례를 찾아볼 수 있다. 레 이데Les Idées(이념), 라 팡세La Pensée(사고), 에스프리L'Esprit(정신)는 모두 문예평론지 이름이다. 또 다른 사례로, 로댕의 〈생각하는 사람〉, 드골의 '프랑스 하면 떠오르는 몇 가지 생각들'이라는 유명한 말, 현대의 프랑스 영웅이자 철학가인 베르나르 앙리 레비 등을 비롯해 사상가들에 관한 텔레비전 쇼도 있다. 예컨대 베르나르 피보가 진행하는 〈아포스트로프Apostrophes〉(1975년부터 1990년까지 프랑스 공영방송에서 방영되었던 유명한 독서 토론 프로그램 – 옮긴이)는 수년 동안 인기를 끌었다.

이와 대조적으로, 미국 문화의 핵심 동사는 '하다'이다. 미국 문화에서 선호하는 것은 실행 계획과 실행 목록이다. 우리는 연구를 실시한 모든 문화에서 문화적 집단 무의식 이면에 존재하는 파충류 뇌의 욕구를 찾아냈다. 그리고 각 문화가 성sex, 생존survival, 안전security, 성공success(우리가 '네 가지 S'라고 부르는 요소)을 다루는 방식이 상향 이동의 가능성을 미리 결정한다는 사실을 알아냈다. 이는 이동성을 살펴보는 완전히 새로운 방식이다.

삶은 이동이고 이동이 제한되는 모든 문화는 더 나아가 삶까지 제한한다. 베를린 장벽, 경쟁을 제한하는 법, 이민법 등을 예로 들 수 있다. 하지만 국가와 문화는 스스로 보호해야 하고 정체성을 지켜나가야 한다. 예컨대 에볼라 바이러스에 국경을 개방하고 싶은 나라는 없다. 자녀들을 방치하고 학교에 못 가게 하거나, 여자들의 외출을 금지하고 여자아이들을 학교에 못 가게 하는 문화는 상향 이동을 방해한다. 따라서 우리는 인간의 타고난 본성을 탐구하고, 어떻게 파충류 뇌의 욕구가 늘 승리하는지를 탐구했다. 또한 어떤 문화가 파충류 뇌의 욕구를 촉진하거나 제한하는지, 또 어떻게 파충류 뇌의 욕구가 이런 현상을 설명할 수 있는지를 탐구했다. 이런 생물학적 특성과 문화의 관계가 이 책의 핵심이다.

우리는 단언컨대, 어떤 생물 논리의 특성을 무조건 찬성하거나 어떤 문화 체계를 무조건 반대하는 것이 아니다. 그저 긍정적 변화를 이끌어내고자 하는 바람으로 이 책을 펴내려는 것이다. 변화는 보통 천천히 이루어진다. 그 첫 번째 단계는 현재 자신이 속한 문화의 상황을 인식하는 일이다. 터키가 독립을 위해 싸웠을 때 터키의 지도자 무스타파 케말 아타튀르크는 터키의 현대화를 시작하면서 필요한 것들을 바꿨다. 그는 칼리프 지위를 없애고 종교를 정부와 분리했다. 그리고 교육을 현대화했고 터키대학에서 가르칠 외국 전문가들을 초빙했다. 또한 경제활동을 분권화했다. 그의 개혁으로 터키 여성들은 다른 나라보다 앞서 참정권을 얻었다. 무스타파 케말은 서구 나라들의 성공 구조를 가져와서 터키 국민의 전혀 다른 현실(기독교도가 아닌 주로 이슬람 교도인 국민들)에 적용했다.

지참금의 전통을 예로 살펴보자. 남녀가 결혼하면 신부 가족이 신랑 측 가족에게 상당히 많은 현금이나 선물을 제공해야 하는 사회규범을 가진 나라들이 많다. 이는 두 집안의 유대를 강화하기 위한 전통이다. 하지만 오늘날에는 지참금에 대한 부담감 때문에 여자 아기를 살해하는 행위를 일삼는 가족도 있다. 이동성이 점점 높아지는 문화들은 그런 해로운 영향을 미치는 전통을 바꾸거나 없앤다.

12장에서는 나라별 문화의 이동성을 분석하는 방법을 제시하고, 국민의 생물학적 욕구를 얼마나 잘 충족하는지 국가별로 순위를 매겨놓았다. 국민들의 생물학적 욕구를 충족하는 국가일수록 이동성을 더욱 촉진한다. 생물학적 욕구는 생존뿐 아니라 즐거움, 사랑, 자기표현, 존중, 지적인 자극과 성장, 목적의식 등에도 관여한다.

매슬로의 욕구 단계 이론에 동의하는 대신, 우리는 생존, 성, 안전, 성공이라는 '네 가지 S'로 우리만의 생물학적 필수 요건들을 만들어냈다. 생존은 국가가 건강과 교육을 비롯한 전체적인 복지를 지원하는 정도를 말한다. 그리고 성은 남녀평등의 정도와 쾌락이 문화별로 다르게 인식되는 정도에 관한 것이고, 안전은 국가가 신체적, 경제적, 환경적 해악에서 얼마나 잘 보호하느냐에 관한 것이며, 성공은 국가 제도가 경제적 경쟁, 효율성, 혁신을 얼마나 잘 촉진하느냐에 관한 것이다.

우리는 생존과 번식이 가장 기본적인 욕구라는 매슬로의 주장에는 전혀 불만이 없다. 하지만 매슬로가 주장한 욕구의 상위 단계도 근본적으로 생물학적 요소라고 이해해야 한다. 진화심리학에서 성공의 욕구가 우리가 선호하는 배우자와 결합하는 능력뿐만 아니라 생존의 기본적인 요건에 확실히 접근할 때 성공이 이끌어내는 많은 이점과 밀접한 관련이 있다는 주장은 설득력이 있다. 매슬로의 욕구 단계 이론은 인간이 기본적인 본능 욕구를 뛰어넘을 수 있다고 주장하는 것처럼 보인다. 하지만 생물학적 욕구는 우리가 선택한 일, 예술에 대한 감상이나 창조, 학습의 추구, 자선단체에 대한 기부 등에서도 우리를 고취하고 있다.

요컨대 국가가 이런 생물학적 욕구를 더욱 충족할수록 상향 이동의 가능성이 더욱 높아진다. 우리는 이런 국가의 능력을 평가해 수치로 나타내는 방법을 만들어내기로 했다. 그러기 위해 이코노미스트 인텔리전스 유닛, 세계경제포럼, 헤리티지 재단, 월스트리트저널, 유엔 등 여러 단체와 학자들이 제시한, 국가의 번영과 인간의 개발에 관한 기존의 다양한 평가를 수년 동안 면밀하게 조사했다.

이 지수의 목적은 사람들 스스로 벤치마킹을 하기 위한 것이다. 이 연구 결과는 정치적으로 적절하지 않거나 불안 요소가 될 수도 있다. 하지만 문화나 국가의 정체성이 사람들을 성공하게 할지, 실패하게 할지를 알 수 있으므로, 상향 이동을 하고 싶으면 무엇을 해야 할지 파악할 수 있다. 어쩌면 살던 곳을 떠남으로써 반대 의사를 표현할 수도 있다. 예를 들어 세계화와 경제 위기로 인해 문제가 발생한다는 프랑스의 변명은 독일이 왜 똑같은 문제를 겪지 않는지를 해명하지 못한다. 독일 경제는 활기를 띠고 있고, 프랑스보다 독일의 실업률이 훨씬 낫다.

따라서 많은 젊은 프랑스 기업가들처럼 사업하기 더 좋은 환경과 상향 이동의 기회가 더 많은 베를린이나 런던으로 옮겨 가기로 결정할 수 있다. 이는 수세기 동안 이루어져 온 전형적인 두뇌 유출이 아니라 새로운 인식이다. 사람들은 자신이 번창할 수 있는 세상을 선택할 수 있다.

예를 들어 라울 카스트로가 여행 제한을 풀어주기 전에는 쿠바 사람들이 자국을 떠나지 못하듯이, 쿠바나 북한 등 어떤 국가의 사람들은 자기 나라를 떠나기 어렵다. 반면 스위스를 비롯한 어떤 국가들은 이주민으로 들어가기가 어렵다. 자기가 살던 문화를 떠나고 싶다는 것은 그 문화에서 상향 이동을 할 수 없다고 느끼고, 다른 문화에서 상향 이동의 더 좋은 기회를 가질 수 있다고 확신한다는 증거다.

허버트 스펜서는《생물학 원리*Principles of Biology*》에서 다윈의 자연선택설을 거론하며 적자생존에 관한 글을 썼듯이,[10] 우리는 이 책에서 '상향' 문화의 생존, 즉 사람들이 번영할 수 있는 문화를 설명한다. 어떤 이들은 이것을 '상향적 사회 이동'이라고 부를 것이다. 이 책을 통해 동등한 기회, 예측 가능성, 유연성을 제시하는 문화들이 상향 이동을 할 가능성이 더욱 크다는 사실을 알 수 있다. 우리는 세상 곳곳의 사람들이 이동하는 데, 더욱이 상향 이동을 하는 데 이 책이 좋은 자극이 되기를 바란다.

차 례

새로운 패러다임의 탄생

1 본질로 돌아가라

"인간은 의지대로 행동할 수는 있지만,
의지로 의지를 만들어낼 수는 없다."

아르투르 쇼펜하우어[1]

사랑에 관한 패러다임

리처드와 메건은 마드리드에서 교환학생 오리엔테이션 때 잠깐 만났다. 그들은 서로에게 끌렸지만 이제 막 마드리드에 도착했고, 앞으로 매력적인 상대를 더 많이 만날 수 있다는 생각에 한껏 들떠 있었다. 그런데 두 사람은 우연히 다시 마주치게 되었다. 수업 일정이 모두 끝나고 교환학생들이 집으로 돌아가기 전에 바르셀로나로 추억의 여행을 떠날 때였다.

리처드와 메건은 바르셀로나로 가는 기차에서 나란히 앉게 되었다. 그들은 서로에게 호감을 느꼈지만 확신이 들지 않은 상태에서 서로를 힐끗 쳐다보았다. 그리고 기차가 목적지에 도착하기까지 3시간 동안 두 사람은 은근히 서로의 관심을 끌기 시작했다. 메건의 맨다리가 리처드에게 슬쩍 닿으면서 그를 자극했고, 리처드의 땀 냄새가 메건의 몸에 호르몬을 발산하게 했다. 두 사람은 심장이 빨리 뛰기 시작하고 체온이 올라갔다. 그리고 메건은 뺨이 발그레하게 달아오르기까지 했다. 기차가 바르셀로나 역에 도착하자마자 리처드와 메건은 서로를 좀더 편하게 쳐다보았다. 그렇게 상대를 바라보기만 해도 기분이 좋았다. 리처드는 메건이 짐 내리는 것을 도와주었고, 학생들이 모두 머물고 있는 호스텔까지 그녀와 동행하면서 이런저런 이야기를 나눴다.

리처드와 메건은 바르셀로나에서 아주 멋진 시간을 보냈다. 그들은 잠자는 시간 외에는 줄곧 함께 있었고, 사흘째 되는 날 호스텔에서 둘이 함께 지낼 수 있는 방을 마련했다. 그들은 서로에게 자석처럼 끌리는 성적 화학반응을 거부할 수 없었다. 더욱이 매력과 우아함이 넘치는 도시 바르셀로나는 연인들이 낭만에 취해 밤을 지새우는 완벽한 배경이 되었다. 리처드와 메건은 남은 시간이 씁쓸하면서도 달콤했다. 두 사람은 헤어질 생각에 슬펐지만 마지막까지 함께 최고의 순간을 보냈다.

마지막 날 리처드와 메건은 일찍 일어났고, 메건은 샌프란시스코행 비행기를 타려고 짐을 꾸렸다. 리처드는 메건을 공항까지 바래다주면서 서로 연락하기로 약속했다. 두 사람은 눈물을 흘리며 한참 동안 포옹을 하고 키스를 나눈 뒤 헤어졌다. 그 후 몇 달이 지났고 또 몇 년이 흘렀다. 리처드와 메건은 각자 자신의 삶을 살아가면서 다른 연인을 만났지만 그때의 완벽한 만남을 잊지 못했다.

3년이 지난 어느 날 메건은 친구 케이트와 유럽 여행을 가기로 했다. 그들의 첫 번째 목적지는 파리였고, 그곳에서 친구들 일정에 맞춰 일주일 머물 계획이었다. 그때 메건은 런던에 있는 리처드를 찾아가기로 결심했다. 그리고 런던 역에 도착했을 때 메건은 자신을 향해 확실하지 않다는 듯 주저하면서 걸어오는 리처드를 한눈에 알아보았다. 가까이 다가온 리처드도 "메건?"이라고 소리쳤다. 놀랍게도 이미 정해진 운명의 장난처럼 리처드와 메건은 다시 만났다. 그들은 아직도 서로를 좋아하는지는 확신하지 못했다. 하지만 두 사람은 몇 분도 채 안 되어 바르셀로나에서 나눴던 흥분과 따뜻한 감정을 똑같이 느끼기 시작했다.

메건은 결국 계획했던 것보다 일주일 더 런던에 머물기로 했다. 리처드와 메건은 서로에게 열정을 품었고, 모든 면에서 매우 편안한 기분과 안정감을 느꼈다. 메건이 떠나기 전날, 두 사람은 같은 도시로 이사할 계획을 세우기로 했다. 졸업 후 미국으로 돌아갈 준비를 하고 있었던 리처드는 기꺼이 샌프란시스코로 가려고 했다. 메건은 활짝 웃는 얼굴로 파리행 기차에 올라탔다. 그녀는 완벽한 짝을 찾았고 이제 시작이라고 느꼈다. 또 리처드를 사랑하게 되었고 두 사람이 함께 정말 멋진 삶을 살아갈 것이라고 느꼈다. 메건은 리처드와 더 오래 머물고 싶었지만 파리에서 케이트의 생일 파티에 참석하기로 약속했기 때문에 서둘러 돌아갔다.

지금까지 이야기에서는 열정이 가득한 두 사람의 전망이 밝아 보인다. 파리로 향하는 내내 메건의 마음속에 두 사람의 멋진 미래가 펼쳐졌다. 메건은 온통 리처드 생각뿐이었다.

그런데 파티가 열리던 그날 밤, 메건은 브래들리를 만났다. 브래들리는 잘생기고 강인하고 자신감이 넘치는 남자였다. 호주의 전도유망한 프로 럭비 선수인 브래들리는 팀의 승리를 축하하고 있었다. 브래들리의 팀이 프랑스와 치른 경기에서 두 골을 넣어 승리했기 때문이다. 브래들리는 키가 매우 컸고 구릿빛 피부에 금발 곱슬머리를 하고 있었다. 또 메건에게는 브래들리가 세상에서 미소가 가장 아름다운 사람으로 보였을 수도 있다. 브래들리는 첫눈에 메건한테 끌렸다. 처음에는 망설였던 메건도 와인을 몇 잔 마시고 댄스홀에서 춤을 몇 번 추고 나자 브래들리의 매력을 거부하기 어려웠다. 결국 브래들리는 호텔 스위트룸으로 메건을 데려가 유혹했다. 하지만 그 뒤로 메건은 브래들리를 다시는 만나지 않기로 했다.

다음 날 메건은 리처드한테 문자 메시지 몇 건과 진심 어린 이메일을 받았다. 리처드는 예전에는 메건에 대한 사랑을 소홀히 했지만 이제는 그 사랑의 기회를 놓치지 않겠다고 말했다. 그때 메건은 리처드와의 사랑을 지키기 위해 솔직해야 한다고 생각했다. 그래서 리처드에게 전화를 걸어 모든 사실을 고백했다. 하지만 리처드는 슬픔과 분노를 터뜨렸고, 급기야 메건의 전화를 끊어버렸다. 2주 동안 리처드에게 아무런 연락을 받지 못한 메건은 그에게 전화를 걸었다. 하지만 어떤 여자가 전화를 받아서 리처드를 바꿔주었다. 리처드는 몇 마디 하지 않았고 목소리는 차가웠다. 그는 메건에게 다시 기회를 줄 생각이 없다고 딱 잘라 말했다. 그렇게 두 사람은 두 번 다시 만나지 못했다.

메건은 리처드에 대한 깊은 사랑에도, 왜 그를 속이고 부정을 저질렀을까? 메건은 정말 사랑하는 사람을 찾았다고 확신했는데도 왜 그리 쉽게 유혹에 빠졌던 것일까? 메건은 멋진 미래가 눈앞에 펼쳐졌지만 그보다 성적 욕구가 더욱 강했다.[2] 브래들리와 눈이 맞았을 때 메건은 원초적인 본능에 굴복하고 말았다. 어쩌면 그 파티에서 가장 인기 있는 남자가 그녀에게 특별히 끌렸다는 자부심에 사로잡혔을 것이다. 또는 브래들리의 체취와 잘생긴 얼굴, 장대한 기골에 끌렸을 수도 있다.[3] 또는 단지 색다른 모험을 즐기고 싶었는지도 모른다. 아니면 리처드를 별로 사랑하지 않았을 수도 있다. 메건은 부정을 저질렀기 때문이 아니라 진실을 말했기 때문에 리처드를 잃었다.

리처드와 메건의 입장을 실제로 경험해 본 사람들도 있을 것이다. 각각 혹은 두 사람의 입장에 모두 처해 본 경험이 있을 수도 있다. 일부일처제는 사회제도일 뿐이고, 이 세상의 대표적인 생명체인 인간은 사랑하는 사람뿐만 아니라 무엇이든 속이기를 좋아한다. 대학 시험이든, 친선 축구 경기든, 또는 하지도 않은 일에서 공을 차지하든, 우리는 여기저기서 조금씩 속이려고 할 때가 많다.

하지만 우리는 속임수를 쓰고 책략을 꾸미는 일에는 놀랍게도 비이성적이다. 속임수를 쓴 대가가 크면 죄책감을 더 많이 느끼고, 남을 속였다고 생각하고 싶어 하지 않는다. 그래서 대가가 클수록 남을 속일 가능성은 더욱 줄어든다. 우리는 가끔 큰일로 남을 속이는 것(죄책감이 엄청난 경우)보다 여러 번 작은 일로 남을 속이는 것(죄책감을 별로 느끼지 않는 경우)을 더 좋아한다.[4] 여기에는 죄책감과 양심이

"당신, 그 여자랑 잤지?"

라는 문화적 가치가 작용한다. 그래서 좋지 않은 결과가 나타났는데도 메건은 리처드한테 사실을 고백했던 것이다.

영화와 소설, 시와 노래를 보면 사랑에 빠지거나 이별하는 이야기들이 굉장히 많다.[5] 하지만 사람들이 사랑에 빠지거나 이별하는 이유가 무엇인지는 생각해 보지 않는다. 우리 모두는 타고난 성향과 바람, 욕구, 즉 생물 논리의 본능적 욕구를 가진 존재다. 하지만 본능이 최선의 이익과 충돌하면, 다시 말해 파충류 뇌가 대뇌피질과 대립하면 무슨 일이 생길까? 메건은 친구의 생일 파티에서 만난 최고의 남성에 대한 욕망 때문에 진성한 사랑의 기회를 놓쳤다. 그녀는 가정을 이뤄 행복하고 성공적인 삶을 함께 살 수 있었던 사람을 잃어버렸는지도 모른다. 자신의 본성이 스스로를 배반하고 상향 이동에 대한 기대를 저버리는 행동을 했다면 무슨 일이 일어날까? 또 우리는 이런 파충류 자아와 대뇌피질의 갈등을 어떻게 이해할 수 있을까?

생물 논리의 본능적 욕구와 이성의 갈등, 운명과 선택의 갈등은 모든 인간과 모든 문화에서 나타나는 것이다. 그런데 왜 '생물 논리biological'라고 말할까? 바로 인간의 생물학적 특성에 논리가 필요하기 때문이다. 이 책의 목적은 이런 갈등이 더 이상 필요하지 않는 이유, 사실 전혀 필요하지 않는 이유를 밝히기 위한 것이다. 우리가 상향 이동을 원한다면 가장 좋은 방법은 파충류 자아라는 내면의 야수를 이해하고 받아들이고 존중하는 것이다. 좋든 싫든 매번 파충류 자아가 승리하기 때문이다.

중국 문화의 패러다임

풍부한 역사와 다양한 전통문화를 가진 중국은 20세기에 특히 섬세하고 흥미로운 나라였다. 그 전환기의 혼란 속에서 중국의 미래 지도자 덩샤오핑이 태어났다. 덩샤오핑이 10대였을 때 청나라가 몰락했고 중국의 정치 미래는 불확실했다. 덩샤오핑은 젊은 시절 프랑스와 러시아에서 공부했고, 공산주의자였던 동급생들에게 큰 영향을 받으며 중국의 정치권에 들어갈 준비를 했다.

1949년 마오쩌둥이 중화인민공화국을 선포했을 때 여러 해 동안 전쟁과 기근을 겪었던 중국의 오랜 전통문화는 붕괴되었다. 이전에 신성하게 여겼던 모든 것이 금지되었다. 새로운 문화 속에서 중국은 사유재산이 금지되었고, 개인주의와 표현의 자유가 허용되지 않았으며, 서구의 경제를 해로운 것으로 간주했다. 또한 부자가 되고 성공하는 것도 남용이라고 생각했다. 이러한 중국 공산주의 문화는 중국의 것이든 서구의 것이든 전통적인 요소를 모두 멀리하고, 완전히 새로운 모습으로 바뀌었다.

덩샤오핑은 정치적으로 높은 지위에 오르자 마오쩌둥에 대한 충성심을 높임과 동시에 마오쩌둥이 확립한 체제에 도전했다. 1980년 마오쩌둥이 사망한 이후 덩샤오핑은 중국의 지도자가 되었다.

문화대혁명 시기에 폐쇄주의 노선을 추구하고 공산주의 시장체제로 돌입하다가, 어느 날 갑자기 개방정책을 펼치며 성장한 중국을 상상해 보라. 하지만 덩샤오핑의 성공은 중국의 문화유산을 없애는 데 기반을 둔 것이 아니었다. 그것은 거의 불가능했을 것이다. 그 대신 덩샤오핑은 중국의 전통문화를 현대에 맞췄다. 그는 뿌리 깊은 공산주의 사상과 집단주의 방식을 고수하면서 세계와 경쟁하기 위해 중국의 문을 열고 자유시장경제를 채택했다. 그리고 한 나라에 두 가지 제도를 받아들인다는 '일국양제'를 통해 시장경제에 적응하면서 공산주의 체제를 유지하는 능력을 보여주었다.

덩샤오핑은 4대 근대화라는 개혁을 통해 농업, 혁신, 무역, 산업, 국방의 범위까지 목표를 세웠다. 그가 중국을 개방하자 중국은 기하급수적으로 성장했고, 지금도 계속 성장하고 있다. 농부들이 토지와 생산품을 팔아 자본을 마련해 사용함으로써 중국은 대약진운동과 문화대혁명으로 생긴 손실을 줄일 수 있었다. 또한 수십 년 동안 세계의 과학 발달에서 배제되었던 중국은 서구 세계에서 새로운 기술과 혁신을 받아들였다. 무역 장벽을 철폐한 중국은 기술을 수입하고 제품을 수출하여 더 큰 투자를 자국으로 불러들였다.[6]

덩샤오핑 시대부터 중국은 세계라는 무대에서 가장 강력한 경쟁자가 되었다. 마오쩌둥의 폐쇄주의 사회와 달리 덩샤오핑은 중국을 세계에 개방했기 때문이다. 그런데 중국은 어떻게 그렇게 빨리 경제적으로, 사회적으로 성장할 수 있었을까? 그리고 중국인들은 어떻게 문화유산을 지키면서 경쟁력을 가질 수 있었을까? 중국은 또 어떻게 아주 짧은 기간 동안 강력한 공산주의 이상에서 자유시장과 실력주의 체제로 바뀔 수 있었을까? 또 과거에 그처럼 강력하고 까다로운 체제였던 중국이 어떻게 상향 이동을 할 수 있었을까?

어떤 특성이 문화의 상향 이동을 촉진하는 데는 늘 문제가 따른다. 1947년 미국이 세계인권선언을 만들려고 했을 때 미국인류학협회는 "세계인권선언은 있을 수 없는 일이다. 그저 인권의 편협한 개념 하나만 내세우는 일이 될 것이다"라고 주장했다.

그렇다면 우리는 신념을 바꾸고, 서로 다른 삶의 목표를 내세우고, 더 나은 삶을 이끌어내기 위한 '문화'를 가지고, 스스로 몰락하며 해로운 일을 저지르는 모든 사람들을 어떻게 설득할 수 있을까?

또 여성 성기 절제술과 같은 수모와 고통, 사회를 마비시키는 야만적인 관습을 '상황에 따른 합법성'이라고 말하는 철학자들과 과학자들을 어떻게 이해할 수 있을까?

사람들을 번영하는 삶으로 이끄는 문화와 그러지 못하는 문화가 있다. 덩샤오핑이 이끈 중국을 보면 문화에서 교훈을 찾아볼 수 있다. 한 나라의 문화 코드를 바꿔 다른 모든 부분을 변화시켰던 것이다. 삶의 거의 모든 측면에 도미노 효과가 나타났다. 그런 개념을 염두에 두고 과학의 맥락에서 문화의 이동성을 어떻게 해석해야 할까?

생물학은 선과 악을 전혀 구분하지 않고, 다만 무엇이 작용하고 작용하지 않는지, 또 생존에 무엇이 도움이 되고 도움이 되지 않는지를 파악한다. 하지만 사람들은 문화가 생존에 도움이 되는지뿐만 아니라 성장에 도움이 되는지도 알고 싶어 한다. 인간의 세계관은 보편적이지 않다. 한 문화가 다른 문화보다 더 낫다고 누가 말할 수 있을까? 만주의 가축 목동한테 어울리는 문화가 스웨덴의 교사에게는 어울리지 않는다. 하지만 우리는 문화의 어떤 측면이 상향 이동을 도와주고 또 실패를 초래하는지를 확인하기 위해 문화의 여러 측면을 비교하는 기준 체계를 만들어낼 수 있다.

삶의 목적과 행동의 의미를 나타내는 가치관과 원칙, 표현 등 세상을 해석하는 방식은 문화마다 다르다. 예를 들어 미국에서는 토머스 제퍼슨이 초안을 잡은 독립선언문을 자명한 진리로 받아들인다. 하지만 그런 가치관이 네팔이나 아이티에서는 통하지 않는다. 각각의 문화는 고유의 보편성과 세계관을 갖고 있다. 공자나 부처가 인식하는 세계는 볼테르나 데카르트가 인식하는 세상과 다르다.

우리는 또한 문화의 상대성을 믿으며, 이 책에서 사람들의 행동 양식을 발전시키는 문화의 원인, 성공하거나 실패하여 사라지는 문화의 원인을 살펴볼 것이다. 이 책의 핵심은 생물학적 특성과 문화의 관계이다. 생물학적 특성과 문화, 또는 천성과 교육 중 어느 것을 선택하느냐가 아니라 두 요소의 상호작용에 중점을 두고 있다.

생물학적 특성에 맞지 않는 문화는 오래 지속되지 않는다. 극단적으로 표현하자면, 아침에 일어나 총을 들고 생명을 빼앗으라고 하는 문화는 생존하지 못한다. 또한 새로운 환경에 맞지 않는 오래되고 낡은 방식을 고수하는 문화는 쇠퇴해 사라질 것이다.

그렇다면 문화의 이동성을 위해서는 어떻게 해야 할까? 그래서 생물학적 특성을 지원하는 문화가 필요하고, 문화를 지원하는 생물학적 특성이 필요하다. 이를 조금 다른 방식으로 살펴보자. 생물학적 특성과 문화는 간혹 갈등을 빚기도 한다. 예를 들어 인간의 뇌는 타고난 이기심을 가지고 있기 때문에 문화는 어느 정도 이런 타고난 충동을 극복하는 법을 습득해야 한다. 오랫동안 집단과 개개인 모두를 위해 서로 협력해야 한다는 사실을 문화를 통해 이해해야 한다. 예를 들어 문화가 상향 이동을 하기 위해서는 사람들이 약속을 지켜야 하고, 세금을 내야 하고, 몸에 좋은 음식을 먹어야 하고, 줄을 서서 차례를 기다려야 하며, 또한 자식들을 위험한 전쟁터로 내보내야 한다는 뜻이다.[7]

생물학적 특성과 문화의 갈등은 성적 충동이나 열망에서도 똑같이 발생한다. 한 나라의 대통령이자 기혼자라면 인턴 직원과 성적 관계를 갖지 않도록 스스로 절제해야 한다. 그런 절제는 생물학적 욕구를 억제하는 일이지만 인간의 본능적인 충동을 억누르고 사회가 상향 이동을 할 수 있도록 장려하는 문화의 역할이라 할 수 있다. 그리고 이는 결국 모든 사람들에게 혜택이 돌아가는 일이다(물론 문화 외에 법과 도덕률도 그런 역할을 한다).

하지만 집단 중심의 행동이라고 해서 모두 문화적인 특성이라고 할 수는 없다. 사람들이 집단을 파괴하는 충동을 극복하고, 자기 통제, 자기 조절, 공정성 등 집단에 아주 유익하게 진화된 생물학적 특성도 있다. 이후에는 문화의 발달로 인해 공격성(생물학적 본능)이 갈등을 해결하는 중요한 수단인 도덕과 법으로 대체될 수 있었다.

생물학적 특성이 문화의 이동성을 촉진하기 위한 본능적 논리라면 문화는 또한 생물학적 특성의 구성 요소로 작용해야 한다. 서로 지원하는 역할을 하는 것, 이것이 문화의 이동성을 위한 핵심이다.

우리는 메건과 리처드의 사례에 대해 가치판단을 하려는 것이 아니다. 그들이 부정을 저지르거나 지킬 수 없는 약속을 한 것이 옳고 그른지는 중요하지 않다. 메건과 리처드는 충동을 무시하지 않고 인정할 필요가 있었다. 충동은 무시한다고 해서 사라지는 것이 아니다. 자신과 타인에게 약속을 지키고 싶다면 파충류 뇌가 작용하는 방식을 이해하고, 그것을 억제하기보다 표현하는 법을 찾아야 한다. 메건과 리처드의 사례에서 얻을 수 있는 교훈은 '생물 논리의 본능적 욕구'다. 그들은 서로의 본능적 욕구에 귀 기울이고 이해할 수 있는 논리가 필요했던 것이다. 따라서 우리의 본능을 인식하는 것이, 생물학적 특성과 갈등을 일으키지 않고 조화를 이룰 수 있는 문화를 발전시키기 위한 핵심이다.

인간이라는 동물

2 파충류 뇌가 늘 승리한다

"나는 무언가를 찾는 구도자였고 지금도 그렇다.
그러나 더 이상 별을 보면서도, 책 속에서도 찾지 않는다.
이제 내 안의 피가 속삭이는 가르침에 귀 기울이기 시작했다."

헤르만 헤세의 《데미안》 중에서[1]

미국에서 가장 웅장하고 멋진 주택에는 엄청난 권력을 가진 잘생기고 똑똑하고 매력적인 남자가 살고 있다. 한때 그는 모든 권력과 명성을 잃을 수 있다는 사실을 알면서도 한 젊은 여성과 바람을 피웠다. 이것은 빌 클린턴과 백악관 인턴 모니카 르윈스키의 스캔들 이야기다.

당신이 세상에서 가장 강력한 나라를 통솔하는 사람이라면 자신을 이기지 못하는 그런 상황에서 어떻게 대처할 것인가? 권력을 가지고 있는 상황에서 비밀이 들통나는 것은 시간문제였지만 클린턴은 본능대로 행동했다. 그 결과 탄핵안이 통과되었고, 이 사건은 미국 대통령이 일으킨 가장 큰 스캔들이 되었다. 클린턴은 똑똑한 남자이지만 파충류 뇌의 욕구를 억제할 수 없었다. 그는 어쩌면 너무 똑똑해서 자신을 기만할 수 있었을 것이다. 재능 있는 사람은 대개 창의력이 뛰어나지만, 창의력이 뛰어난 사람은 부정행위를 저지르기가 더욱 쉽다. 자기 행동이 잘못되지 않았다고 스스로를 속이는 데 아주 능숙하기 때문이다. 그것이 바로 파충류 뇌다. 그리고 그 파충류 뇌가 늘 승리한다.[2]

뇌의 세 영역

우선 인간의 뇌를 살펴보자. 뇌는 분명 아주 복잡한 구조를 가지고 있다. 신경과학자들은 우리가 알고 있는 것이 빙산의 일각에 지나지 않는다는 사실을 맨 먼저 인정한 사람들이다. 뇌가 어떻게 작용하는지는 하나의 도해로 간단하게 나타낼 수 있는데, 이는 뇌가 어떻게 연결되어 있는지를 보여주는 고차원적 모형이다.

내가 당신에게 프랑스 지도를 준다면 프랑스 영토 전체를 한눈에 볼 수 있는 지도를 주지는 않을 것이다. 하지만 마르세유에서 리옹으로 가고 싶다면 그런 지도가 더 낫다. 그와 마찬가지로 뇌를 파악하고 그 뇌에 의해 사람들이 어떻게 행동하고 영향을 받는지 알고 싶다면, 간단한 지도를 통해 확인하는 것이 좋다. 미국의 신경과학자 폴 매클린은 '인간이 행동하게 하는 원인'을 알아내기 위해 아주 간단하고 포괄적인 방법으로 뇌를 나타내는 독창적인 방식을 만들어냈다. 폴 매클린은 그 방식을 '삼위일체 뇌triune brain' 모형이라고 불렀는데, 이는 대뇌피질, 변연계, 파충류 뇌로 구성되어 있다.[3]

인간의 뇌는 세 가지 기본 구조로 이루어져 있다. 대뇌피질은 언어

습득, 계획, 추상, 지각 등 복잡한 정신 작용이 일어나는 곳이다. 이 영역이 인간의 특성을 가장 잘 나타낸다고 말하는 사람도 있다. 변연계는 행동, 감정, 기억, 동기부여 등의 기능을 담당한다. 파충류 뇌는 호흡, 체온 조절, 균형 등 신체의 중요한 기능을 관장할 뿐만 아니라 공격성, 지배, 세력권 보호 등 종 전체에 공통적으로 나타나는 본능적 행위를 담당한다.

뇌의 세 영역 가운데 최고는 두말할 것 없이 파충류 뇌다. 파충류의 뇌와 유사한 이 영역은 2억 년 전 인류의 뇌와 거의 같다고 한다. 인간의 파충류 뇌는 생존과 번식이라는 두 가지 중요한 일을 관장한다. 물론 이것은 가장 기본적인 본능이다. 생존하고 번식할 수 없다면 인류는 멸종된다. 파충류 뇌는 머리를 향해 날아오는 공을 피하고, 매력적인 사람에게 성적 욕구를 느끼고, 갈증이 날 때 물을 꿀꺽꿀꺽 마시는 행동을 담당하는 뇌의 영역이다.[4]

파충류 뇌는 다른 두 영역의 뇌를 이길 수 있다. 예를 들어 육체적 매력에 끌리는 본능은 강력한 파충류 뇌의 욕구에 해당한다. 그런 욕구에 의해 인간은 최고의 생존 기회를 자손에게 제공할 유전자를 가진 사람에게 육체적 매력을 느끼고, 육체적 건강, 재정 상태, 친절함, 지성 등 요건에 맞는 사람을 찾는다.[5]

파충류 뇌가 대뇌피질과 변연계와 상호작용하는 방식에 따라 인간의 기본적인 본능이 행동으로 표출된다. 하지만 파충류 뇌 단독으로는 상황이 옳은지 나쁜지를 구별하지 못하고 감정을 느끼거나 사고하는 기능도 하지 못한다. 감각이나 반응에 따른 자극을 그냥 받아

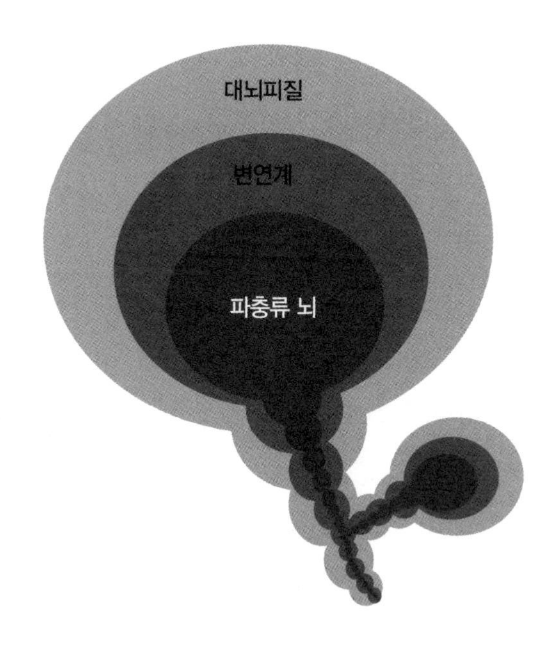

뇌의 세 가지 기본 구조

들일 뿐이다. 인간의 뇌는 번식에 성공하기 위해 다른 신체 기관들처럼 진화했다. 이것은 때로 양심에 따른 올바른 행동이 반드시 생존(그리고 상향 이동)에 도움이 되는 것은 아니라는 의미이기도 하다. 클린턴은 자신의 불륜을 솔직히 털어놓으면 지금까지 일궈놓은 경력이 위태로울 수 있다는 사실을 잘 알고 있었다. 거짓말과 속임수는 생존을 위한 중대한 전략이다. 즉, 우리의 문화에 위배되는 파충류 뇌의 흔적을 숨겨준다. 클린턴의 대뇌피질이 행동의 결과를 피하기 위해 의식적으로 거짓말을 하기로 결정한 것이다.[6]

평소 우리가 당연하게 여기는 단순한 일들에서 파충류 뇌의 기능을 쉽게 찾아볼 수 있다. 축구는 완전히 파충류 뇌의 방식이다. 전략을 개발하고 기량을 연마하며, 우승을 위해 한 팀이 움직이고, 목표물을 쫓아가는 것은 원시사회의 사냥을 떠오르게 한다. 그리고 우승의 희열감, 실패의 우울함, 팀의 소속감 등 우리의 감정과 강하게 연결되어 있다.[7]

또 다른 파충류 뇌의 사례를 살펴보자. 비행기 추락 사고에서 생존한 우루과이 럭비 선수들이 먹을 것이 없어서 팀 동료들의 사체를 먹도록 자극한 것이 파충류 뇌의 욕구다. 또한 실비오 베를루스코니가 미성년자와 불륜을 저지르도록 자극한 것, 마이크 타이슨이 에반더 홀리필드의 귀를 물어뜯어 권투 시합에서 참패를 당하게 한 것(결국 존경받는 운동선수로서 신뢰마저 잃었다)도 모두 파충류 뇌의 욕구다.

그런데 인간의 뇌뿐만 아니라 문화에도 세 가지 영역의 뇌가 자리 잡고 있다. 문화는 파충류 뇌의 차원, 대뇌피질의 차원, 변연계 차원을 나타내는 측면이 있고, 또 이러한 세 영역이 여러 방식으로 나타난다.

가공하지 않은 다이아몬드 : 파충류 뇌

메건이 리처드를 배반했을 때는 메건의 파충류 뇌가 작용했다. 메건은 상황을 충분히 생각하지 못했다. 그녀의 몸은 브래들리를 갈망했다. 즉, 메건의 파충류 뇌가 승리했던 것이다. 파충류 뇌의 욕구는 습득되는 것이 아니라 타고난 본능이다. 이것은 어느 문화든 마찬가지다. 파충류 뇌의 차원은 문화마다 차이가 있는 것이 아니라 모든 문화에 보편적으로 나타난다. 인간의 자손 번식은 보편적인 파충류 뇌의 욕구다. 하지만 자식을 낳아 기르고 가족을 이루는 방식은 문화마다 다르다. 파충류 뇌의 욕구는 보편성을 띠지만 그것을 다루는 방식은 각 문화마다 독특하다.

남자와 여자는 다른 성이다. 남성은 양적인 특성을 가지도록 프로그램되어 있다. 그 이유는 무엇일까? 크로마뇽인 남자는 그리 오래 존재하지 못했다. 크로마뇽인이 번식하기까지 시간이 별로 없었기 때문에, 오늘날 남자는 평생 4천억 개의 정자를 만들어내는 고환을 갖게 되었다.[8] 남자의 정자는 귀중한 난자를 두고 경쟁해야 할 뿐만 아니라 또한 귀중한 여자를 유혹하기 위해 경쟁해야 하므로 당연히 많을수록 더 좋다. 이는 유전자를 번식할 아주 좋은 기회라는 의미다. 이것이 바로 파충류 뇌의 욕구다.

하지만 오늘날 인간의 수명은 약 4만 년 전보다 훨씬 더 길다. 그런데 남자는 왜 아직도 많은 정자를 만들어내고 유전자를 번식하려고 많은 시간을 들여서 섹스를 추구하는 것일까? 이는 파충류 뇌의 속성이 바뀌기까지는 수백만 년이 걸릴 정도로 매우 느리게 진화하기 때문이다. 그동안 문화는 몇 세대에 걸쳐 진화했다. 여기에서 엄청난 차이가 생겨난다. 한편으로는 성적 욕구를 충족하도록 프로그램된 파충류 뇌가 있고, 다른 한편으로는 이런 파충류 뇌의 욕구를 다루는 방법을 가진 문화가 끊임없이 변화하고 있다는 사실을 부인할 수 없다.

파충류 뇌의 진화와 문화의 진화에서 나타나는 이런 차이는 온갖 종류의 오해를 불러일으킨다. 하지만 우리는 그 해결책을 알아냈다. 생존에 가장 적합한 문화는 파충류 뇌의 욕구를 억누르지 않고 받아들인다. 인간은 이성에게 성적 자극을 받을 수도 있지만 그 욕구를 조절할 수도 있다.

반면 여자들은 질적인 특성을 가지도록 프로그램되어 있다. 남자는 말 그대로 하루는 매력적인 여자와 섹스를 하고 다음 날은 썩 매력적이지 않은 여자와 섹스를 할 수도 있지만, 여자들은 훨씬 더 까다롭다. 여자들은 대부분 술집이나 나이트클럽에서 즐기려고 남자를 만날 때 기준 이하의 남자와 섹스를 하느니 차라리 혼자 집에 가겠다고 한다. 이는 마음에 들지 않는 남자들에게서 자궁을 보호하려는 수문장의 속성이 여자들에게 있기 때문이다. 남자와 달리 임신, 출산, 자녀 양육 문제가 여자의 입장에서는 엄청난 투자이기 때문에 여자들은 가장 좋은 대안을 선택하는 문제가 최고의 관심사다. 그래서 여자들은 양보다 질을 선호한다.[9]

하지만 수세기 동안 억압에 시달리면서 전해 내려온 신념과 달리 여자는 남자 못지않게 강하다. 난혼의 오명 씌우기, 여성 할례 등의 문화는 여자의 파충류 뇌의 욕구를 차단했다. 불과 수십 년 전까지만 해도 의사들이 여자의 오르가슴을 '여성의 히스테리'로 진단하고 치료법을 적극적으로 찾을 정도로 금기시하고 매우 나쁜 현상으로 인식했다. 아직도 세계 곳곳의 많은 사회에서는 '남자다움을 과시하는' 분위기가 만연해 있다. 남자와 여자가 서로 끌린다면 성적 즐거움을 경험하는 것은 당연한데 애인을 여럿 둔 남자는 찬사를 받지만, 여자는 남자와 똑같은 특권을 가지지 못한다. 이런 규율과 남녀의 격차, 신성모독의 금기는 문화의 변연계 측면에 해당한다.

파충류 뇌의 남녀 차이는 오르가슴에서도 나타난다. 남자는 성적 자극을 받으면 절정에 이를 때까지 직선형을 이루면서 매우 빨리 오르가슴에 도달한다. 섹스 후 남자는 졸음을 유발하는 프로락틴이 분비되는 생화학 반응이 일어난다.[10] 반면 여자는 섹스를 하는 동안 쾌락의 변동이 일어난다. 한순간 흥분되었다가 다음 순간에는 흥분이 가라앉는다. 하지만 여자는 오르가슴에 이르면 오랫동안 그 상태를

♂	♀
직선형 더 많고 더 좋고 더 빠르고 더 강하다	**주기적인 유형** 주기적 단계
양 4천억 개의 정자 생성	**질** 150만 개의 난자가 생성되지만 그중 약 4백 개만 성숙한다.
외향성 문 두드리기 성향	**내향성** 문 지키기 성향
현재 지향 지금 이 순간을 중요시	**미루기 지향** 인내와 타이밍을 중요시

남자와 여자의 차이

유지할 수 있고, 다양한 오르가슴을 느낄 수도 있다.[11]

오르가슴의 남녀 차이는 파충류 뇌의 차이에서 비롯된다. 여자는 더 빨리 흥분되어야 하고 남자는 더욱 천천히 흥분되어야 한다. 성행위와 짝을 찾는 데 있어서 이런 파충류 뇌의 차이는 남자와 여자 간에 심각한 이해의 갈등을 야기한다. 그런 딜레마 속에서 남자와 여자는 어떻게 함께할 수 있을까?

진화심리학자들은 세상에 접근하는 방식에 대한 남자와 여자의 많은 차이를 밝혀냈는데, 파충류 뇌의 남녀 차이가 그 원인이 될 수 있다. 여자는 감정에 이끌려 상대방에게 호감을 갖지만, 남자는 겉으로 보이는 모습에 더욱 관심을 갖는다. 그리고 어떤 문제가 생기면 여자는 말로 표현하기를 더 좋아하는 반면 남자는 마음속으로 그려보기를 좋아한다. 또한 인간관계에서 여자는 상호주의를 중요시하고, 남자는 누가 지배적인가에 관심을 기울인다. 또 여자는 내부 공간을 더 잘 이해하고, 남자는 외부 공간을 더 잘 이해한다. 남자는 정원에 물을 주고 잔디 깎는 것을 좋아하지만, 여자는 꽃 심는 것을 좋아한다고 주장하는 사람들도 있다.

여기에 제시된 관점들은 성차별주의자로 여겨질 수도 있고 정치적으로 옳지 않을 수도 있다. 하지만 (파충류 뇌의 남녀 차이를 포함한) 무의식적인 생물학 구조를 이해하지 못하거나 반영하지 못하는 문화가 구성원들의 상향 이동에 도움이 되지 않는다는 것은 분명하다. 미국에서 '남자는 남자답게, 여자는 여자답게'라는 슬로건을 내세운 새로운 운동이 일어나고 있다. 흥미롭게도 미국에서 일부 사람들이 남자와 여자의 차이를 재확인할 필요성을 느낀 것이다.

남자와 여자는 선천적으로 완전히 다르기 때문에 성생활에 대한 서로의 차이를 이해하는 것이 중요하다. 예를 들어 인도의 카마수트라Kama Sutra를 보면 남자는 여자가 오르가슴에 이를 때까지 시간을 들여 여자를 즐겁게 해주는 방법을 배운다. 문화는 그런 행위를 도덕적으로 평가하기보다 그런 파충류 뇌의 욕구를 받아들여야 한다.[12]

우리는 파충류 뇌를 과학적인 시각으로 분석하고 있다. 미지의 세계에 대한 신념과 미신이 매우 강력한 것은 분명하지만 과학은 우리가 세상을 인식하는 방법에 중요한 영향을 미친다. 수세기 동안 문화는 여자의 오르가슴을 부정하는 것부터 여성의 히스테리로 돌리는 것까지 여러 방식으로 해석했다. 하지만 최근에는 과학적 발견을 통해 오르가슴의 실체를 밝혀냈다. 이런 과학적 발견은 남자와 여자가 서로를 더 깊이 이해하는 데 도움이 된다.[13]

남자와 여자의 성장 과정이 매우 다르다는 사실은 놀라운 일도 아니다. 남자의 성장은 일생 동안 직선형으로 매우 단순하다. 그리고 계속 증가하다가 어느 지점에서 감소하기 시작한다. 여자의 경우 훨씬 더 복잡하다.

여자의 신체 발달은 주기적인 형태를 이룬다. 첫 번째 유아기, 그 다음 소녀기, 사춘기, 성적으로 활발한 시기, 임신 시기, 어머니 시기 등을 차례로 거친 다음 폐경기로 들어가다가 이후 새로운 정체성이 시작된다. 여자는 각 단계마다 다른 정체성을 가진다.

남자는 훨씬 간단하다. 그냥 섹스를 하고 싶어 한다. 그리고 생물

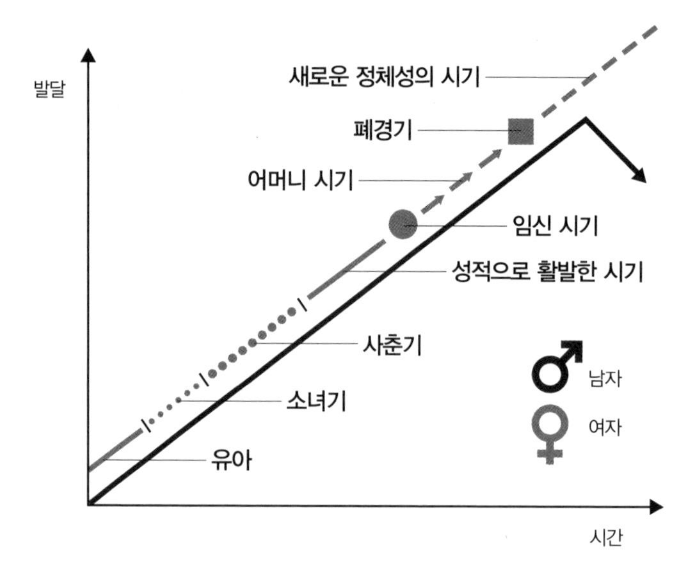

인간의 발달 단계

학적 변화를 여자만큼 많이 겪지 않는다. 생물학적으로 말하면 남자는 더욱 간단하다. 물론 남자도 유아기로 시작해서 소년기, 청소년기를 거친 후, 정체성을 입증하는 여러 의식을 겪으면서 마침내 성인이 된다. 음주, 싸움, 결혼, 아버지 역할 등을 거치고, 이후에는 섹스를 원하는 만큼 하지 못한다.

결론적으로 파충류 뇌의 남녀 차이는 다음과 같다. 즉, 남자는 결코 바뀌지 않으리라 생각하는 여자와 결혼하지만, 여자는 늘 바뀐다. 그리고 여자는 자기가 바꿀 수 있다고 생각하는 남자와 결혼하지만, 남자는 결코 바뀌지 않는다. 이에 관해 나탈리 우드는, "여자가 남자를 바꿀 수 있는 경우는 오직 갓난아이일 때뿐이다"라고 말했다. 물

론 그녀의 말은 틀리지 않다.[14]

다이아몬드에 광택 내기 : 변연계

"이 세상에는 많은 사람들이 있는 만큼 살아가는 방법도 많아.
그래서 서로를 더 자세히 살펴볼 가치가 있어."

영화 〈꼬마 스파이 해리Harriet the Spy〉(1996년)의 올 골리 대사

메건은 브래들리와 함께 밤을 보낸 후 왠지 리처드에게 사실을 털어놓아야 한다고 느꼈다. 그녀는 리처드가 진실을 알아야 한다고 생각했다. 메건은 분명 리처드에게 말하지 않을 생각이었다. 어쨌든 다시는 브래들리를 만날 생각이 없었기 때문이다. 또 리처드가 그 사실을 알게 될 리도 없었다. 메건은 갈등에 휩싸였고, 마침내 자신의 문화권에서 배운 대로 정직이 최선의 길이라는 결정을 내렸다. 이것이 변연계의 기능이다. 뇌의 변연계는 학습이 이루어지는 영역이다. 즉, 문화를 통해 우리가 습득한다는 것을 의미한다. 문화의 변연계 차원에서는 삶의 모든 방식이 가능하기 때문이다.

티베트와 에스키모 문화에서는 젊은 처녀가 "엄마! 제가 사랑에 빠졌어요!"라고 말하면, 엄마는 먼저 "얼마나 많은 남자들과 말이니?"라고 물어본다. 젊은 처녀가 남자 한 명과 사랑에 빠지는 것은 순진한 일이고, 남자 세 명과 사랑에 빠지는 것은 대단히 멋진 일이다. 이것은 일처다부제를 받아들이는 문화이기 때문에 가능하다. 이유가 무엇일까? 이 문화는 생존에 가장 적합한 환경을 만들어냈기 때문이다. 여자들의 수가 남자들보다 적은 데다 출산하다가 죽을 확률이 높은 환경에서는 일처다부제가 좋은 대안이다.[15]

아프리카의 어떤 문화에서는 성적 긴장이나 위협감을 즉시 덜어주기 위해 손님이 집주인의 아내와 잠자리를 가질 것을 권장한다. 어떤 서구 문화에서는 파티를 할 때나 주차된 승용차 안에서 10대들이 시험 삼아 성행위를 하는 경우가 흔하다. 그런데 어떤 중동 문화에서는 10대 소년은 나이 많은 여자에게, 10대 소녀는 나이 많은 남자에게 섹스의 기초를 배우는 일이 흔하다. 나이 많은 여자나 남자를 섹스에 대해 모든 것을 가르칠 수 있는 경험 많은 사람들로 여기기 때문이다.

세계 곳곳의 극한 지역을 여행해 본 사람들은 화장실에 대한 문화의 차이를 경험했을 것이다. 중국 사람들은 땅에 구덩이를 파서 화장실로 이용하고, 사생활을 중요하게 여기지 않는다. 화장실 벽은 허리 높이까지만 세워져 있고, 사람들은 거의 문을 닫지 않는다. 레바논의 가정집에서는 대부분 엉덩이를 씻는 데 사용하라고 화장실에 작은 물병이 놓여 있다. 서구 사람들은 그런 관습을 이상하게 여기지만 레바논 사람들은 휴지를 사용하는 것을 오히려 지저분하게 여긴다.

톰 스탠디지는 자신의 책 《역사 한잔 하실까요? *A History of the World in 6 Glasses*》에서 각종 음료들이 어떻게 역사와 밀접하게 연결되어 있으며, 또 '서로 다른 문명의 복잡한 상호작용과 세계 문화의 상호 연계성을 입증'할 수 있는지를 강조하고 있다.[16] 예를 들어 맥주는 기원전

4000년에 인류의 첫 음료였다. 메소포타미아 문명에서 상형문자로 기록될 정도로 맥주의 영향력은 엄청났다. 피라미드를 건설한 사람들이 노동의 대가로 맥주와 빵을 지급받았기 때문에, 맥주는 노동자 계층의 음료가 되었고, 또 아직까지 어느 정도는 노동자의 음료로 통한다.

하지만 와인은 처음부터 사회 엘리트 계층이나 종교 활동과 관련된 음료였다. 포도밭이 있는 지역은 경제적으로 영향력이 있는 곳이었다. 대항해시대에는 증류주가 가장 독한 술이었다. 오랫동안 항해하는 선원들은 향미를 더하고 괴혈병이나 다른 질병을 예방하는 차원에서 럼주에 물과 레몬즙을 섞은 그로그주를 마셨다.

한편 커피는 15세기에 아랍으로 퍼지면서 알코올 대안으로 급부상했다. 따라서 술집 대신 커피하우스가 생겨났다. 하지만 현재는 이슬람교에서 술과 커피 모두 금지되어 있다. 18세기 유럽의 이성의 시대에는 커피를 정신을 고취하는 음료라며 즐겼다.

어느 순간 코카콜라가 보편적인 음료로 자리 잡게 되었다. 코카콜라는 음료 이상의 의미를 갖는다. 즉, 코카콜라는 경제적 부와 권력을 나타낸다. 어느 지역을 막론하고 코카콜라는 하나의 사치로 받아들여지고, 사람들이 특별한 행복감을 경험할 수 있다. 하지만 각 문화마다 그 지역에 맞게 특별히 제조한 코카콜라를 마신다. 그 다양성은 믿을 수 없을 정도로 어마어마하다. 다시 말해 보편적인 음료가 보편성을 띠지 않게 된 것이다. 따라서 본질적으로, 문화가 섹스와 같은 파충류 뇌의 행동을 받아들이면, 문화의 변연계가 원하는 특정한 욕구에 맞게 그 행동을 조정한다. 그것이 바로 문화가 자손 번식이라는 인간의 본질적인 욕구를 명심하고 있다가 적당한 때에 새롭게 표현하는 방식이다.

다이아몬드 가공하기 : 대뇌피질

이제 대뇌피질과 문화에 관해 살펴보자. 대뇌피질은 인간이 대략 7세부터 습득하는 합리적이면서 논리적인 뇌 영역이다. 또한 문화에도 대뇌피질의 차원이 있는데, 이는 전문 기술과 수준 높은 쾌락의 세계다. 대뇌피질을 사용하는 문화는 기본적인 파충류 욕구를 받아들인 다음 그것을 가지고 아름답고 세련된 삶을 만들어낸다. 음식을 먹고 잠을 자는 일부터 섹스를 하고 화장실에 가는 일까지 그 모든 것이 파충류 뇌의 행동이다. 그리고 이런 기본적인 욕구를 더 수준 높은 쾌락인 예술로 바꾸는 일이 대뇌피질의 임무다.[17]

포르투갈의 식민지 개척자들은 브라질 해변에 도착했을 때 벌거벗은 채 자유롭고 행복하게 뛰어노는 여성들을 발견했다. 성문화가 매우 폐쇄적이었던 시대에 스페인과 포르투갈의 식민지 개척자들은 그 모습에 충격을 받는 한편 즐거워했다. 그들에게는 그곳이 천국이었다. 오늘날의 브라질 문화는 인간의 내면에 있는 모든 파충류 뇌의 욕구를 전혀 억누르지 않고 겉으로 표현하고 받아들이며 존중하는 완벽한 본보기를 보여준다. 브라질은 매우 여성스러운 문화를 가지고 있다. 또한 아름다움, 섹스, 육체, 춤, 음식, 쾌락, 음악 등을 찬미한다. 이는 파충류 뇌의 욕구를 잘 다루어 즐거운 예술로 바꾸고 결국 공격성이 없는 사회로 만드는 대뇌피질의 차원이다.

개인위생을 다루는 방식은 문화마다 다르다. 고대 그리스의 공중 목욕탕은 운동하거나 사색한 후 휴식을 하는 장소였다. 또한 따뜻한 물과 향유와 아름다운 정원을 함께 즐기며 사교를 넓히는 장소였다. 몸을 정갈하게 씻는 의식인 일본의 미소기(목욕재계) 문화는 종교적 의미로 시작되었지만 나중에 여가 활동이 되었다. 오늘날의 문화는 대부분 공공장소에서 알몸 노출을 금지하고 불법으로 여긴다. 공중 목욕은 파충류 뇌의 욕구에 대한 죄책감을 없애주고 또 그런 욕구가 건강에 좋다고 찬미하는 문화였다.

미국에서는 1달러가 안 되는 돈으로 맥도날드 음식을 먹을 수 있다. 하지만 사람들이 그런 저렴한 가격으로 질 낮은 음식을 많이 먹은 결과 미국인들은 대부분 비만이 되었다. 그런데 섹스를 음식처럼 1달러가 안 되는 비용으로 할 수 있다고 상상해 보라. 그렇게 되면 비만 인구가 훨씬 더 줄어들 것이다. 미국에서 음식은 안전한 섹스 같은 쾌락이다. 안타깝게도 미국은 정제된 요리법이 잘 알려지지 않았다.

2006년에 세계는 석유 발견으로 생긴 수익을 기반으로 미래 세대를 위한 연금 기금을 만들겠다는 노르웨이의 발표에 충격을 받았다. 이는 장기적인 대뇌피질 사고다. 단기적인 세상에서는 천연자원으로 사람들이 이익을 얻는다. 말하자면 '주운 사람이 임자'라는 것이다. 하지만 대뇌피질 차원의 사고방식이 강한 노르웨이는 천연자원을 전 국민의 소유로 여기고, 그 모든 이익을 국민들에게 나눠 주고, 심지어 미래의 노르웨이 국민들에게도 제공한다.[18]

그런데 뇌의 세 영역에 대해 또 다른 흥미로운 차원이 있다. 그것은 시간, 공간, 에너지라는 요소와 관련이 있다는 점이다. 파충류 뇌, 변연계, 대뇌피질 중 어느 것이 지배하느냐에 따라 이들 각 요소는 문화마다 다르게 다루어진다.

3 시간, 공간, 에너지

인간의 정신 속 삼각관계 : 시간, 공간, 에너지

우리는 시간을 어떻게 생각할까? 분, 시, 일, 월, 연도 등으로 생각할까? 또 우리는 시간의 관점에서 경험을 어떤 방식으로 이해할까?

그리고 공간은 어떤가? 우주가 정말 무한하다면 우리는 공간을 어떻게 정의해야 할까? 또는 더욱 어려운 질문이지만, 인간의 뇌는 어떻게 세 개의 다른 영역으로 나뉘어 있을까? 또 그 사이에 공간이 조금도 없는 것일까?

마지막으로 에너지는 어떤가? 에너지보존법칙을 보면 에너지는 생성되거나 사라질 수 없고, 다만 형태를 바꾸거나 한곳에서 다른 곳으로 전달될 뿐이다. 그렇다면 에너지는 시작도 끝도 없는데, 우리는 어떻게 에너지가 계속 활발히 유지하는 힘이나 물질을 찾아낼 수 있을까?

우리는 가장 훌륭한 지성인 에드워드 홀(미국의 인류학자)에게 영감을 받았다. 그는 다양한 문화의 시간과 공간 개념을 연구하면서 평생을 보냈다.[1] 이 장에서는 파충류 뇌, 변연계, 대뇌피질이 각각 어떻게 시간과 공간과 에너지를 해석하는지 살펴보고, 또한 그 해석이 어떻게 각 문화 사람들의 행동 양식과 문화가 상향 이동을 촉진하는 방식에 영향을 미치는지 알아볼 것이다.

시간

파충류 뇌에게 시간은 바로 지금이다. 늘 어떻게든 가능한 한 즉시 만족을 찾으려고 하기 때문이다. 파충류 뇌는 우리에게 갈비 요리 한 접시를 보고 입에 침이 고일 때 당장 그 갈비를 먹으라고 말한다. 또 장거리 여행을 하는데 달리는 차 안에서 소변이 마려울 때 운전사에게 차를 세우라고 말하라고 한다. 인내는 파충류 뇌의 차원이 아니다.

오늘날 세계화 시대에는 인터넷 덕분에 경계를 넘나들 수 있다. 사람들은 예전보다 더 쉽게 의사소통을 할 수 있다. 불과 1백 년 전만 해도 해외에 떨어져 있는 연인들이 서로의 편지를 주고받으려면 몇 주를 기다려야 했다. 하지만 오늘날에는 세상 반대편에 있는 사람끼리 인터넷으로 대화를 나눌 수 있다. 트위터나 페이스북 같은 소셜미디어로 의사소통과 정보가 즉시 전달되기 때문이다. 이것이 '바로 지금'이라는 파충류 뇌의 시간이다. 그 이유는 무엇일까? 사람들이 자신에 대해 듣고 말하는 것을 좋아하고, 특히 다른 사람들에게 긍정적

인 피드백을 받는 것을 매우 좋아하기 때문이다. 게다가 즉시 만족감을 느낄 수 있다.[2]

페이스북 사용자는 왜 10억 명 이상이나 되는 것일까? 바로 페이스북이 완전히 파충류 뇌의 차원이기 때문이다. 즉, 공동체의 소속감과 그 공간 내에서 가치를 인정받는 일 등 파충류 뇌의 집단 사고방식을 강화하기 때문이다. 페이스북 친구들과 그룹들은 하나의 부족과 같다. 그들은 서로 친구 추가를 하고, 특정 팬이 되기도 하며, 또 여러 그룹에 소속되어 네트워크를 넓히려고 애쓴다. 또한 페이스북 내에서 여러 의식들이 만들어진다. 그 의식들은 정보를 공유하고, 인간관계를 넓히고, 그룹에 소속되고, 이벤트에 참여하고, 짝을 찾는 일 등을 말한다. 그리고 부족처럼 영역을 차지할 뿐 아니라, 가장 좋은 친구들을 사귀고, 사진을 올리고, 또 혼자 비평하기도 한다.

하지만 페이스북은 사냥하는 부족처럼 늘 위험이 따른다. 상대에게 수치심을 느끼고 거부될 가능성이 있기 때문이다. '내가 지금, 아니면 나중에 반응해야 할까, 내가 절실하게 보일까, 내가 이 노래를 공유하면 그가 알아차릴까, 내 프로필 사진은 남들에게 어떻게 보여질까?' 이런 의문들은 모두 파충류 뇌의 욕구에서 비롯된다. 우리는 받아들여지고 인정받으려는 본능이 있기 때문에 스스로에게 그런 의문을 품는다.

미국 문화에서 시간은 파충류 뇌의 차원이 강하다. 단기간에 중점을 두기 때문이다. 돌이켜보면 미국 정착민들은 과거에서 벗어나 지나간 모든 것을 지우고 새로운 삶을 개척했다. 그들은 배수의 진을

치고 영국의 군주제와 교회의 속박에서 벗어나 새롭게 시작하려고 했다. 미국인들은 빚, 역사, 유산, 그들의 이름까지도 없앴다. 초기 미국인들에게 시간은 어제나 내일의 개념이 아니었다. 그들의 역사는 잊혀졌고, 미래는 백지 상태였으므로, 시간은 현재에서 시작되었다.

변연계 차원에서 시간은 지연되는 속성이 있다. 이는 레스토랑에서 뵈프 부르기뇽(쇠고기, 양파, 버섯 등을 적포도주로 조리한 음식 – 옮긴이)을 기다리는 동안 빵을 게걸스럽게 먹지 말라는 뜻이다. 먼 과거나 미래를 확실하게 알 수 없는 변연계는 단기간을 들여다본다. 하지만 파충류 뇌와 달리, 변연계는 미래에 얻게 될 보상이 더 낫다고 판단하며 쾌락을 지연할 수 있다. 이와 똑같은 방식으로 시간을 인식하는 것이 농업사회다. 몇 달 뒤 작물의 수확을 기대할 수 있기 때문에 지금 씨앗을 심는 것이다.

스탠포드대학교의 그 유명한 마시멜로 실험은 파충류 뇌와 변연계의 시간 개념 차이를 입증하는 것이다. 그 실험에서 5세 이하의 아이들이 통제된 환경에서 마시멜로를 하나씩 받았다. 아이들은 지금 마시멜로를 먹지 않고 참으면 그 보상으로 15분 뒤에 마시멜로를 하나 더 받을 수 있다는 말을 들었다. 그 실험에서 두 가지 결과가 나타났다. 파충류 뇌의 성향이 강한 아이들은 즉시 마시멜로를 먹었지만, 변연계의 성향이 강한 아이들은 훨씬 더 큰 보상을 기대하면서 마시멜로 먹는 것을 미뤘다. 몇 년 후 그 아이들을 추적 조사한 결과 만족감을 미뤘던 아이들이 학업 성취도 평가에서 더 높은 점수를 받았다. 또한 그 부모들은 아이들의 능력이 더 좋아졌다고 말했다. 파충류 뇌

를 이해하는 것도 중요하지만, 변연계가 가지는 시간의 지연성 또한 어떤 특정 상황에서는 가치가 있다.[3]

라틴아메리카에 속한 나라들은 대체로 시간을 미루는 특성을 갖고 있으므로 변연계 차원이 강하다. 이들은 해야 할 일들을 지금 끝내지 않고 '마냐나mañana', 즉 '내일'로 미룬다. 가령 '우리 집에 가방을 두고 갔는데 가지러 온다고? 내가 내일 갖다 줄게', '내가 돈을 빌렸다고? 내일 돌려줄게', '아이들이 바닷가에 가고 싶어 하니? 오늘은 내가 피곤하니까 내일 가는 게 좋겠어.' 이런 대화에서 알 수 있듯이 나른한 어느 바닷가 마을처럼 변연계의 시간에서는 급한 일이란 없다. 잠시 기다려도 일은 알아서 잘 돌아간다는 것이다.

반면 대뇌피질에서 인식하는 시간은 장기적이다. 현실적인 면에서 어떤 나라에 정착하고 싶은지, 자식들을 몇 명이나 낳고 싶은지, 어떤 경력을 쌓고 싶은지 등을 생각하면서, 앞으로 20년 뒤에 무엇을 하고 싶은지 계획하는 것이다. 즉, 과거를 생각하고 미래를 계획하는 것이다.[4]

일본인들의 시간 개념은 대뇌피질 차원이 강하다. 말하자면 하나로 연결된 연속체의 관점에서 사고한다. 일본인들은 어떤 결정을 내리기 전에 조상에게 경의를 표하고 집안의 유산을 이어갈 후손들의 번영을 기원한다.

공간

공간에 대해 살펴보면 좀더 흥미롭다.

오른쪽 도표를 살펴보면 파충류 뇌가 인식하는 공간은, 무엇이든 들어가면 바로 나와야 한다는 것을 알 수 있다. 먹거나 들이쉬는 것은 무엇이든 배출하거나 내쉬어야 한다. 이 공간은 매우 단순하고 본능적이다.

변연계의 공간은 파충류 뇌와 대뇌피질 사이에 있다. 이곳은 기다리고 미루는 공간이다. 서로를 기다릴 수 있으므로 모두 중간 상태에 있다. 그래서 변연계의 공간은 미루는 차원을 말한다. 레비 스트로스는 "어머니는 여자가 아니라 여자와 자식 사이의 공간이다"라고 말하곤 했다. 이는 림보Limbo처럼 중간 상태의 공간이다.

대뇌피질의 공간은 장기간의 계획을 세우는 곳이다. 하지만 남자들의 공간은 여자들의 공간과 차원이 다르다. 남자의 대뇌피질은 더 좋고 더 빠르고 더 강한 공간이다. 늘 더 많은 것을 원한다. 반면 여자의 대뇌피질은 주기적인 공간이다.

실내디자인과 건축술의 차이는 파충류 뇌와 대뇌피질의 공간을 비교하는 것과 같다. 실내디자인은 실내를 기분 좋고 매력적이고 심미적이며 편안하게 꾸미는 것이다. 이것은 파충류 뇌의 욕구를 바로 충족한다. 실내디자인은 여자의 영역이다. 여자들은 집을 안전하고 아늑한 공간으로 만들고 싶어 할 뿐 아니라 보기에도 매우 좋게 꾸미고 싶어 한다. 심미학은 쾌락과 지금 당장의 만족감을 다루기 때문에 파충류 뇌의 차원이 강하다.

반면 건축술은 대뇌피질 차원이 강하다. 구조를 세우고 건설의 규칙과 논리를 따른다. 이는 남자의 세력권과 힘을 표현하는 방식이다.

또한 수학, 물리학, 제도학 등 고도의 지식이 필요하다. 건축가들은 지방과 주 정부의 건축 규정, 규제, 허용 등에도 통달해야 한다. 이것은 계획하고 논리적인 사고를 하는 대뇌피질의 기능이다.[5]

공간에 관한 지식을 예배 장소에 적용해 보면 놀라운 차이를 알 수 있다. 가톨릭 교회와 대성당은 흔히 높은 천장에 규모가 크고 하느님의 위엄을 나타내는 양식으로 정교하게 장식되어 있기 때문에 아주 매력적이다. 흔히 십자가에 못 박힌 예수의 조각상으로 표현된 암울

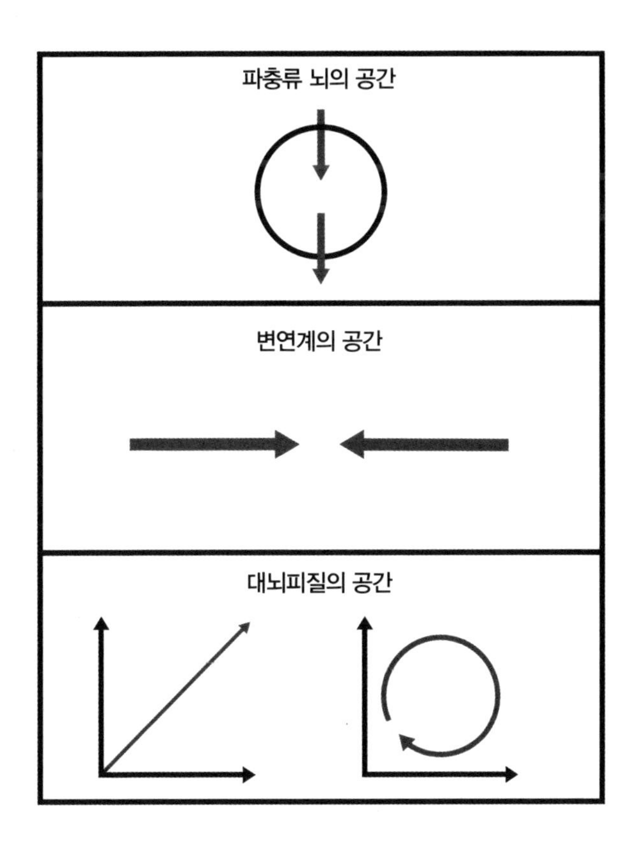

함이나 고통, 천사와 햇빛이 비치는 구름과 희망적인 모습으로 표현된 천국이 대조를 이룬다. 파충류 뇌의 욕구처럼, 교회는 인간의 감정에 직접 호소하고 고통과 쾌락, 천국과 지옥을 표현함으로써 본능을 자극하는 공간이다.[6]

반면 유대교 회당(유대교의 예배당 – 옮긴이)은 매우 소박하다. 산만한 요소나 성상, 이미지가 전혀 없다. 추상적인 개념과 사색에 관한 것만 있는 그곳은 배우고 모이는 공간이다. 유대교에서 삶은 깨달음이다. 구세주가 나타나면 모든 사람들이 심판을 받기 때문이다. 이는 변연계의 공간이고, 엘리베이터를 타고 있는 상태와 같다. 어느 특정한 곳에 있는 것이 아니므로 변연계 공간에서는 끈기 있게 기다려야 한다.

에너지

에너지를 언급하는 순간 파충류 뇌는 '너무 강렬해!'라고 외친다. 그렇듯 파충류 뇌의 에너지는 반사작용이다. 예를 들어 밤늦게 혼자 집으로 걸어가는데 누군가 뒤에서 어깨를 잡았을 때 소스라치게 놀라거나 혹은 주먹을 냅다 휘두르는 행동과 같다. 변연계의 에너지는 기다리는 것이다. 즉, 앞으로 일어날 일을 기대하며 참고 기다리는 것을 의미한다. 대뇌피질의 에너지는 존재하지 않는다. 인터넷처럼 대뇌피질은 에너지가 거의 필요 없다.

시간의 개념과 마찬가지로 미국 문화에서 에너지는 파충류 뇌의 차원이 강하다. 먼저 총을 쏘고 나중에 생각한다는 식으로, 일단 행동한 다음 생각하는 문화다. 이런 미국 문화는 황량한 서부의 땅을 서로 차지하려고 경쟁하면서 처음 총을 발포한 일부터, 오늘날 수정 헌법 제2조 개인의 총기 소지 권리를 지키기 위한 끝없는 투쟁에 이르기까지 총기 문화에 기반을 두고 있다. 미국이 파충류 뇌의 에너지를 갖고 있다는 사례는, 나이키의 유명한 광고 카피 '그냥 한번 해봐Just do it'에서도 알 수 있다. 두 번 다시 생각하지 말고 그냥 실행에 옮기라는 뜻이다.[7] 또한 '그걸 왜 하려고 하느냐?'고 물으면 '그야 내가 할 수 있으니까'라고 대답한다는 뜻이기도 하다. 이렇듯 미국인들은 뭔가를 하는 데 설명이나 이유가 필요 없다.

앞서 언급했듯이, 라틴아메리카 문화에서 시간은 대부분 변연계 차원이 강하다. 따라서 그런 나라에서는 당연히 에너지도 변연계 차원이 강하다. 예를 들어 스페인에는 흔히 일하고 난 후, 혹은 친구나 가족들과 멋진 식사를 하기 전에 잠시 낮잠을 즐기는 시에스타siesta 문화가 있다. 멕시코에는 '두 걸음 나아가면 한 걸음 물러난다'는 유명한 노래가 있는데, 이 또한 변연계의 에너지를 나타낸다. 멕시코의 에너지 산업은 최근까지 개인 소유나 공공 소유도 아닌 완전히 중립 상태였다. 멕시코의 변연계 에너지는 완전히 시장경제도 아니고 국가 소유도 아니었기 때문에 발전하지 못했다. 1938년 멕시코 정부는 석유산업을 장악했지만 2013년이 되어서야 엔리케 페나 니에토 대통령이 거의 70년 동안 불가능해 보였던 일을 달성할 수 있었다. 그는 재산권을 명확하게 규정하고 경쟁과 투자를 할 수 있는 에너지 개혁을 제정했던 것이다. 에너지 산업이 개발의 장애가 되었던 문화에서 이것은 진정한 역사적 개혁이었다.

반면 프랑스에서 에너지는 대뇌피질 차원이 더욱 강하다. 이는 느리고 인식론적이다. 즉, '나는 생각한다, 고로 나는 존재한다'는 말처럼 먼저 생각하고 나중에 행동한다. 프랑스인들은 서두르지 않고 에너지를 모두 사고에 쏟아붓는다. 그리고 프랑스에서 식사는 천천히 이루어지고, 의학은 과학이 아니라 예술이다. 또 프랑스인들의 에너지는 기술 연마와 재능에 집중된다. 프랑스어 '셰프chef'는 '요리의 대가'라는 뜻일 뿐만 아니라 오케스트라 지휘자를 뜻하기도 한다.

우리는 시간과 공간과 에너지가 해석되는 방식을 통해 어떤 문화가 파충류 뇌, 변연계, 대뇌피질의 특징을 각각 나타내는지 확인했다. 하지만 해석의 한계는 있을 수 없으므로 파충류 뇌의 에너지를 지닌 문화가 대뇌피질의 시간을 지닌 문화보다 더 낫다고 할 수는 없다. 또는 대뇌피질의 시간을 지닌 문화가 변연계의 공간을 지닌 문화보다 더 낫다고 말할 수도 없다.

하지만 시간과 공간과 에너지에 대한 뇌의 세 영역의 해석 차이를 보면 여러 문화를 해석함으로써 상향 이동이 가능한 문화의 코드를 풀어낼 수 있다. 그것이 바로 다음 장에서 언급할 내용이다. 다음 장에서 살펴볼 '이상적인 시나리오'는, 늘 승리하는 파충류 뇌의 욕구로 돌아가는 것이다.

4 이상적인 시나리오

이동을 멈추지 마라

종의 진화부터 평생의 발전에 이르기까지 우리는 늘 상향 이동을 한다. 병원에서 회복기에 있는 환자가 맨 처음 듣는 말은, 일어나서 화장실에 가거나 주변을 돌아다니거나, 또는 간단히 움직이라는 것이다. 우리는 아침에 일어나야 한다. 종의 진화의 관점에서 보면, 생명은 물속에서 시작되었고 그다음에는 해안으로 기어 올라와 다리가 생기자 일어서게 되었다. 태초부터 인간은 이동하도록 프로그램되어 있었다. 신들에게 가까이 가고자 했던 이카로스부터 달에 도착한 최초의 인간에 이르기까지 우리는 상향 이동을 하기 위해 끊임없이 노력했다.

인간은 움직이지 않으면 죽는다. 폐 속의 공기와 심장의 혈액은 계속 이동해야 한다. 우리가 음식을 섭취해 만들어낸 에너지는 온몸을 돌아다니며 영양분을 공급하고, 그렇게 해서 생명이 계속 유지된다. 지금 이 책을 읽고 있는 여러분은 세상에서 이미 한 걸음 더 앞서가고 있는 셈이다.

허버트 스펜서가 말한 적자생존처럼, 문화도 상향 이동을 원한다면 계속 경쟁해야 한다. 도쿄, 두바이, 쿠알라룸푸르는 모두 세계에서 가장 높은 건물로 경쟁하고 있다. 그 도시들은 모두 상향 이동을 하고 있음을 과시하는 것이다. 이는 탈의실에 모인 10대 소년들이 서로 음경 크기를 비교하며 남자다움을 과시하고 경쟁하는 것과 같다. 그 도시들은 각자의 문화가 상향 이동을 하고 있음을 세상에 알리려는 것이다. 하지만 주의하라.[1]

상향 이동을 원하는 문화는 역사를 깊이 살펴보고 거기에서 배워야 한다. 역사가 문화를 이해하는 실마리이기 때문이다. 1803년 미국은 나폴레옹에게 루이지애나를 매입했고, 1845년 멕시코에게 텍사스를 매입했으며, 또 1867년 러시아에게 알래스카를 매입했다. 미국은 원하는 것이 있으면 그냥 사들인다. 그것이 미국의 소비문화다.

우리는 전쟁과 영토 정복이라는 파충류 뇌의 욕구 경쟁을 통해 많은 교훈을 얻을 수 있다. 침략은 권력이 어떻게 움직이고, 누가 때맞춰 특정 시기에 권력을 차지하는지를 보여준다. 유럽에서 가장 먼 거리까지 영토를 확장한 로마제국은 아프리카와 중동의 일부까지 차지했다. 몽골제국은 아시아의 대부분을 차지했다. 근대에는 영국, 스페인, 프랑스, 포르투갈, 이탈리아, 독일제국이 세계의 모든 대륙을 집적거리다시피 했다.

유럽 역사는 침략의 연속이었다. 그 때문에 결국 인간은 생존에 엄청난 피해와 손실을 입었다. 제2차세계대전으로 사망한 사람은 5천만 명에서 7천만 명 사이로 알려져 있다. 전쟁은 끔찍한 재앙이었지만 유럽 사람들의 생존 방식을 협력 체계로 완전히 바꿔놓았다. 가장 강력한 국가들이 생존을 위해 서로 통합하여 유럽 문화권을 만들었다. 불완전하지만 통합된 유럽 문화권은 지금까지 유효하다. 지금의 유럽연합(EU)은 대성공작이다. 그들은 21세기의 경제 위기 때도 가까스로 갈등을 피했다.[2]

생존을 위한 노력은 파충류 뇌의 명령에 따른 행동이지만 협력과 통합이라는 의도적인 합의는 대뇌피질의 명령에서 비롯된 것이다. 즉, 대뇌피질이 파충류 뇌의 명령을 포괄하는 것, 이것이 바로 이상적인 시나리오다. 문화가 파충류 뇌의 욕구를 포괄하고, 대뇌피질의 방식을 이용해 새로운 차원으로 받아들일 때, 그때 나타나는 것이 번영과 상향 이동이다.

오래된 해결책, 새로운 문제

먼 옛날 한 부족의 족장이 사막을 건너 2주 동안 걸어가야 하는 위치에 있는 다른 부족을 공격하기로 결정했다. 그래서 전사들은 무기를 준비하고 음식을 모았는데, 특히 그들이 좋아하는 미어캣 고기를 챙겼다. 며칠 동안 걸어갔을 때 족장은 전사들 중 일부가 병에 걸린 사실을 알게 되었다. 그리고 그 원인이 (더위나 모기 때문이 아니라) 오래된 미어캣 고기 때문이라고 확신했다. 그래서 족장은 부족에게 미어캣 고기를 먹지 못하게 했다. 족장이 죽자 그 아들은 미어캣 고기를 금한다고 선언했다. 그리고 족장의 아들이 죽자 그 아들은 미어캣 고기를 먹는 것은 신의 의지를 거스르는 일이므로, 누구든 이를 어기면 지옥에 떨어질 것이라고 엄포를 놓았다.

그 부족은 지금까지도 여전히 미어캣으로 둘러싸인 사막에 살고 있지만, 해마다 많은 사람들이 영양실조로 목숨을 잃는다. 오늘날 안전한 소비를 위해 미어캣 고기를 보존할 수 있는 새로운 기술이 개발되었지만 불행하게도 그 부족에게 신의 법칙은 절대 깰 수 없는 일이었다.

고착화crystallization는 과거 어느 시기에는 생존을 위한 좋은 해결책이 오늘날의 현실과는 동떨어진 엄격한 법칙으로 변하는 것을 말한다. 한번 정해진 법에 의문을 품지 못하는 문화에서는 그 오래된 해결책이 '이동성의 방해 요소'가 될 수 있고, 그로 인해 결국 그 문화는 소멸되고 만다.

수백 년 전 인도의 시골 지역은 소에서 공급되는 유제품에 크게 의존했다. 힌두교가 소고기 먹는 것을 금했기 때문이다. 지금 인도에서는 소들이 넘쳐나는데도 많은 사람들이 굶어 죽고 있다. 이런 현상은 종교로 고착화된 법칙이기 때문에 반박할 여지가 없는 것이다.

기술의 발전으로 우리는 1백 년 전에는 없었던 다양한 피임 도구를 사용할 수 있게 되었다. 하지만 여자들에게 선택의 자유가 더 많이 주어졌는데도, 거기에 부합하지 못하는 문화들이 많다. 여성 난혼에 대한 금기는 이미 많은 문화에서 고착화되었다.

카르마karma(업보)는 끼리끼리 모이고, 모든 행동에는 반응이 따른다는 끌어당김의 법칙에 기반을 둔 매우 공상적인 개념이다. 어떤 아시아 종교에서는 카르마의 법칙을 교리로 받아들이고 있다. 이는 선행을 이끄는 데 효율적인 방식이다. 하지만 카르마가 인도의 카스트 제도를 정당화하는 데 이용될 때는 더욱 부정적인 결과를 초래한다. 카르마는 인도 문화에서 매우 고착화되어 있기 때문에 보통 사람들의 상향 이동에 악영향을 미친다.[3]

상향 이동을 방해하는 또 하나의 방식은 특정 시기나 특정 사회에 좋았던 일을 더 이상 적용할 수 없는 역행의 법칙에 의한 것이다. 예를 들어 강력한 조합을 살펴보자. 노동조합은 공정하고 숭고한 대의

오래된 해결책, 새로운 문제

로 노동자의 권리를 지키기 위해 만들어졌다. 하지만 오늘날에는 너무 많은 조합들이 부패와 권한 남용을 일삼고, 업무와 자질을 없애는 조직으로 전락하기도 했다.

그런 역행의 법칙은 융통성 없는 법칙을 막을 수는 있지만, 시대나 환경에 맞지 않을 때 문제가 된다. 서구에서는 아동 노동 착취의 문제가 불거지면 재빨리 그런 관행을 없애는 국제법이 생긴다. 하지만 역행의 법칙에 따르면 어떤 나라에서는 아이들이 노동을 하지 않으면 굶어야 하는 실정이다. 어떤 환경에서는 괜찮은 법칙이 다른 환경에서는 부정적인 결과를 초래하는 것이다.

역행의 법칙과 고착화는 활발하게 적응하기 위해 의식적인 노력을 기울이지 못하는 문화가 상향 이동에 실패할 수 있다는 사실을 보여준다.[4] 이것이 기본적인 적자생존이다. 즉, 고착화된 낡은 관습이 있거나 더 이상 쓸모없는 진부한 해결책을 고수하는 폐쇄적인 체제는 상향 이동을 하지 못하고 결국 소멸하게 된다. 반면 끊임없이 변화하고 새로운 도전을 받아들이고 파충류 뇌의 욕구를 존중하는 개방적인 체제는 상향 이동을 한다.

충족하는 것만으로는 충분하지 않다

"사람이 자기 인생과 그저 조화를 이루는 것 말고
무엇이 행복이란 말인가?"

알베르 카뮈[5]

앞에서 설명했듯이 인간은 생존을 위한 생물학적 특성을 갖고 있고 생물 논리의 자극을 받는다(파충류 뇌가 늘 승리한다는 말을 떠올려보라). 그렇다면 인간은 물론 무엇이든 생존을 위한 생물학적 특성만으로 생존할 수 있어야 하지 않을까? 하지만 그렇지 않다. 생물학적 특성은 인간의 생존과 번식 욕구를 충족하지만, 실제로 인간이 생존하기에는 충분하지 않다.

그런데 문화는 어디서 오는 것일까? 생물학적 특성과 문화는 때로 역행의 법칙이나 고착화를 통해 상향 이동을 방해하면서 복잡한 방식으로 상호작용한다. 그렇다면 문화는 어떻게 생물학적 특성의 상향 이동에 도움을 줄까?

이상적인 시나리오는 문화를 개선하는 요소와 방법론이 들어 있는 비책이 아니다. 그랬다면 이상적인 시나리오는 똑같은 문화들을 만들어냈을 것이다. 하지만 파충류 뇌를 중심으로 뇌의 세 영역을 받아들이면 이상적인 상황이 된다. 물론 그뿐 아니라 이상적인 시나리오는 문화가 대뇌피질의 도움으로 파충류 뇌의 욕구를 즐거움으로 바꾸는 것이기도 하다.

대뇌피질을 잘 이해하고 있는 대표적인 사례가 바로 스타벅스다.

스타벅스는 편안하게 이용할 수 있는 카페이면서도 서비스가 빠르고 훌륭하다. 게다가 가까운 곳 어디든 있다. 그렇다면 스타벅스는 파충류 뇌의 욕구를 충족하기 위해 무엇을 한 것일까? 스타벅스가 제공하는 음료의 종류는 8만 7천 가지다.[6] 또 스타벅스에서는 커피뿐 아니라 정체성까지 구입할 수 있다. 일회용 컵에 고객의 이름을 쓰고, 미소를 지으며 그 이름을 부르면 고객은 특별한 존재가 된 듯한 기분을 느낀다. 스타벅스가 팔고 고객의 본능이 구매하는 것은 사회적 인식이다.

문화가 파충류 뇌의 욕구를 즐거움으로 바꾸는 것이 왜 중요할까? 즐거움은 생존하는 데 중요한 요소이기 때문이다. 먹고 자고 섹스하는 등 파충류 뇌의 행동에 보상을 받는다고 느끼면, 이는 곧 이익이 되는 것이기 때문에 그런 행동을 반복할 가능성이 높다. 문화적 제도는 대부분 즐거움을 조절하고, 즐거움이 허용되는 환경과 그렇지 않은 환경의 규칙과 규범을 만들어내고, 또 우리가 즐거움을 어떻게 받아들여야 하는지 등에 깊이 관여한다. 이미 언급했듯이 파충류 뇌가 늘 승리한다. 그것은 생존과 번식을 위해 가장 중요한 부분이다. 그렇지 않았다면 상향 이동을 할 방법이 없었을 것이다. 그리고 가장 성공한 문화는 파충류 뇌의 욕구를 즐거움으로 바꾸는 문화다.

문화의 목적은 불안과 죄책감을 덜어내는 것이다. 문화는 구성원들이 편안함을 느낄 수 있는 행동의 준거 체계를 제시해야 한다. 구성원들이 조직의 규칙을 따르고, 소속감을 느끼고, 올바른 행동을 하고 있다고 느끼게 하는 것이 목적이다. 그것이 생존이다. 소속감이 없다면 생존 가능성이 줄어들기 때문이다.

인간의 생물학적 특성은 부정한다고 해서 사라지는 것이 아니다. 따라서 그 특성을 받아들이고 완전히 이해하고 그 특성에 따라 행동하는 것이 가장 좋다. 인도 중부에 살고 있는 무리아Muria 사람들을 예로 들어보자. 청소년의 성행위를 금지하고 있는 대부분의 서구 사회와 달리 무리아 사람들은 아이들이 태어날 때부터 성적 존재로 받아들이고, 심지어 아이들이 성을 탐구할 수 있는 장소를 마련해 준다. 고툴ghotul이라 불리는 장소에서 청소년기의 남녀가 혼전 섹스를 처음으로 경험할 수 있고, 섹스를 즐기는 방법을 배우기도 한다. 그곳에서는 그런 경험이 일종의 입회식이다. 모든 사람이 언젠가 습득해야 할 섹스를 죄의식을 느끼지 않고 안전하고 공개적인 장소에서 존중하면서 배우는 것보다 더 좋은 것이 있을까?

인간의 생물학적 특성을 받아들이는 예는 음식 문화에서도 찾아볼 수 있다. 프랑스에서는 음식을 즐기는 것이 하나의 예술이다. 음식을 즐길 시간이 없는 사람은 그냥 넘어가라. 프랑스는 어떤 와인이 어떤 요리에 어울리고, 또 식사 전이나 후에 어울리는 술은 어떤 종류인지 등 요리와 관련된 의례들로 유명하다. 이탈리아는 음식을 먹는 과정을 중요시하는 만큼 30분 만에 식사를 끝내는 경우가 없다. 이탈리아인들은 음식을 친구들이나 가족들과 함께 어울리는 구실로 삼기 때문이다.

프랑스에서는 흔히 미성년자가 부모와 함께 있는 자리에서 와인과 독한 술을 맛보고, 맛의 감각을 키운다. 하지만 미국에서는 미성년자가 술맛을 이해하는 교육을 받지 않는다. 오히려 미국 아이들은 술을 취하기 위한 수단으로 생각한다. 먹고 마시는 본능은 파충류 뇌의 욕구이지만 프랑스 문화는 음식을 즐거움의 예술로 받아들였다.

어떤 문화는 파충류 뇌의 욕구를 매우 소중히 다룬다. 로마인들은 '건전한 정신은 건전한 육체에 깃든다mens sana in corpore sano'고 했다. 육체 발달, 음식, 섹스, 욕구를 다루는 방식에 따라 다양한 문화가 나타난다.

또한 사용하는 언어에 따라서도 문화는 큰 차이를 보인다. '감사합니다'라는 뜻의 영어 'thank you'와 독일어 'danke schön'은 둘 다 대뇌피질의 방식에 영향을 받는 'think(생각하다)'에서 비롯되었다. '감사합니다'라는 뜻의 프랑스어 'merci'는 'mercy(자비)'와 'merit(가치)'라는 단어에서 비롯되었다. 이 말은 감정(파충류 뇌)과 이성(대뇌피질) 사이에 해당하므로 변연계의 방식에 영향을 받는다. 이탈리아어 'grazie'와 스페인어 'gracias'는 그리스도의 은총과 깨달음에서 비롯된 말이다. '당신은 특별한 존재'라는 뜻의 이 말은 파충류 뇌의 욕구에 영향을 받는다(스타벅스 사례와 같다).

1년의 절반가량이 어둡고 혹독한 겨울인 북유럽 국가들은 환경에 적응하는 문화가 발달되었다. 이런 문화의 사람들은 대부분 창의성이 풍부하다는 사실이 밝혀졌다. 실내 생활을 많이 하는 그들은 즐겁게 지내기 위해 여러 가지 참신하고 창의적인 방법들을 찾아야 한다. 이를 토대로 스칸디나비아 사람들은 더욱 자유분방한 성 의식을 갖게 된 것은 물론, 새로운 음악, 문학, 예술을 창조해 냈다.

대뇌피질의 방식에 큰 영향을 받는 독일 문화는 늘 과학기술을 토대로 논리와 이성으로 작용하는 체계를 만들어내는 것으로 유명하다. 독일은 요리법이나 낭만적인 구혼 의식보다 자동차로 유명하다. 세계에서 가장 좋은 자동차로 알려진 포르쉐, 폭스바겐, 메르세데스 벤츠, BMW 등은 독일 브랜드다.

이상적인 시나리오는 파충류 뇌의 욕구와 문화가 조화를 이루고, 대뇌피질의 방식이 관여하는 것이다. 문화는 파충류 뇌의 욕구를 기반으로 고차원적인 즐거움인 변연계와 대뇌피질의 욕구까지 확장되어야 한다. 다시 말해 숨을 쉬지 못하면 오페라를 관람할 수 없는 것과 같다. 따라서 문화는 변화하는 환경을 받아들이고 그에 맞춰 변화해야 하며, 그렇게 하지 못하는 문화는 뒤처진다. 본질적으로 문화는 계속 이동해야 한다.

C^2 = 문화 코드

5 결정적인 다섯 수

체스 게임에 정통하라

티베트 산맥 높은 곳에서 한 무리의 젊은 제자들이 세상에서 가장 뛰어난 체스 대가에게 체스 게임을 통달하는 법을 배우고 있었다. 어느 날 스승은 제자들에게 이렇게 말했다. "체스에서 가장 지위가 낮은 말, 폰pawn도 최고의 여왕이 될 수 있다."

그 말을 들은 제자들은 어리둥절했다. 그중 영국 소년이, "우리나라에서 여왕은 여왕이고 폰은 폰입니다"라고 말했다. 그리고 남아프리카공화국 소녀는, "우리나라에서 폰이 여왕이 되는 일은 그저 꿈일 뿐입니다"라고 불쑥 내뱉었다. 또 인도 소년은, "우리나라에서 폰이 여왕이 되는 일은 죄악입니다"라고 말했다.

스승은 머리를 가로저으며 제자들에게 말했다. "체스의 규칙은 명백하다. 폰은 여왕이 될 수 있다. 그러기 위해서는 좋은 전략만 있으면 된다." 상향 이동은 체스 게임에 비유할 수 있다. 폰이 여왕이 될 수 있는 나라는 상향 이동을 하고 있는 나라다. 따라서 상향 이동을 원한다면 '결정적인 다섯 수'를 전술로 활용하는 전략을 세워야 한다. 이 전술은 문화 코드 'C^2 Culture Code'를 해석하는 기반이 되기도 한다. 또한 우리가 다음 장에서 분석할 '제3의 무의식'과 함께 상향 이동을 할 수 있는 능력에 따라 71개국의 문화 코드 값을 결정하는 데 근본적으로 고려해야 할 사항이다.

1. 답을 얻기 위해서는 바다 깊은 곳까지 살펴봐야 한다

프로가 아닌 한 매번 게임의 비결을 알 수는 없다. 다만 시간이 지나면서 경험으로 알 수 있을 뿐이다. 게임과 마찬가지로 문화도 그 모든 측면을 바로 파악할 수는 없다. 외부인은 물론 모든 것을 파악할 수 없고, 구성원들조차 자신이 속한 문화에 대해 잘 모르는 경우가 있다.

비행기를 타고 하늘 위에서 아래에 펼쳐진 바다를 넋을 잃고 내려다볼 때가 있다. 하지만 사실은 바다의 광경을 5퍼센트밖에 보지 못하는 셈이다. 나머지 95퍼센트는 바닷속이기 때문이다. 이처럼 친척들을 만날 때 취하는 예절 등 즉시 파악할 수 없는 문화의 모든 측면은 표면 아래 있다. 깊숙이 들어갈수록 문화의 요소가 더욱 중요하다.

사실 바다 밑은 바다 위의 토대가 된다. 사람들이 왜 그들 방식대로 행동하는지 근본적인 이유를 알고 싶다면 그 문화의 표면을 지나

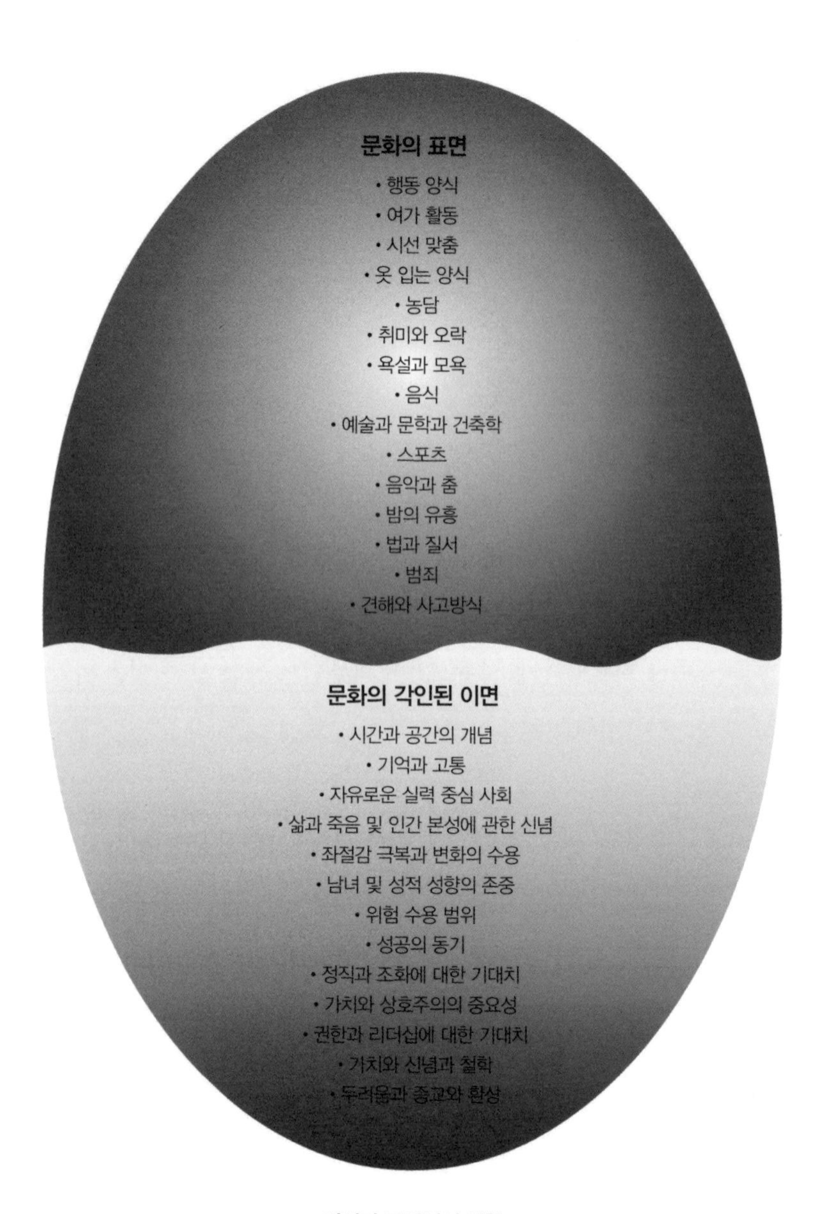

문화의 표면
• 행동 양식
• 여가 활동
• 시선 맞춤
• 옷 입는 양식
• 농담
• 취미와 오락
• 욕설과 모욕
• 음식
• 예술과 문학과 건축학
• 스포츠
• 음악과 춤
• 밤의 유흥
• 법과 질서
• 범죄
• 견해와 사고방식
문화의 각인된 이면
• 시간과 공간의 개념
• 기억과 고통
• 자유로운 실력 중심 사회
• 삶과 죽음 및 인간 본성에 관한 신념
• 좌절감 극복과 변화의 수용
• 남녀 및 성적 성향의 존중
• 위험 수용 범위
• 성공의 동기
• 정직과 조화에 대한 기대치
• 가치와 상호주의의 중요성
• 권한과 리더십에 대한 기대치
• 가치와 신념과 철학
• 두려움과 종교와 환상

의식과 무의식의 영향

심장 속으로 들어가야 한다. 바다 깊은 곳으로 들어가야 사람들의 상향 이동을 촉진하는 것이 무엇인지 알아낼 수 있다.

바다 위는 고정관념으로 이루어져 있다. 고정관념은 피상적이며 진정으로 문화를 이끌고 있는 것이 무엇인지를 묵과하게 만든다. 고정관념은 몇몇 개개인의 행동을 보고 그 문화를 추측하는 데서 비롯된다. 반면 문화를 일반화하면 우리는 특성이나 선호도 등 집단행동의 성향을 관찰할 수 있고, 또 질적, 양적 자료를 통해 그 성향을 경험적으로 분석할 수 있다.

오래된 농담이 있다. 유럽에서 프랑스 요리사, 영국 경찰, 독일 기계공, 이탈리아 연인, 스위스 공무원을 만나면 천국을 맛볼 것이고, 반면 프랑스 기계공, 독일 경찰, 영국 요리사, 이탈리아 공무원, 스위스 연인을 만나면 지옥을 맛볼 것이다.

이런 농담에서 고정관념을 떨치기는 쉽지 않다. 하지만 세계에서 가장 좋은 레스토랑은 영국에도 있고, 가장 매력적인 남자들은 스위스에서도 찾아볼 수 있다.

고정관념은 몇몇 사람들의 행동을 분석해서 그것을 전체 집단의 성향으로 돌리는 개별중심형의 특성을 띤다. 그에 반해 문화의 일반화는 문화 전체를 분석해서 얻은 통찰력을 개인에게 적용하는 집단중심형의 특성이 있다.

문화의 일반화는 학식이 풍부한 세계적인 문화 전문가들의 연구와 통찰력에서 비롯된다. 문화의 일반화를 통해 우리는 한 나라의 국민들이 어떤 행동 양식을 보이는지 꽤 정확하게 그려볼 수 있다. 이것은 문화의 어떤 측면이 사람들을 이동시키고 또 이동을 억제하는지를 알아낼 수 있는 아주 중요한 전술이다. 이 내용은 이후 문화 코드의 변수와 여러 문화 코드를 설명할 때 살펴볼 것이다.

2. 곧이곧대로 믿지 마라

사람들의 말은 항상 믿을 수 있는 것이 아니다.[1] 경쟁자라면 서로를 이기고 성공하기 위해 무엇이든 할 것이다. 사람들은 개념 지도, 과정, 공식, 전략 등을 만들어 장애를 극복하려고 한다. 그런데 이때 이성적인 판단을 하려고 하지만, 어떤 상황에서든 감정적 판단에 따라 우리가 원하는 대로 결정한다는 사실을 명심해야 한다. 사람들의 진짜 의도나 감정, 인식은 즉시 합리적으로 해석될 수 없고, 더욱 세부적으로 분석되어야 하기 때문에 늘 처음부터 명확하게 드러나는 것은 아니다.

미국인들에게 성공은 어떤 의미일까? 그들은 대부분 정직하게 열심히 일하고, 운, 건강, 유전자가 좋아야 성공할 수 있다고 대답할 것이다. 하지만 그 말은 믿을 수 없다. 그렇다면 돈, 권력, 큰 저택, 빠른 자가용, 환상적인 성공은 어떨까? 문화 코드를 해석할 때 새겨두어야 할 가장 중요한 사실은 사람들의 말을 곧이곧대로 믿을 수 없다는 점이다. 전형적인 포커스 그룹에서는 인터뷰 진행자들이 어떤 주제에 관한 선호도를 물어보면 사람들은 인터뷰 진행자가 듣고 싶어 하는 대답을 하려고 한다. 그렇다고 사람들이 의도적으로 거짓말을 한다는 의미는 아니다. 이것은 사람들이 뇌의 가장 이성적인 영역인 대뇌피질을 사용해 질문에 대답하려는 경향이 있기 때문에 나타나는 현상이다. 대뇌피질은 감정이나 본능보다 지성을 조절하는 부분이다. 그리고 대부분의 경우 대뇌피질은 우리가 왜 그런 행동을 하는지 알지 못한다. 그래서 사람들은 자신이 진실을 말하고 있다고 확신한다. 거짓말 탐지기 조사에서 이러한 사실이 입증되었다. 하지만 대부분의 경우, 사람들은 진짜 의도를 말하려고 하지 않는다.

사람들은 흔히 선거 결과를 보고 놀란다. 여론조사를 통한 예측 결과와 전혀 다르기 때문이다. 그 이유는 정확히 말하면, 그 여론조사에 사람들의 진짜 의도가 반영되지 못했기 때문이다. 자의식이 강한 사람들조차 자신의 무의식과 거의 일치하지 않는다. 우리는 그렇게 많은 행동을 이끄는 강력한 힘과 거의 상호작용하지 않는다. 그래서 우리는 논리적으로 인터뷰 진행자가 예상하는 대답을 하기는 하지만, 무의식 속에 잠재된 진짜 감정을 드러내지 않는다.

따라서 사람들이 하는 말의 진정한 의미를 파악하여 진정한 동기를 알아내기 위해서는 감정과 본능, 즉 우리의 무의식에 다가가야 한다.

3. 한번 각인된 기억은 바뀌지 않는다

"각인의 순간에는 언제나 하나의 창문이 생겨난다. 그리고 그 각인의 의미는 문화마다 다르다."[2]

파충류 뇌는 인간을 비롯해 모든 동물들이 공통으로 가지는, 생존을 위한 본능적인 행동을 관장한다. 현재까지 살아남은 생물은 이미 생존 게임에서 이긴 것이다. 패배자는 현재 멸종된 생물이다. 미국의 철학자이자 심리학자인 윌리엄 제임스는 '본능'을 '목적이 무엇인지 미리 생각하지 않고, 또 그것을 달성하기 위한 사전 교육도 없이, 어떤 목적을 이루는 방식으로 행동하는 능력'이라고 정의했다.[3] 우리 모두는 다양하고 창의적인 방법으로 본능을 표현하는데, 본능은 본질적으로 생존하고 승리하도록 도와주는 중요한 욕구다.

두려움은 가장 자연스러운 본능 중 하나다. 두려움 때문에 인간은 수천 년의 역사에서 살아남을 수 있었다. 가장 두려운 동물을 떠올려 보라. 그 동물 때문에 처음으로 두려움을 느꼈던 때가 생각날 것이다. 또 그 동물에 대한 악몽을 꿨을 수도 있다. 더 심한 경우 그 두려움이 하나의 공포증으로 바뀌었을 수도 있다.[4] 두려움은 주로 비이성적이면서 어떻게든 살아남으려는 본능이다. 기억에 가장 강력한 영향을 미치는 것이 감정이기 때문이다. 또 그런 이유로 우리의 문화적 각인은 감정과 인식에 단단히 연결되어 있다. 예를 들어 개에 대한 내 각인은 네 살 때 이웃집 개가 나를 물었던 것이다.

감정은 배우고 각인하는 데 반드시 필요한 것이다. 감정이 강할수록 경험은 더욱 명확하게 학습된다. 감정은 반복으로 강화된 정신적인 고속도로다. 언어를 단순히 정의가 아니라 용법으로 배우고 받아들일 때와 마찬가지로, 어떤 감정을 경험하면 그것은 곧 특정 감정들과 어울림으로써 특정 개인이나 상황과 관계를 맺게 된다. 예를 들어 어머니가 매일 점심으로 땅콩버터 젤리 샌드위치를 만들어준다면, 그 땅콩버터 젤리 샌드위치는 모성애로 연결될 것이다.

각인이 잘되는 시기는 7세 이전까지다. 이는 우리의 문화적 각인들이 대부분 잠재의식 속에 자리 잡는 중요한 시기다. 그리고 그 각인들은 보통 우리가 자라온 문화로 규정된다. 예를 들어 미국에서 자란 아이는 미국의 교육 환경에서 대부분의 성장기를 보낸다. 따라서 그 아이의 문화적 각인은 모두 아이를 케냐인이 아닌 미국인으로 만드는 미국의 환경에서 생겨난다.

가장 강력한 각인은 어릴 때 생겨나므로 우리가 다른 문화에서 매우 중요한 각인을 습득할 두 번째 기회는 없다. 부모가 러시아인인데 그 자녀는 아르헨티나에서 성격 형성기를 보낸다면 아이는 대부분 아르헨티나의 문화 코드를 받아들일 가능성이 높다.

다양한 태도, 목적의식, 개념, 감정 등의 문화 코드를 이해하기 위해서는 어린 시절의 기억을 이용하는 것이 중요하다. 예를 들어 특정 사회에서 '커리어career'의 의미를 알고 싶다면 사람들에게 직접 그 의미를 묻지 말고 '커리어'라는 개념에 대한 최초의 기억을 묻는 것이 효과적이다.

4. 능력주의가 우승자를 결정지어야 한다

공정한 경쟁의 장에서는 분명 가장 훌륭한 사람이 우승자가 된다. 모노폴리나 뱀과 사다리 게임과 같은 대부분의 보드게임에서는 게임 참가자들이 모두 같은 지점에서 시작한다. 10점을 먼저 확보하고 시작하는 사람은 없다. 게임에는 규칙이 있고, 공정한 경쟁을 보장하는 그 규칙은 모든 사람에게 적용되기 때문이다. 실외 게임도 마찬가지다. 공정하게 재능으로 경쟁을 가리는 게임에서는 실력으로 승부를 가르기 때문에 가장 훌륭한 선수가 분명 승리한다.

사람은 태어난 시기와 장소에 따라 이동 기회가 다르게 주어진다. 인도의 하층 계급은 평생 브라만 계급으로 신분 상승을 할 기회를 가질 수 없지만, 비틀즈 멤버들은 데뷔한 지 불과 몇 년 만에 여왕에게 훈장을 받았다.

하지만 우리는 대부분 상향 이동을 원한다. 직업과 돈, 안전과 자유, 종교와 문화, 법률과 규정 등에 관한 것만은 아니다. 상향 이동은 이 모든 것을 포함하는 더 많은 것들을 말한다. 사람들은 여러 가지 이유로 상향 이동을 원한다. 지위, 자녀, 돈, 명성, 행복, 사랑, 안정성, 불멸성 등 사실상 무엇이든 이유가 될 수 있다.

'여러분은 되고 싶은 것은 뭐든 될 수 있다'는 유명한 말이 있지만, 이는 세상의 아이들이 귀담아듣기에 부족하고, 또 대부분의 사람들에게도 만족스럽지 않다. 동등한 삶의 기회는 이 책이 주장하는 것과 밀접한 관련이 있다. 즉, 우리는 모두 상향 이동을 원하기 때문에 상향 이동의 기회를 가져야 한다. 이유가 뭘까? 우리는 중요한 존재이기 때문이다.

이런 이유로 능력주의는 상향 이동의 전략에 있어서 중요한 전술이다. 우리 모두 성공하고 싶다면 모두 성공할 수 있어야 한다. 사회가 이동하는 방식은 상향 이동을 하느냐 하향 이동을 하느냐를 결정하는 핵심 요인이다. 부富와 족벌주의 등으로 권력을 얻는 사회는 상향 이동의 가능성이 희박하고, 나아가 권력이 대물림된다면 사회 이동의 자연적인 흐름은 멈추게 된다.

능력주의는 상향 이동 방식을 바꾼다. 지위는 누구를 알고 있느냐로 정의되는 것이 아니라 무엇을 알고 있느냐로 정의된다. 개인의 재능은 누가 정상으로 올라갈 기회를 가지느냐를 결정하는 명확한 요인이다.

5. 천성과 교육은 상호작용해야 한다

인간은 백지상태로 태어나는 것이 아니다. 역사적으로 철학자, 이론가, 과학자들은 천성과 교육의 논쟁에 대해 깊이 연구했다. 19세기에는 교육이 대세였다. '백지상태의 마음tabula rasa'이 시간이 지나면서 경험과 환경의 영향을 받는다는 것이다. 환경이 개인의 행동과 인성에 중요한 영향을 미친다는 사실은 부인할 수 없다. 천성과 교육의 차이는 또한 세계 여러 문화에서 찾아볼 수 있다. 인류학자 도널드 브라운이 밝혀냈듯이, 모든 문화에는 약 370가지의 보편적인 특성이 공통적으로 나타나는데, 그런 특성을 '인간의 보편성'이라고 부른다.[5] 각 문화는 다양한 방식으로 보편성을 표현하고 있지만, 죽음, 아름다움, 지위, 미학, 리더십, 이름, 상호주의, 제재 등의 개념은 모든 문화에서 찾아볼 수 있는 요소다.

19세기 이후부터는 천성과 교육이 상호작용한다는 사실을 끌어낸 놀랄 만한 과학적 발견이 있었다. 즉, 천성이 직접 행동을 이끌어내는 것이 아니라 천성과 문화가 서로 영향을 줄 수 있다는 것이다. 생물학적 특성(천성)과 문화(교육)의 관계는 경쟁이 아니라 공생하고 상호작용하며 동기를 유발하는 과정이다. 인간이 '백지상태'라는 것은 사실 개연성이 없고, 아이를 기르는 사람이라면 잘 알겠지만, 아기들이 인격이 없는 좀비 상태로 세상에 나오지는 않는다.[6]

따라서 여러분이 게임을 하고 싶다면, 더구나 그 게임에서 이기고 싶다면 이 '결정적인 다섯 수'를 기억해야 한다.

1. 답을 얻기 위해서는 바다 깊은 곳까지 살펴봐야 한다. 표면을 살펴보는 것만으로는 부족하다.
2. 곧이곧대로 믿지 마라. 진정한 의미와 동기를 알아내고 싶다면 사람들이 하는 말을 모두 믿어서는 안 된다.
3. 한번 각인된 기억은 바뀌지 않는다. 각인은 복잡하며 문화마다 다르다.
4. 능력주의가 우승자를 결정지어야 한다.
5. 천성과 교육은 상호작용해야 한다.

6 제3의 무의식

"모든 지식은 의식적인 행동이
무의식으로 바뀌면서 확대된다."

프리드리히 니체[1]

당신이 생각하고 있는 모든 것을 믿지 마라

C^2, 즉 문화 코드는 표면이 아닌 그 이면에서 우리가 진정 누구인지를 파악할 수 있게 해준다. C^2 값을 결정하기 위해서는 문화가 무의식을 통해 어떻게 작용하는지, 또 어떤 뚜렷한 문화적 특징이 이동성을 선호하는지 이해해야 한다.

생존을 추구하는 인간은 태초 이후 계속 이동할 수밖에 없었다. 인류가 발달하면서 인간은 작은 구역에 계속 정착하기 시작했다. 그런 다음 부락을 만들고 마침내 큰 도시와 나라를 세웠다. 인간은 같은 곳에서 동족과 모여 그저 생존을 위해 유전자를 공유하면서 살았다. 그러다 단순히 인간이라는 차원을 넘어 집단 정체성을 갖게 하는 신념을 비롯해 지식, 취미, 전통 등을 공유하는 삶으로 옮겨 갔다. 인간이 문화를 만들어내기 시작한 것이다. 그리고 마침내 인간은 문화를

'다른 사람들과 공유하는 것'이라고 불렀다.

하지만 한곳에 정착할 수 있는 능력이 어떤 중요한 의미가 있을까? 오랫동안 그 장소에서 살아갈 수 있는 (농업 같은) 필요한 기술을 알아냈다고 하면, 확실한 대답이 될 것이다. 인간과 다른 동물의 근본적인 차이는 바로 이런 변화에서 비롯되었다. 즉, 인간은 타고난 능력 이상으로 어떤 새로운 방식을 만들어낼 수 있다. 이런 변화는 어떻게 설명할 수 있을까? 진화심리학이라는 훌륭한 과학 덕분에 그 질문에 가장 근접한 대답을 찾아낼 수 있다.[2]

우리가 잘 알고 있듯이, 인간은 육체적으로 진화했을 뿐 아니라 심리적으로도 진화했다. 수천 년 동안 인간은 적응력을 발휘해 완벽하게 변화를 거듭했지만, 그 변화로 동물과 차이를 보인 것은 진화의 과정에서 한순간이었다. 진화의 과정에서 어느 순간 인간은 자각하게 되었다. 말하자면 인간은 의식적인 존재가 되었다. 그리고 마침내 인간은 환경을 변화시킬 수 있었다. 또한 더욱 중요한 것은 스스로가 변화시킬 수 있는 존재임을 깨닫게 되었다는 것이다. 또 공통적인 욕구와 본능을 지녔으며, 개별적으로 사고와 선택을 하는 존재로 생각하기 시작했다. 학계에서는 일반적으로 인간의 무의식을 중심으로 연구가 이루어졌다. 행위에 대한 자각이 없는 상태를 말하는 무의식은 개인에 따라 상당한 차이가 있다.

제1의 무의식은 개인 무의식이다. 이는 일평생 무의식을 연구한 지그문트 프로이트가 창안한 개념이다. 19세기 말 프로이트는 프랑스 파리 살페트리에르 병원에서 장 마르탱 샤르코 교수의 지도 아래

히스테리 환자를 관찰하면서 무의식을 공부했다. 그리고 마침내 프로이트는 인간이 완전히 깨닫지 못하는 상태에서 행동하게 하는 무의식의 힘을 처음으로 밝혀냈다.[3]

역사적으로는 인간의 의식적인 자아가 대부분 우위를 차지하는 것으로 알려졌지만, 사실 진화할 때는 무의식이 먼저 발달하기 시작했다. 그리고 서로 다른 문화들을 이끌어내는 데는 다양한 무의식 체계가 유용하다는 사실을 보여주었다. 이 때문에 우리는 가령 행동하기 전에 우리의 신경세포가 어떻게 10초 만에 결정을 내릴 수 있는지 등 무의식의 복잡성을 강조하는 새로운 과학적 발견을 이해할 수 있게 되었다.

프로이트의 업적은 혁신적이기는 하지만 남자가 아닌 여자의 히스테리를 중심으로 연구한, 매우 남성적인 특징을 가진다. 프로이트가 분석한 무의식은 오늘날의 파충류 뇌가 인식하는 방식과 아주 흡사하다. 프로이트는 사회의 규칙들이 무의식을 억누른다고 주장했다. 예를 들어 아이들은 무의식적으로 이성의 부모에 대한 소유욕이 강하고 성적 집착을 가진다고 확신했다. 그리고 그것을 오이디푸스 콤플렉스와 엘렉트라 콤플렉스라고 불렀다(분명 이런 개념들은 대부분의 사회에서 금기시되고 있다). 오늘날에는 이것을 억제된 파충류 뇌의 욕구라고 해야 할 것이다.

제2의 무의식은 집단 무의식이다. 카를 융은 원형에 관한 연구를 통해 이 개념을 발전시켰다.[4] 우리 모두는 '어머니'의 원형, 즉 어머니가 어떤 존재이고 또 어떻게 표현되는지에 관한 개념을 갖고 있다.

어떤 사람은 어머니를 권력과 훈육과 연결 짓지만, 어떤 사람은 어머니를 무조건적인 사랑과 보살핌과 연결 짓는다. 하지만 우리 모두는 죽음, 출생, 사춘기, 상호주의, 용기, 폭력 등의 보편적인 개념을 가지고 있듯이 어머니에 대한 보편적인 개념을 가지고 있다.

우리가 말하는 사랑은 보편적인 개념이다. 그것이 바로 집단 무의식의 일부다. 그런데 완벽한 배우자를 찾는 일은 전 세계적으로 가장 큰 도전 중 하나다. 그런 이유로 미국의 인류학자 헬렌 피셔는 사랑의 화학반응에 대한 원형을 만들어냈다. 피셔 박사가 조언하고 있는 웹사이트 'chemistry.com'에서는 사람들이 프로필을 올리면 인류학적 관점에서 잠재적인 짝을 맞춰준다.[5]

프로이트는 생물학이 운명이라고 했다. 융은 이런 공통된 생물학적 구조(예를 들어 남성, 여성, 삶, 죽음, 성장, 노화)가 어떻게 어머니, 여자 등 보편적인 원형으로 표현되는지 살펴보았다.[6] 프로이트와 융은 도발적이고 통찰력 있는 새로운 이론을 만들어냈지만, 그 후 심리학, 특히 진화심리학에는 많은 변화가 있었다. 오늘날 우리는 성적 관심과 무의식 등을 분석하는 새로운 방식을 알아냈다. 하지만 우리가 정말 관심이 있는 것은 문화적 무의식이 어떻게 우리의 행동을 체계화하느냐는 것이다.

문화적 무의식

제3의 무의식은 우리가 가장 관심을 가지는 문화적 무의식cultural unconscious이다. 프로이트와 융은 문화적 무의식을 연구하려고 시도했지만, 충분히 접근하지 못했다. 우리가 알아낸 문화적 무의식은 각 문화가 대뇌피질과 파충류 뇌의 갈등을 처리하는 방식이다.

우리는 최초로 제3의(또는 문화적) 무의식의 개념을 발전시켰다. 아돌프 바스티안은 '보편적 원형을 설명하는 민족사고Volksgedanken'라는 개념을 개척했는데, 우리는 이것을 '파충류 뇌가 인식하는 구조reptilian structures'라고 부른다. 다시 말해 보편적 인지구조, 즉 도식schemata을 말한다. 문화는 우리가 태어날 때 물려받는 생존 방식이다. 생물 논리의 욕구를 다루는 데 도움이 되는 '해결책'을 다음 세대로 전달한다는 것이다. 이런 영향력을 우리는 '문화적 원형'이라고 부른다.

문화적 무의식은 문화 코드를 통해 가장 효과적으로 이해될 수 있다. 문화 코드란 우리 자신이 속한 문화를 통해 일정한 대상에 부여하는 무의식적인 의미다.[7] 문화는 각각 다르게 발달하고 다르게 표현되기 때문에 무의식 차원의 문화 코드도 각각 다르다. 그리고 그 문화 코드를 통해 사람들은 똑같은 정보를 다양한 방법으로 처리한다. 이런 숨겨진 코드는 우리가 조사한 71개국의 문화 코드 값을 평가하는 데 도움이 된다.

각 문화는 특정 개념(사춘기나 교제 등)이나 어떤 대상(자동차나 음식 등), 또는 감정(사랑이나 분노) 등 여러 사항에 관해 전혀 다른 코드, 즉 전혀 다른 의식을 갖고 있다.

어떤 특정 문화에서는 보편적인 개념인 청결을 어떻게 인식할까? 일본의 청결 코드는 중국의 청결 코드와 다르다. 일본은 매우 청결하지만 중국은 그렇지 않다. 또 독일은 매우 청결하지만 프랑스는 그렇지 않다. 우리는 프랑스에서 한 가지 연구를 실시했는데, 550만 명의 인구 범위에서 1년에 150만 개의 칫솔이 팔린다는 사실을 알아냈다. 그 사실로 프랑스의 청결 코드가 어떤지 알 수 있다.

문화 코드는 흔히 숨겨져 있고 무의식적이므로 ('5. 결정적인 다섯 수'에서 이미 언급했듯이) 매우 정확한 방법으로 해석해야 한다. 어떤 문화 코드를 파악하기 위해서는 그 문화 코드를 구성하는 각인부터 분석해야 한다. 각인은 경험과 그에 수반되는 감정의 결합을 말한다. 프랑스 과학자 앙리 라보리가 강조했듯이, 학습과 감정 사이에는 명

확한 연관성이 있다.[8]

두려움은 가장 강력한 감정 중 하나다. 가령 어릴 때 개가 다가올 때마다 어머니가 당신을 더 세게 잡음으로써 어머니의 공포감이 겉으로 표현되었다면, 개를 두려운 감정으로 매우 강하게 각인하게 될 것이다. 또 어떤 남자가 애인을 속이고 레바논 여성과 바람을 피웠다면, 그 애인은 레바논 여성을 질투심으로 강하게 각인하게 될 것이다. 뭔가가 각인되면 그것이 사고에 강한 영향을 미치고, 그에 따라 행동하게 된다. 각인은 문화와 개개인마다 다르고 어린 시절에 새겨진 각인은 사람들의 행동에 엄청난 영향을 미친다.

각인과 코드의 관계는 자물쇠와 비밀번호의 관계와 같다. 자물쇠는 번호를 제대로 맞추면 열 수 있다. 이와 마찬가지로 다양한 각인들에 대한 다양한 코드가 모두 결합되면, 한 문화에 속한 사람들이 무의식적으로 사용하는 준거 체계가 생겨난다. 그리고 이런 준거 체계들을 지침 삼아 다양한 방식으로 다양한 문화가 이루어진다. 예를 들어 자유로운 성 의식을 가진 유럽인들은 그들의 준거 체계에 따라 하룻밤의 섹스를 사회적으로 허용되는 행위라고 생각할 것이다. 그래서 거의 거리낌 없이 성적 욕구에 따라 행동한다. 따라서 대부분의 유럽 문화는 다른 문화에 비해 하룻밤의 섹스에 더욱 개방적이다.

문화는 오랜 시간에 걸쳐 창조되고 발전하지만 변화의 속도는 굉장히 더디다. 문화의 변화는 우리의 뇌처럼 강력한 각인을 통해 일어난다. 강력한 각인은 문화의 준거 체계를 바꾸고, 그 영향은 다음 세대로 전해진다.

제2차세계대전은 직접 피해를 입은 사람, 가해자, 친족, 방관자, 후손 등 모든 유럽인들에게 강렬하게 각인되었다. 그리고 나라별 각인도 크게 다르고, 준거 체계의 변화에 직접적인 영향을 미쳤다. 전쟁 전 독일은 인종차별이나 반反유대주의 행위가 허용되는 문화 코드를 갖고 있었지만, 지금은 전쟁 시 잔혹한 행위를 했다는 오명 때문에 공개적으로 인종차별적인 발언을 한다는 것 자체를 생각할 수 없다. 또한 유럽에 대한 유대인의 문화 코드는 홀로코스트 이후 전혀 다른 의미를 갖게 되었다.

이전의 사례에서 입증되었듯이, 우리는 다른 문화에서 자란 사람과 같은 방식으로 생각하지 못한다. 이런 집단 무의식을 문화 코드에서 찾아낼 수 있다. 이상적인 것은 문화 코드가 파충류 뇌의 욕구를 이해하는 것이다. 즉, 어떤 문화가 파충류 뇌의 욕구와 더욱 조화를 이루고, 또 어떤 문화가 파충류 뇌의 욕구를 억제하는지를 해석해야 한다.

표현 대 억압

댐을 압박하는 강물의 흐름처럼, 우리는 파충류 뇌의 자극을 받으면 결국 먹고 자고 섹스하는 등 본능에 따라 행동하게 된다. 파충류 뇌의 압박에 따라 행동할 때 우리는 안심한다. 하지만 문화가 파충류 뇌의 욕구를 억제하면 여러 가지 부정적인 결과가 생겨난다.

낮잠을 예로 들어보자. 식사 후 음식을 소화시키느라 몸이 나른해

졌을 때 낮잠을 자면 기분이 매우 좋아지고 활력도 생긴다. 하지만 사람들은 대부분 식사 후 낮잠을 잘 수 없고 계속 일에 몰두해야 한다. 문화가 누구를 속이고 있는 것일까? 식사 후 계속 일해야 하는 의무가 졸음을 없애지는 못할 것이다.

아래 도표를 살펴보면 압박pressure에 따른 몇 가지 반응의 결과로, '표현', '억압', '우울'이 나타난다는 것을 알 수 있다. 파충류 뇌의 압박에 따라 욕구를 제대로 표현하면 건전한 문화가 만들어진다. 하지만 파충류 뇌의 욕구가 억제되면, 운전이 허용되기를 바라는 사우디아라비아의 여자들처럼 역효과가 생긴다.

문화가 파충류 뇌의 욕구를 제대로 표현하지 못하면 우울과 억압

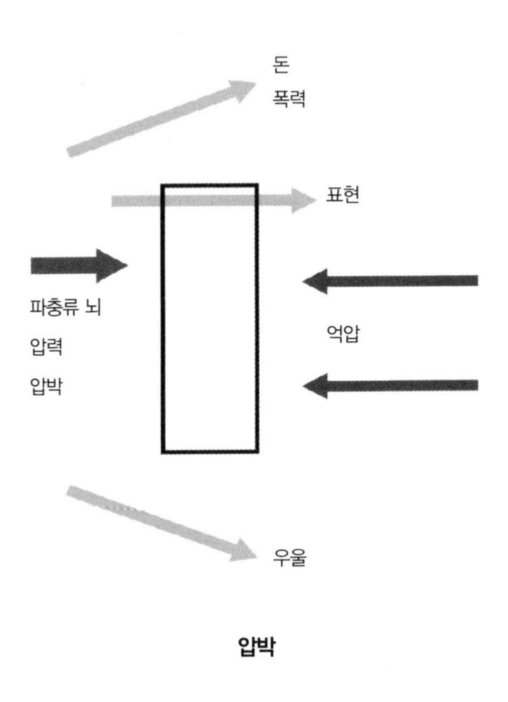

압박

이라는 결과가 나타난다. 그리고 그런 문화에서는 어떤 변화도 있을 수 없다는 절망감이 생기고, 폭력이나 탐욕스러운 반응이 일어난다. 예를 들어 파충류 뇌의 욕구를 강력하게 억압하는 일본 문화에서는 폭력성이 강하게 나타날 수 있다. 일본이 1937년 난징 대학살을 자행했을 때 군인들은 그 도시 사람들을 모두 학살했을 뿐 아니라 생존자들을 강간하기까지 했다.

일본과 마찬가지로 아프리카 수단도 매우 억압적인 문화를 가지고 있다. 수단은 (특히 파충류 뇌와 관련된) 행동을 엄격한 법으로 다스리는 전통적인 이슬람 국가다. 이 나라는 매우 억압적인 문화 때문에 거의 1백 년 동안 폭력에 시달리는 최악의 불운을 겪고 있다.

파충류 뇌의 욕구를 찬미하는 문화도 있다. 프랑스에서는 커플이라고 해도 평생 단 한 사람보다 더 많은 사람에게 끌린다는 사실을 솔직하게 받아들인다. 그들은 일부일처를 지키기 위해 서로에 대한 기대치를 높이는 대신, '생크 아 세트cinq à sept'라는 개념을 갖고 있다. 이것은 커플이라 해도 오후 5시에서 오후 7시까지, 각자 다른 애인을 자유롭게 만날 수 있는 시간대를 말한다. 미국의 청교도 문화에서는 섹스가 엄격히 제한되고 있지만 음식에는 제한이 없다.

일신교에서는 대부분 섹스, 음주, 식사 등 파충류 뇌의 욕구를 억누른다. 그리고 본능을 거부하고 자제력을 키우도록 가르친다. 하지만 중세 시대에 놀라운 일이 있었다. 프랑스의 청소년 성직자들은 1년에 단 하루 열리는 '바보들의 축제'에서 자제력을 잃고 완전히 자유롭게 행동할 수 있었다. 그들은 흥청망청 먹고 마시고 아무 데서나

배설하고, 성별을 가리지 않고 섹스를 즐겼다. 게다가 이 특별한 날 저녁에는 성경을 모독할 수도 있었다. 이 전통이 아주 오래 지속되지는 못했지만 억압된 체계에서 파충류 뇌의 욕구를 어느 정도 표현할 수 있었던 방식이다. 이는 파충류 뇌의 욕구를 표현하면 긴장을 완화할 수 있다는 사실과, 알랭 드 보통이 주장했듯이 '본능 앞에서 순수할 수 없다'[9]는 사실을 잘 보여주는 사례다.

이와 대조적으로, 북유럽의 문화는 거의 억압적이지 않다. 스웨덴과 덴마크 같은 신교도 나라와 스페인과 이탈리아 같은 가톨릭 나라는 억압에 대해 엄청난 차이를 보인다. 이 모든 것은 문화가 어떻게 파충류 뇌의 욕구를 처리하고, 대뇌피질이 어떻게 작용하여 파충류 뇌의 본능이 문화적 즐거움과 예술로 바뀌는가를 설명해 준다. 우리는 음식, 섹스, 권력, 자아 등에 중독되어 본능의 노예가 되지 않도록 본능을 연마할 수 있다. 그리고 대뇌피질을 통해 파충류 뇌의 욕구를 최대한 활용하여 자아를 실현할 수 있다.

인식하라

세 가지 무의식에 관해 살펴보았으니 이제 그것으로 무엇을 할 수 있는지 알아보자. 우리는 인식할 수 있다. 인식은 마음에 평화를 안겨준다. 우선 파충류 뇌의 차원을 인식해야 한다. 인간은 개인적, 집단적, 문화적으로 통제할 수 없는 욕구를 가지고 있다. 음식을 먹고 싶거나 사람을 사귀고 싶거나 술을 마시고 싶은 것은 잘못된 일이 아니다. 개인의 의식은 저마다 다르다. 이는 사람들이 서로 다른 표현을 쓰는 것과 같다. 사람들은 각자 자신만의 독특한 정신적 각본을 가지고 있다. 자신만의 삶의 유형과 습관과 성향을 스스로 창출하고 습득할 수 있다. 엘리자베스 테일러는 결혼과 이혼을 수차례 반복하면서 이혼 스캔들의 대표적인 인물이 되었다. 인간은 저마다 어떤 것을 반복하는 무의식적인 방식, 무의식적인 유형을 갖고 있다.

생물학적 특성은 우리가 누구인지를 결정하지만 우리의 최종 운명을 결정짓는 것은 아니다. 최종 운명을 결정할 수 있는 것은 오직 자신뿐이다. 자신의 문화를 받아들이는 것은 어느 정도 자신의 선택에 달렸다. 자신에게 맞지 않는 문화에서 태어난 여자의 경우, 그런 상황을 인식하고 수치심이나 죄책감에서 벗어날 의무가 있다. 문화가 운명이 아닌 선택이라고 인식할 때 그런 자유를 누릴 수 있다. 사람들은 자신에게 가장 적합한 문화를 선택할 수 있다. 상향 이동은 때로는 머물고 있는 곳에서 벗어나는 것을 의미한다. 따라서 자신에게 적합하지 않은 것이 무엇인지를 알아내야 한다. 이것이 파충류 뇌의 기본적인 욕구를 인식하는 일이다.

자신이 속한 문화를 파악하기 위해서는 지리와 역사를 비롯해, 부모가 시간과 공간과 에너지를 물려주는 방식 등 문화적 무의식의 다양한 측면을 자세히 살펴보아야 한다. 이 요소들은 모두 무의식 코드가 만들어낸 것이므로 인식하기 어렵다. 하지만 그 요소를 인식하면 선택을 할 수 있다. 우리가 그런 무의식적인 문화 요소를 인식하고 대뇌피질을 통해 그 요소를 활용할 수 있다면 '깜짝 놀랄 만한 요소'

를 얻게 된다. 이전에 숨겨졌던 것을 인식한다면 우리는 이렇게 말할 것이다. "우아, 내가 이미 그것을 알고 있었다니!"

프랑스에서는 돈이 좋지 않은 의미로 통하고, 미국에서는 돈이 좋은 의미로 통한다. 프랑스에서는 고소득자가 세금을 많이 내지 않으면 처벌을 받고, 소유하고 있는 재산이 아니라 사회에 얼마나 기여하느냐에 따라 사회적 지위가 평가된다. 프랑스에서 롤스로이스를 타고 다니면, "언젠가 우리는 당신한테서 그 차를 압수할 거요"라는 말을 들을 가능성이 높다. 하지만 미국에서는, "언젠가 나도 저런 차를 살 테야"라는 말을 들을 것이다. 문화적 집단 무의식은 서사, 이야기, 영화, 상투적인 표현, 똑같은 구조를 강화하는 원형 등을 통해 형성된다. 그것이 바로 문화 코드의 변수다.

"신경 쓰지 말아요. 그는 자기가 개라는 것도 모르니까요."

스위스의 중립과 평화를 지켜내기 위해서는 스위스 사람들이 언제든 싸울 준비가 되어 있는 군대를 보유하고 있어야 한다. 시민군의 일원들은 집에 무기와 탄약을 보관하고, 해마다 군사 훈련을 받는다. 스위스 사람들은 강하고, 늘 준비되어 있다. 그와 동시에 군대는 여러 주와 언어가 합쳐지고, 국가적 유대감이 형성되어 있는 곳이다. 중립적이고 평화적인 문화가 아주 강력한 군대로 강화된다는 사실은 정말 놀라운 일이다.

따라서 사람들은 자신이 누구이며, 뚜렷한 장점과 욕구에 따라 상향 이동을 하는 데 도움을 주는 것이 무엇인지 인식함으로써 어떤 문화가 자신에게 가장 적합한지 결정할 수 있다.

중국 본토의 여자들은 홍콩으로 건너가서 아기를 출산할 수 있다. 인도 학생들은 학위를 따고 고급 영어를 구사하기 위해 런던대학교나 옥스퍼드대학교에 들어갈 수 있다. 그곳에는 대부분 성공의 기반이 되는 요소들이 있다. 홍콩은 놀라울 정도로 친기업적 환경을 갖추고 있고, 그곳에서 자라는 아이들은 성공하는 데 있어서 중국보다 더 좋은 기회를 가진다. 런던대학교와 옥스퍼드대학교는 뛰어난 교육제도를 갖추고 있고, '네 가지 S'에서 모두 매우 높은 점수가 나온다. 원형적 가치관과 파충류 뇌의 욕구를 존중하기 때문이다.

이와 유사한 사례로, 전 뉴욕 시장 루디 줄리아니가 뉴욕을 위해 특별히 시도했던 것들을 살펴보자. 1990년대 뉴욕은 지저분하고 늘 범죄에 시달리는 도시였다. 그는 무질서와 공공기물 파손 등 경범죄를 방치하면 큰 범죄로 이어진다는 '깨진 유리창 이론'을 뉴욕에 적용했다. 즉, 깨진 유리창이 사라지면 범죄율이 줄어든다는 이론이다. 루디 줄리아니는 공공기물 파손과 범죄에 '무관용 정책'을 내세우며 경찰과 함께 뉴욕을 깨끗하게 만들기 위해 실천했다. 범죄자들에게는 두 번의 기회가 주어지지 않았고 또 용서받지도 못했다. 결국 범죄율은 떨어졌고 뉴욕은 안전하고 매력적인 도시로 변했다. 줄리아니는, "문제와 맞서는 것은 문제를 해결하기 시작하는 것이다"라고 말했다. 정치 지도자로서 줄리아니는 사람들이 거리에서 소변을 보고 술을 마시는 것을 묵과한다면 그 결과 훨씬 더 심각한 연쇄 반응이 일어나리라는 것을 잘 알고 있었다.

하지만 상호 연결된 세계에서는 수백만 가지의 메시지가 한꺼번에 쏟아지기 때문에 우선순위를 정하기가 어렵다. 우리는 이 모든 정보를 가지고 무엇을 어떻게 해야 할지 모른다. 이 책의 목적은 이런 정보를 정리해 우선순위를 정하는 방법을 알려주는 것이다.

모든 정보를 고려하고 무엇보다 잘 정리한다면 우리는 이 세상에서 상향 이동을 하기 가장 좋은 곳이 어디인지 판단할 수 있다. 예를 들어 상향 이동이 넓은 아파트에 사는 것이라면, 런던으로 이주해서는 안 된다. 또 상향 이동이 안전하고 깨끗하며 편안한 곳에서 사는 것이라면 도쿄를 선택할 것이다. 지금 주어진 것보다 더 많은 것을 원한다면, 다른 문화로 옮겨 가거나 자신을 바꾸기 위해 최선을 다할 것이다.

생물 논리

7 네 가지 S

인간은 처음부터 '왜 우리는 이동할까?'라는 어려우면서도 가장 심오한 문제에 의문을 품어왔다. 다시 말해 왜 어떤 사람들은 생물학적 갈등을 조정해 상향 이동을 하고, 또 다른 사람들은 그렇게 하지 않는 것일까? 또 왜 어떤 나라는 성장하여 사회 이동을 촉진하고, 또 다른 나라는 그렇게 하지 않는 걸까?

매슬로의 이론은 이런 문제에 대한 답을 찾을 수 있는 좋은 출발점이기는 하지만 궁극적인 답은 되지 못한다. 에이브러햄 매슬로의 '욕구 단계 이론'은 사회과학에서 가장 널리 알려진 개념이다.[1] 그 당시 매슬로는 심리학에서 보편적인 이론의 틀에 반기를 들었기 때문에 인간의 동기 이론을 만들어내고자 하는 사명감을 가지게 되었다. 그때는 인간의 모든 동기가 근본적으로 배고픔과 갈증 같은 몇 가지 기본 욕구로 축소될 수 있다고 생각하는 경향이 있었다. 그 당시 사회과학자들은 애정, 존경, 자아실현 등을 인간의 2단계 욕구로 여겼지만, 매슬로는 그 2단계 욕구 이론을 믿지 않았다. 그는 "인간은 배고픔의 욕구를 아무리 충족하더라도 애정의 욕구를 조금도 해소할 수 없다"고 주장했다. 그 대신 서로 독립된 기본 욕구들이 몇 가지 단계로 구분된다고 주장했다. 조직 행동에 관한 강의를 들었거나 심리학 책을 읽어본 사람이라면 매슬로의 '욕구 단계 이론'을 잘 알고 있을 것이다.

매슬로의 '욕구 단계 이론'에서 최하위 단계에는 배고픔이나 갈증 같은 생리적 욕구가 나타난다. 그것은 인간의 생존에 꼭 필요한 본능적 욕구다. 하지만 생리적 욕구가 충족되면 인간은 자연스럽게 상향

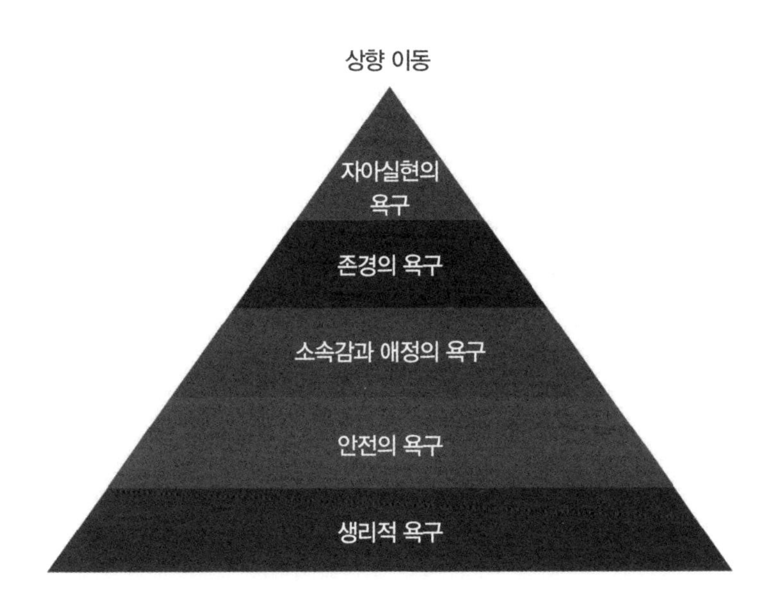

매슬로의 '욕구 단계 이론'

이동하여 안전, 주거지, 위협으로부터 보호 등을 걱정하기 시작한다. 이런 안전 욕구가 충족되면 그다음에는 사회적 동기에 관한 욕구에 집중하게 된다. 그 단계에는 친구, 회사 동료, 배우자, 가족 등과 관련된 소속감과 애정, 존경의 욕구가 포함된다. 이 동기 이론의 최상위 단계에서는 창의적 잠재력을 발휘하는 자아실현의 욕구가 나타난다. 당시에 매슬로의 패러다임은 혁신적이었고, 이후 그가 제시한 몇 가지 개념들이 신경과학과 행동경제학에서 확실한 증거를 가지면서 지지를 받게 되었다. 모든 사람들이 보편적인 여러 동기들을 공통적으로 갖고 있다는 매슬로의 주장은 옳았다. 또 매슬로는 인간의 뇌가 일련의 단순한 규칙에 따라 작용하지 않고, 여러 목표를 달성하기 위해 여러 하위 체계를 사용한다고 주장했다. 이 또한 그의 주장이 옳다는 사실을 보여주는 증거가 지금도 많이 남아 있다.

하지만 매슬로의 전성기 이후 우리는 더 많은 지식을 습득했다. 그의 '욕구 단계 이론'은 분석할 가치가 있지만 21세기에 적용하려면 어느 정도 다시 고칠 필요가 있다.

우리의 욕구 단계 이론은 (생물학적) 필수needs와 욕구wants를 구분하는 3단계 무의식을 나타낸다. 최하위 단계는 동물로서 모든 인간이 공통적으로 가지는 기본 욕구인 생물학적 필수를 나타낸다. 2단계는 인간이 문화적 무의식(또는 제3의 무의식)을 가지고 있음을 나타낸다. 즉, 동일한 문화적 배경을 갖고 있는 집단의 사람들이 공통된 요소를 가지는 단계다. 이 단계에서 문화적 힘은 최하위 단계의 생물학적 필수와 일치한다. 최상위 단계는 인간이 개인 무의식을 가지고 있음을 나타낸다. 이 단계에서는 모든 사람들이 독특하다. 이것이 바로 개인적 욕구wants다.

우리의 욕구 단계 이론은 왜 매슬로의 이론과 다를까? 매슬로의 욕구 단계 이론에는 큰 문제점이 있다. 매슬로는 생물 논리가 아주 중요하다는 사실을 이해하지 못했다. 그는 최상위 단계의 욕구가 인간의 생물학적 특성과 관련이 없다고 확신했다. 지금은 인간의 창의적 천재성이라는 가장 높은 영역이 근본적인 생물학 과정(인간을 생물학적 세계와 직접 연결하는 과정)과 밀접하게 연결되어 있다는 확실한 증거가 있다. 우리에게 동기를 유발하는 것이 무엇인지, 즉 왜 우리가 이동하는지를 이해하는 것은 결국 삶과 죽음의 문제다.

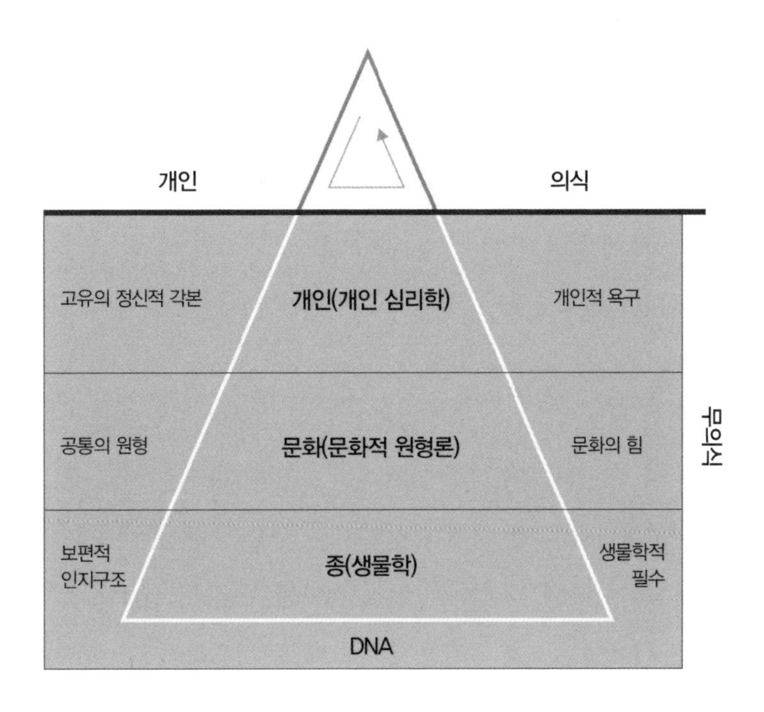

지난 몇 년 동안 우리는 인간의 근본적인 동기에 대한 연구를 시행했다. '동기motive'는 '움직이게 하다move'는 말에서 비롯된 것이다. 즉, 동기를 유발하는 것이 우리를 움직이게 하는 것이다. 우리는 연구의 새로운 결과에 자극받아 매슬로의 '욕구 단계 이론'을 재해석하여 '네 가지 S에 관한 생물 논리의 구조'를 탄생시켰다.

$$\text{생물 논리} = \frac{\text{생존}^{\text{Survival}} + \text{성}^{\text{Sex}} + \text{안전}^{\text{Security}} + \text{성공}^{\text{Success}}}{4}$$

오른쪽에는 '네 가지 S에 관한 생물 논리의 구조'가 상세하게 표현되어 있다. '네 가지 S'는 생존Survival, 성Sex, 안전Security, 성공Success을 말한다. 서로 연결된 각각의 S는 서로 다른 방식으로 상호작용한다. 하나의 S와 다른 S를 연결한 화살표는 두 S 사이의 생물 논리 관계를 나타낸다. 화살표 위쪽은 공통의 문화 측면을 나타내고, 아래쪽은 공통의 파충류 뇌의 욕구를 나타낸다. 가운데는 '네 가지 S' 사이에서 발견되는 모순을 나타내는데, 이는 인간의 내면 깊은 곳에서 끊임없이 갈등하는 모순을 말한다.

우리의 새로운 패러다임과 매슬로의 이론 사이에는 세 가지 중요한 차이점이 있다. 우선 매슬로는 어떤 동기가 다른 동기보다 중요하다고 생각하는 실수를 범했다. 따라서 그 중요한 동기들이 단계적으로 배열되는 대신 3차원에서 럭비 스크럼을 모의실험하는 것처럼 새로운 단계에서 서로 겹쳐진다. 우리의 새로운 패러다임에서는 동

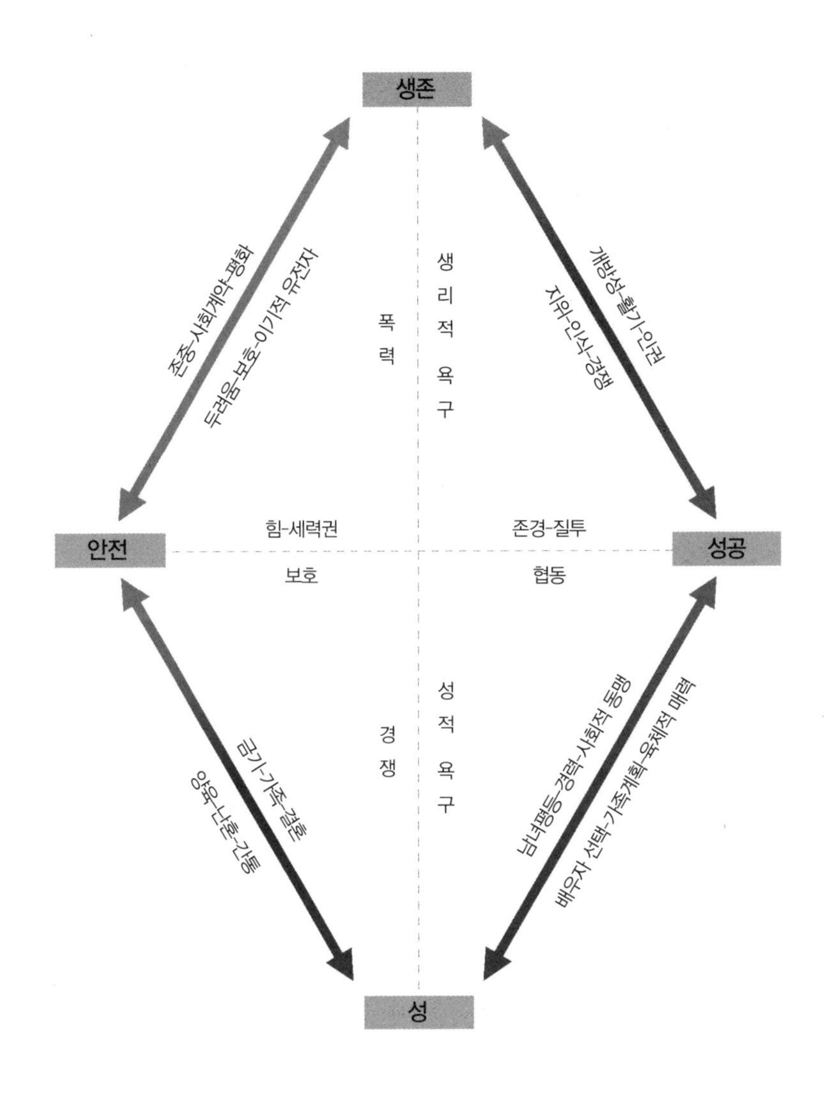

'네 가지 S'에 관한 생물 논리 구조

기들이 서로를 대체할 수 없고, 차례대로 실행될 필요도 없다. 대신 모든 욕구가 충족되어야 하며 문화에 따라 여러 시기에 여러 상황에 의해 그 모든 욕구가 유발된다. 두 번째, 자아실현은 욕구의 최상위 단계에서 물러나야 한다. 그렇다고 사람들이 그런 '높은' 수준의 욕구를 가지지 않는다는 뜻이 아니다. 대신 생물 논리의 구조에서, 매슬로의 자아실현은 '성공' 목록에 포함될 수 있다. 역사를 통틀어 창의적 업무를 완벽하게 해내거나 건강한 신체와 높은 지능을 과시하는 사람들은 흔히 성공한 것으로 여겨졌고, 또 그 때문에 생존, 성, 안전에 대한 기회의 수준도 높아졌다. 결국 성공은 인간의 생물학적 특성과 복잡하게 연결되어 있다.

세 번째, 매슬로는 성의 중요성을 이해하지 못했다. 매슬로는 자신의 연구에서 간혹 성에 관해 언급했지만 주로 생리적 욕구로 간단히 거론하고 말았다. 하지만 그는 성과 자손 번식의 사회적 영향에 관해서는 거의 언급하지 않았다. 이를테면 보건 및 교육 지원과 세대교체 비용 등 미래 세대라는 인적 자본에 투자하는 일이 여기에 해당한다.

배고픔이나 갈증 등 매슬로가 말한 생리적 욕구들은 분명 인간이 생존하는 데 도움이 된다. 매슬로가 지적했듯이, 많은 세부적인 욕구들이 있다. 배고픔은 특정한 시대에 인간이 필요로 하는 특별한 영양분들로 세분화될 수도 있다.

성에 관한 욕구는 명백하고 필수적인 생존 기능이다. 이 욕구가 없다면 우리는 지금 존재하지도 않을 것이다. 사회적, 환경적, 경제적 안전 또한 상향 이동에 반드시 필요한 욕구다. 그리고 성공은 생물 논리의 마지막 동기 요소이고, 상향 이동에 반드시 필요한 욕구이며, 인간의 생물학적 특성과 밀접하게 연결된 욕구다.

그렇다면 존경과 자아실현은 어디에 포함될까? 우리가 제시한 생물 논리의 구조에서 그 욕구들은 많은 이점으로 작용하는 성공 요소에 포함되었다. 성공은 더욱 큰 성취와 지략과 실현을 의미하기 때문에 사회와 가족을 위해 긍정적인 결과를 야기한다.

자손 번식을 목적으로 하는 성은 사회적 수용과 소속감 같은 본능적인 행동을 유발하는 동기들을 받쳐주는 궁극적인 원동력이다. 매력적이고 인간관계가 좋은 사람들도 사회적 수용과 사회적 거부에 민감하게 마련이므로, 사회적 고립감을 느끼면 신체적 고통을 나타내는 것과 똑같은 생리적 기제를 통해 감정적 고통이 나타난다. 하지만 결국 우리의 행동을 강하게 유발하는 요소는 자기 이야기의 영웅이 되는 것이다.

인간의 행동을 유발하는 이런 생물학적 욕구가 모든 일을 결정하는 것은 아니다. 앞서 언급했듯이, 이 모든 일에 중요한 역할을 하는 것이 문화다. 그렇다면 문화는 생존, 성, 안전, 성공을 어떻게 다룰까? 다음 장에서 살펴보자.

8

생존

우리는 어떻게 파충류 뇌가 늘 승리하는지, 또 어떻게 문화가 각자의 가치체계에 따라 파충류 뇌의 방식을 포용하거나 거부하는지에 관해 언급했다. 하지만 개개인은 어떨까? 자유의지는 어떨까? 파충류 뇌가 인간의 내적 갈등에서 늘 승리한다면, 파충류 뇌가 어떻게 인간의 행동을 유발하고 상향 이동에 도움이 되는지를 파악해 보아야 한다. 이것은 결국 생물 논리의 문제이기 때문에, R^2 이동성 지수에서 71개국의 생물 논리의 값을 결정하는 방식이 된다. 생존은 '생물 논리 변수의 네 가지 S' 중 하나다. 이 장에서는 생존의 값이 어떻게 결정되는지 알아볼 것이다.

1959년부터 1969년까지 마오쩌둥이 주도한 대약진운동의 시기에 1,600만 명에서 1,700만 명에 이르는 사람들(무려 4,500만 명으로 추정하는 사람도 있다)이 중국에서 사망한 것으로 추정된다. 문화대혁

생존	
하향 이동 →	상향 이동
인권을 존중하지 않는다	인권을 존중하고 장려한다
예술과 문화에 투자하지 않는다	예술과 문화에 많은 투자를 한다
미신이 지배한다	지식과 연구가 지배한다
진실이 한 방향으로 통한다	진실이 양방향으로 통한다
신앙이 과학보다 더 중요하다	과학이 신앙보다 더 중요하다
황금률이 '내가 원하지 않는 바를 남에게 행하지 마라'이다	황금률이 '그들이 원하지 않는 바를 남에게 행하지 마라'이다
담배 피우는 것을 좋다고 생각한다	담배 피우는 것을 좋다고 생각하지 않는다
뇌의 욕구를 인식하지 못한다	뇌의 욕구를 이해하고 인식한다
건강식 문화나 건강에 관심이 없다(예를 들면 식이요법이나 운동)	건강과 복지에 관심이 있다
문화적 다양성을 촉진하지 않는다	문화적 다양성을 촉진한다
신체적·감정적·성적 학대가 용인된다	신체적·감정적·성적 학대는 처벌된다
여자와 아동과 소수집단이 억압되고 제한된다	여자와 아동과 소수집단이 전체에 통합된다
현재 상황에 의문이 없다	현재 상황에 계속 의문을 갖는다
무엇을 배워야 할지에 중점을 둔다	어떻게 배워야 할지에 중점을 둔다.

명 시기에는 수백만 명이 더 고통받고 박해받았으며 수모를 당했다.[1] 이런 혹독한 시기에 생존은 완전히 짓밟혔다. 마오쩌둥의 문화대혁명에 가족들이 참여한 것을 지켜본 덩샤오핑은 그 광경을 하나의 재앙이라고 표현했고,[2] 마오쩌둥이 사망한 후 사람들의 생존율을 높이려고 노력했다.

아기의 양육

생존에 관한 파충류 뇌의 중요한 개념은, 인간은 혼자서는 생존할 수 없다는 것이다. 갓 태어난 아기를 숲 속에 버려두면 그 아기는 죽

"넌 아기였을 때도 잘 먹지 않았단다."

게 된다. 다른 동물 종과 비교해 보면 인간은 매우 느리게 성숙한다. 수년(또는 수십 년)이 지나야 자립할 수 있으니 말이다. 충격적인 말로 들릴 수 있지만 여자들은 평생 성숙하는 과정에 있다.[3] 따라서 인간은 자랄 때 보살핌을 받을 수 있는 양육 환경이 필요하다. 그것이 가정이라는 울타리다. 인간은 짧은 시기든 수년이든 길러주고 먹여주고 보호해 주는 가족 없이는 생존할 수 없다.[4]

아기는 혼자 생존할 방법이 없기 때문에 불안감에 빠진다. 오스트리아 출신의 미국 정신과 의사 르네 스피츠는 한 고아원에서 아기들이 제대로 먹지도 못하고 체중도 급격히 줄어들고 있다는 사실을 우연히 알게 되었다. 스피츠는 보모 한 명이 아닌 3명이 하루 종일 아기 한 명을 돌보고 있었으므로, 아기들이 엄마와 함께 있을 때처럼 보모들과 소통하지 못한다는 사실을 알아냈다. 보모들이 아기와 상호작용하는 방식은 모두 제각각이었다. 그 때문에 아기들은 혼란스러워했고 음식을 제대로 섭취할 수도 없었다. 스피츠는 이 문제의 해결책을 찾아냈다. 보모 한 명이 아기 한 명을 계속 돌보는 것이었다. 이는 계속 변함없이 항상 보살펴주는 것이 생존에 꼭 필요하다는 사실을 보여준다.[5]

생존을 위해서는 음식, 주거지, 보호책 등 기본 욕구를 충족해 주는 하나의 구조가 필요하다. 탄탄한 가족 구조가 있는 문화는 더욱 성공적으로 사람의 발전을 돕는다. 중국인과 유대인처럼 집단 이주민들이 정착을 한 후 스스로를 보호하는 데 성공한 문화에는 탄탄한 가족 구조가 있다. 그런 구조가 없었다면 그들의 문화적 가치와 인식을 자손에게 물려줄 수 없었을 것이다.

가장 좋은 가족 구조는 의식, 상징, 기념일, 강한 유대감 등을 갖추고 있다. 의식은 주로 파충류 뇌의 욕구가 영향을 미치는 부분이다. 출생, 사망, 결혼을 비롯해 추수감사절과 안식일의 정찬 같은 음식에 관한 관습 등을 말한다. 각 문화마다 파충류 뇌의 욕구를 찬미하는 고유 의식이 있다. 때로는 이런 오랜 전통이 정서적인 유대감을 형성하는 데 가장 좋은 역할을 한다. 하지만 지금은 그런 전통이 꼭 필요하지는 않다는 사실에 주목할 필요가 있다. 유대인들의 경우 종교 행사에 참석하는 많은 젊은이들이 무신론자다. 이렇듯 전통은 그저 사교 목적으로 이용되기도 한다.[6] 그래도 사람들이 화합하는 데는 의식이 필요하다.

하지만 미신은 교육과 인간의 번영에 방해가 된다. 일상을 미신에 의존하는 문화에서는 과학과 학습이 이루어질 틈이 거의 없다. 11시 11분에 시계를 보거나 13층에 있거나, 혹은 13번째 좌석에 앉을 때 두려운 마음이 드는 것은 미신이다. 인간은 일정한 패턴을 찾는 쪽으로 진화되었기 때문에, 16시 23분(이런 숫자에는 별 흥미가 없다)이 아니라 11시 11분을 기억해 둔 상태에서 시계를 보는 것이다. 시계를 보다가 4개의 숫자가 같다는 패턴 때문에 11시 11분을 쉽게 기억할 뿐이다. 그리고 13층의 경우 호텔이 우리를 기만하고 있는 것이다. 13층을 14층으로 표시한들 13층에서 출몰하던 유령이 더 이상 나타나지 않는다는 것은 말이 안 된다.

이런 미신의 사례는 우스꽝스럽고 별로 심각하지 않지만 미신이

극에 달해 문화가 이를 막지 못하면 생존을 방해하는 끔찍한 일들이 일어날 수 있다. 2008년 인도에서 일가족 4명이 마법을 썼다는 비난을 받아 사람들에게 돌팔매질을 당한 사건이 있었다. 현지 경찰은 그 가족이 생매장되었다고 발표했다.[7]

인도에서 미신은 비교적 흔한 일로 교육을 받은 중산층 가정에도 존재한다. 인도 사람들은 언제 결혼하면 좋은지 알아보려고 점성술사를 찾아가 카드 점이나 손금을 보곤 한다. 미신은 여자들에게 더욱 심각하다. 어떤 여자는 마녀로 몰려 몰매를 맞고 나체로 걸어가면서 자신의 소변을 마셔야 하는 수모를 당했다. 인도의 반反미신 운동가 나렌드라 답홀카르는 1998년부터 마하라슈트라 주에서 미신 행위를 금하고 처벌하는 법안을 통과시키려고 노력했다. 2003년 이 법안이 통과되기는 했지만 2013년 12월까지 법률로 제정되지 않았고, 나렌드라는 그해 8월 총격으로 사망했다. 인도는 해결 방안을 찾고 있지만 안타깝게도 아직도 많은 여성들이 마녀로 희생되어 목숨을 잃고 있고, 이는 주요 운동가의 활동에 자극이 되고 있다.[8] 인도는 생존 지수에서 낮은 점수를 받아 최하위에서 아홉 번째를 차지한다. 다시 말해 인도의 문화를 바꾸기 위해서는 하나의 주에서만 법률을 제정하는 것으로 그치지 말고, 그 이상의 조치를 취해야 한다는 의미다. 분명 올바른 방향으로 한 걸음 내딛고 있지만, 위성을 쏘아 올리는 일보다 꽃과 백단유 반죽으로 신을 불러오는 미신을 중단하는 일이 급선무일 것이다.[9]

생존에 열악한 또 다른 나라들은 방글라데시, 파키스탄, 스리랑카,

케냐 등이다. 이런 국가에서는 빈곤이 심각한 위협이 되고 있다. 건강과 교육은 말할 것도 없고 식량과 식수가 턱없이 부족한 곳에서 생존은 더욱 어렵다.

파키스탄에서는 여성의 교육권을 주장한 인권운동가 말랄라 유사프자이가 탈레반의 공격을 받은 일이 있다. 말랄라가 살고 있는 파키스탄 지역에는 여자아이들이 당분간 학교에 가지 못하게 되었고, 탈레반은 학교들을 대부분 파괴했다. 유네스코의 2010년 조사에 따르면 15세에서 24세까지 파키스탄 인구 중 여자들의 식자율은 62.3퍼센트였다. 이는 남아시아의 평균 식자율 73.3퍼센트와 하위 소득 국가들의 평균 식자율 78.4퍼센트보다 훨씬 낮은 수준이다. 2012년 말랄라는 학교 버스를 타고 가던 중 탈레반 무장대원이 쏜 총알에 머리를 맞았다. 다행히 목숨을 건진 말랄라는 지금 영국에 살면서 여자아이들의 교육권을 옹호하는 인권운동을 펼치고 있다. 학교에 다니다가 총을 맞을 수 있는 나라는 생존의 관점에서 그 미래가 암울하다.

교육은 사회 경제적인 문제, 무지, 종교적 극단주의 등을 다루는 방법을 거론할 때 떠오르는 첫 번째 시나리오다. 많은 사람들이 개발도상국은 학교 수를 더 늘리고, 교실 크기를 더 줄이고, 교사들에게 높은 보수를 주어야 한다고 주장한다. 경제협력개발기구OECD가 실시한 국제학업성취도평가PISA 결과를 살펴보면, 수학 부문에서 중국의 상하이가 612점으로 1등을 했고, 여러 아시아 국가들(중국의 다른 지역, 한국, 싱가포르, 일본)과 일부 유럽 국가들(리히텐슈타인, 스위스,

네덜란드, 에스토니아, 핀란드 등이 519점을 받았다)이 그 뒤를 이었다. 미국은 수학 481점으로 경제 대국치고는 비교적 낮은 점수를 받았다. 그렇다면 교실 크기를 줄이거나 교사에게 높은 보수를 주는 것이 정말 교육에 도움이 될까? 그렇지는 않다.[10] 핵심은 능률성에 있다. 즉, 교사들에게 학생들을 교육하는 방법을 가르치는 것이다. 핀란드는 교사들의 보수가 (미국보다 조금 더 높고) 독일이나 한국보다 낮지만 학생들의 교육 수준은 훨씬 높다.

생존은 파충류 뇌의 욕구를 충족한다는 의미다

미국과 동맹국이 이라크 전쟁에서 승리하고 사담 후세인 정권을 무너뜨렸다고 해서 군대의 임무가 끝난 것이 아니었다. 그들은 이라크가 계속 살아남을 수 있을지 확인해야 했다. 이라크에 식량, 안전, 사회 기반 시설, 일자리 등을 제공할 필요가 있었다. 하지만 군인들은 그런 훈련을 받지 않았을 뿐 아니라 전혀 준비되지 않았다. 그 결과 상황은 엉망이 되었다. 전쟁 전에도 상황이 그리 좋지 않았지만, 적어도 생존할 수는 있었다. 당신이 생존이라는 파충류 뇌의 기본 욕구를 충족하는 데 도움을 주지 못한다면, 사람들은 당신을 어떻게 신뢰할 수 있겠는가?

세계에서 가장 강력한 문화에 속하는 스위스는 단순히 생존을 기반으로 만들어진 나라다. 8백 년 전, 스위스는 서로 다른 방언을 사용하는 여러 주로 구성되어 있었다. 하지만 스위스 사람들은 오스트리아 침략군과 싸우기 위해 통합하고 연합을 이루어야 했다. 그렇게 해서 오직 생존 욕구를 기반으로 한 스위스 문화가 생겨났다. 오늘날 스위스는 군대가 필요 없는데도, 모든 시민이 군인이며 필요할 때 싸울 준비가 되어 있다. 그들 모두는 군복을 가지고 있고, 무기를 다루는 방법을 잘 알고 있다. '우리는 두 번 다시 침략당하지 않을 것이다'라는 슬로건이 스위스의 문화 코드다.

러시아 문화는 생존과 싸우기 위해 자연환경을 활용했다. 나폴레옹은 러시아를 침략하기 위해 50만 명의 대군을 이끌고 파리에서 모스크바로 진격했다. 그때 러시아는 어떻게 살아남았을까? 러시아인들은 식량과 나무를 모두 회수하면서 후퇴했다. 프랑스 군대는 러시아의 혹독한 환경에서 그리 오래 버티지 못했다. 결국 겨울 혹한에 익숙했던 러시아인들이 그 환경을 유리하게 이용했던 것이다. 직접 싸운 것이 아니라 자연이 알아서 싸우도록 내버려둔 것이 바로 러시아의 생존 문화였다.[11] 그들은 파충류 뇌가 승리하도록 내버려둔 것이다.

규칙에 주목하라

생존 지수 최상위 문화는 생존을 위해 매우 많은 노력을 한다. 예를 들어 싱가포르는 교육 수준이 매우 높다. 이곳에서는 높은 교육 수준을 따라가지 못하면 좋은 성적을 받기 어렵다. 일본에서는 신문을 읽기 위해 매우 많은 어휘를 배워야 한다. 이는 18세까지 꾸준히 공부해야 가능한 일이다.

이와 같이 생존에 가장 좋은 문화는 많은 노력을 기울인다. 그런 문화는 억압적이고 엄격할 것이라고 생각되지만 사실 규칙이 명확하고 사람들이 존중을 받는다. 규율이 없다면 생존도 불가능하다. 이런 문화가 성공한 데는 타당한 이유가 있다. 사람들이 선호하는 생활방식을 제공하지 않을 수는 있지만, 사람들이 생존하도록 돕는 데는 능숙하다.

생존은 규율, 학습, 그리고 위험에 노출되어 있는 상황 등과 어느 정도 관련이 있다. 변화시킬 수 있는 것은 대상이 아니라 생존 훈련이다. 도둑고양이와 집고양이의 차이를 보면, 둘 다 고양이지만 생존 훈련이 완전히 다르다.

어떤 아프리카 부족에서는 소년이 12세가 되면 아무것도 걸치지 않고 알몸을 하얗게 칠한 채 창 하나만 들려서 야생으로 보낸다. 몸에서 그 하얀색이 모두 씻겨 없어지면 소년은 부족으로 돌아갈 수 있다. 소년이 안락한 부족에서 떨어져 혼자 생존하는 법을 배워야 하고, 부족으로 돌아가면 더 이상 소년이 아니라 남자가 된다는 것이다.

사람들에게 배우는 법을 가르치는 문화는 극히 드물다. 대부분의 문화에서는 사람들에게 무엇을 배워야 하는지를 가르치고, 어떻게 배워야 하는지를 가르치지 않는다. 호기심과 비평과 심지어 반발심까지 불러일으키면서 배우는 것을 좋아하게 만드는 문화는 사람들의 상향 이동에 도움을 줄 것이다. 이는 규율과 어긋나는 것이 아니라 규율에 따르는 일이다. 사람들은 문화의 규칙을 해석하는 법을 익혀야 한다.

한 예수회 학교에서는 규칙이 너무 엄격해서 말하는 것조차 금지되어 있기 때문에, 학생들은 무엇을 잘못했는지 듣지도 못한 채 꾸지람을 듣는다. 이처럼 우리는 숨은 뜻을 파악하고 문화의 규칙을 해석하는 법을 배워야 한다. 이러한 배움은 우리가 생존하는 데 도움이 된다.

문화는 저마다 고유의 학습 코드를 가지고 있다. 프랑스인들은 비평론을 통해 배우고, 필경사 전통이 있는 중국은 모방을 통해 배우며, 미국인들은 실수를 통해 배운다. 미국인들은 설명서를 거의 읽지 않고 행동으로 먼저 옮긴다. 그러다 실수하면 화를 내고(감정을 표현하고) 난 뒤 그 실수에서 교훈을 얻는다. 앞서 언급했듯이, 경험에서 생기는 감정은 우리의 기억에 머물기 때문에 실수는 좋은 학습 방법이다. 이런 이유로 미국에서는 항상 다시 한번 기회를 얻을 수 있다. 즉, 어려움을 겪고 나면 더 강해진다는 뜻이다.

우리는 주머니가 아니라 뇌에 채워지는 모든 정보들을 통해 풍요로워진다. 예를 들어 자신의 문화적 환경에서 가능한 많은 정보를 먼저 인식하고 흡수하는 것이 매우 중요하다. 이런 지식은 생존에 도움이 되기 때문이다. 문화가 생존 도구라면 그것이 도움이 되는지 알아보아야 한다.

비둘기가 버튼을 쪼아댈 때마다 먹이를 주는 일을 매일 반복함으로써 비둘기는 훈련된다. 하지만 불규칙적으로 먹이를 준다면 비둘기는 한 다리로 서서 절뚝거리거나 날개를 두 번 펄럭이거나 하는 등 맹목적인 행동을 재빨리 취한다. 따라서 규칙은 명확하고 일관성이 있어야 한다.[12] 하지만 캔자스에 머물면 이런 교훈을 전혀 배울 수가 없다. 안전한 곳을 벗어나 탐험을 하기 위해 오즈의 나라로 모험을 떠날 정도가 되어야 한다. 그리고 프랑스에서는 단돈 5센트로 세계 여행을 할 수 있다는 말이 있다. 아무도 여행자를 막을 수 없다는 뜻이다. 그런 식으로 생존을 위해 자립하고 다른 문화의 규칙을 이해하는 방법을 배움으로써 어른이 된다. 정보는 늘 유용하기 때문이다.

생존 지수

이 장에서 맨 처음에 제시한 표는 사람들을 상향 이동이나 하향 이동으로 이끄는 문화에서 생존에 관해 알아낸 정보이며, 양적 특징의 이면에 있는 질적 특징을 총망라한 것이다. 이런 질적 특징을 생존 지수로 수치화하기 위해 건강 및 교육 지출을 활용했다. 이 두 가지 변수는 사회 이동과의 상관관계가 매우 높기 때문이다. 또한 그 문화에서 사람들의 생존을 돕는 양적 요소가 무엇인지를 판단하기 위해 영국의 경제 전문지 〈이코노미스트Economist〉가 제시한 '태어나고 싶은 나라 지수Where to be Born Index'를 참고했다. 이것은 특히 범죄, 공공기관의 신뢰도, 기후, 재산 등을 고려한 최근의 지수로, 주관적인 복지와 가장 밀접하게 연관된 변수다.

그렇다면 어떤 나라가 생존하기에 좋을까? 다음 도표는 71개국의 생존 지수를 나타낸 것이다.

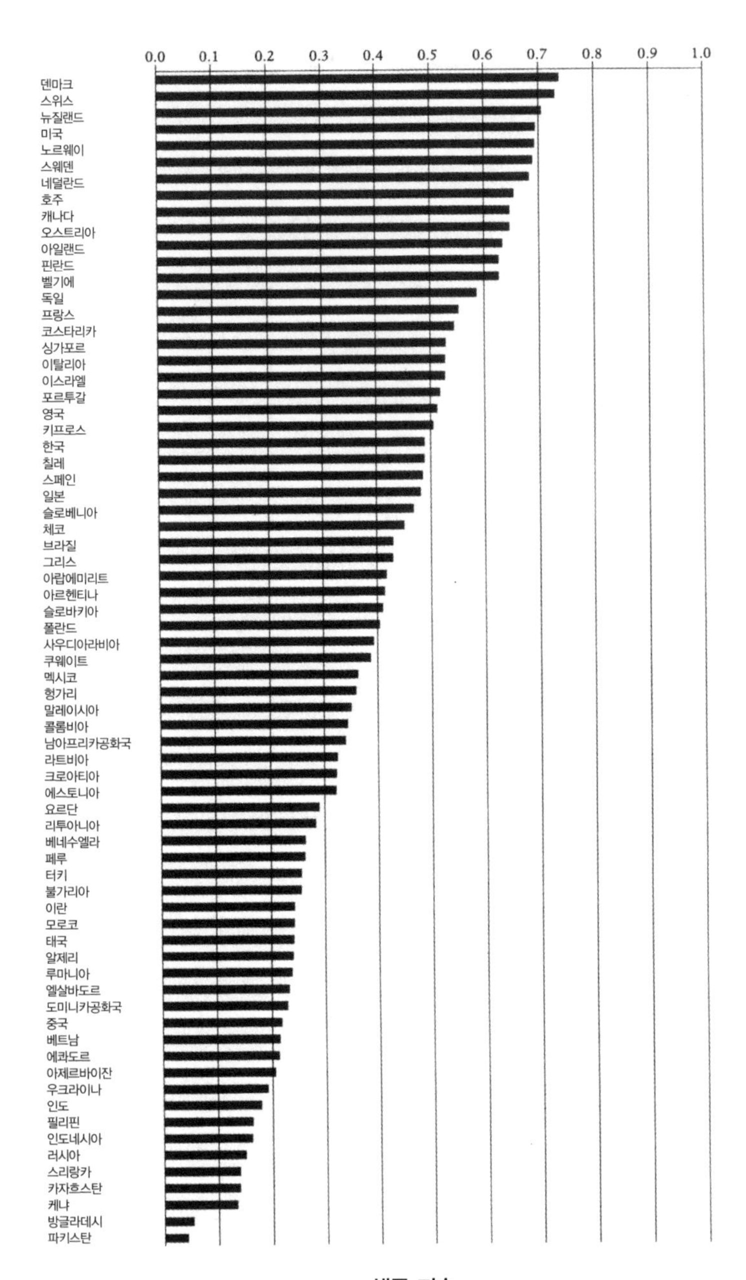
0.0
0.1
0.2
0.3
0.4
0.5
0.6
0.7
0.8
0.9
1.0
덴마크
스위스
뉴질랜드
미국
노르웨이
스웨덴
네덜란드
호주
캐나다
오스트리아
아일랜드
핀란드
벨기에
독일
프랑스
코스타리카
싱가포르
이탈리아
이스라엘
포르투갈
영국
키프로스
한국
칠레
스페인
일본
슬로베니아
체코
브라질
그리스
아랍에미리트
아르헨티나
슬로바키아
폴란드
사우디아라비아
쿠웨이트
멕시코
헝가리
말레이시아
콜롬비아
남아프리카공화국
라트비아
크로아티아
에스토니아
요르단
리투아니아
베네수엘라
페루
터키
불가리아
이란
모로코
태국
알제리
루마니아
엘살바도르
도미니카공화국
중국
베트남
에콰도르
아제르바이잔
우크라이나
인도
필리핀
인도네시아
러시아
스리랑카
카자흐스탄
케냐
방글라데시
파키스탄

생존 지수

9 성

메건은 리처드와 장밋빛 미래를 펼칠 수 있으리라고 생각했다. 하지만 메건은 성적 욕구가 앞서는 바람에 리처드를 배신했고 결국 그 장밋빛 미래는 깨지고 말았다. 리처드가 메건의 본능적인 성적 욕구를 알아차렸다면 결과는 달라졌을까? 아니면 두 사람이 프랑스에 함께 있었다면 상황은 달라졌을까? 두 사람이 파키스탄이나 사우디아라비아에 살고 있었고, 그곳 사람들이 리처드를 배신한 메건의 소문을 들었다면 어떻게 되었을까? 반대로 리처드가 메건을 배신했다면 어떻게 되었을까? 정절에 대해 다른 반응을 보이는 문화였다면 이들의 관계는 발전할 수 있었을까? 결국 메건의 파충류 뇌의 욕구는 브래들리와의 하룻밤 잠자리로 표출되고 말았다.

상향 이동을 원한다면 파충류 뇌의 차원에서 두 가지 관점으로 성을 이해해야 한다. 하나는 자손 번식과 유희를 목적으로 섹스하는 인

성	
하향 이동	→ 상향 이동
쾌락은 죄악이다	쾌락은 쾌락일 뿐이다
성을 금기시한다	성을 금기시하지 않는다
순결을 신성시한다	순결은 중요하지 않다
학교에서 성교육을 하지 않는다	학교에서 성교육을 한다
여자들이 자신의 몸을 마음대로 할 자유가 없다	여자들이 자신의 몸을 마음대로 할 자유가 있다
피임을 금지한다	피임을 권장한다
성생활이 종교에 크게 영향을 받는다	성생활이 개인의 자유로운 선택에 달려 있다
여성 성기 절제가 널리 성행한다	여성 성기 절제가 금지된다
성매매 종사자들이 무례한 대우를 받는다	성매매 종사자들이 존중받는다
다른 성적 취향을 가진 사람들을 사회적으로 차별 대우한다	다른 성적 취향을 가진 사람들을 사회가 포용한다
동성애가 큰 문제가 된다	동성애가 문제되지 않는다
가족 개념이 융통성 없고 폐쇄적이다	가족 개념이 융통성 있고 개방적이다
남자들이 가족의 의사 결정에 큰 권한을 갖는다	부부가 가족의 의사 결정에 똑같은 권한을 갖는다
중매결혼을 한다	배우자를 스스로 선택해서 결혼한다
이혼에 관한 사회적 장애가 많다	이혼에 관한 사회적 장애가 없다
부모 중 한 명만 일한다	부모 모두 일할 권리가 있다

남자만 학교에 가서 원하는 공부를 할 수 있다	남녀 모두 학교에 가서 원하는 공부를 할 수 있다
직업 선택이 성별에 따라 다르다	성별에 상관없이 직업 선택을 한다
여자들의 옷차림이 자유롭지 않다	여자들의 옷차림이 자유롭다
여성 난혼을 못마땅하게 여긴다	여성 난혼을 남성 난혼과 똑같이 인식한다
간통을 엄격히 처벌하고 공공문제로 삼는다	간통은 부부간의 문제이고 사생활로 보호된다
여성의 권리를 존중하지 않는다	여성의 권리를 존중한다

간의 능력이고, 다른 하나는 남녀평등이다. 파충류 뇌의 욕구로 살펴보면 남자와 여자의 관계에서 가장 중요한 것은 섹스다. 간단히 말하면 섹스 없이는 자손이 생길 수 없다. 그리고 자손이 없다면 다음 세대로 아무것도 이어지지 않는다. 또한 섹스가 없으면 생물 논리적인 요소도 없다. 사람들이 섹스를 하는 주된 이유는 정확히 말해서, 종이 살아남을 수 있는 가장 근본적인 수단이기 때문이다.

파충류 뇌의 본능은 섹스를 어떻게 표현할까? 파충류 뇌의 본능으로 보면 세상의 여자들은 선택되고 싶어 하고 남자들은 거부되고 싶어 하지 않는다. 그것이 파충류 뇌의 코드다. 여자들은 선택되고 싶은데 선택되지 않을까 봐 두려워한다. 반면 남자들은 거부될까 봐 두려워한다. 이것은 미국의 졸업 댄스파티를 보면 가장 잘 이해할 수 있다. 여학생이 한 남학생에게 데이트 신청을 받으려고 서성거리지만, 그 남학생은 너무 숫기가 없는 데다 거절당할까 봐 꿈꾸던 여학생에게 데이트 신청을 못한다. 어떤 문화에서는 여자아이들에게 성년 파티를 해주면서 어엿한 사회인이 되도록 장려한다. 신데렐라는 멋진 왕자가 나타나 의붓 자매들이 아닌 자기를 선택해 주기를 바라면서 기다렸다. 그런 식으로 여자들은 기다리는 성향을 갖고 있다. 이것이 여자들의 생물학적 특성이다. 난자는 기다리지만 정자는 이동한다. 하지만 이런 성향을 바꾸려는 문화들도 있다.

섹스에 관심을 갖기 시작하면 파충류 뇌, 변연계, 대뇌피질은 어떻게 반응할까? 한 무리의 젊은이들이 3일 동안 빛이 없는 동굴에서 지내는 실험을 했다. 그들은 재빨리 짝을 지어 섹스를 하며 시간을 보냈다. 그들은 파충류 뇌의 욕구에 지배되었다. 걱정도 없었고 판단도 하지 않았고 그저 현재만 생각하며 섹스를 하고 지냈을 뿐이다. 두 번째 집단으로 똑같은 실험을 했는데 이번에는 둘째 날에 빛이 있는 동굴에서 지내는 조건이었다. 그 결과 짝을 이룬 사람들은 몇 명뿐이었다. 세 번째 집단의 실험에서는 3일 동안 빛이 있는 동굴에서 지내고, 또 참가자들은 실험하기 전 6개월 동안 규칙적으로 만난 사이였다. 참가자들은 아무도 섹스를 하지 않았다. 그들에게는 장기적으로 생각하는 대뇌피질이 작용했던 것이다. 그들은 시간을 두고 생각하고 서로를 알아가면서 사귈지를 판단했다.

파충류 뇌는 섹스에 관해 생각하라고 요구한다.[1] 이는 자손 번식뿐 아니라 생존과 성공의 기회를 높일 수 있는 적절한 짝을 찾는 데 도움이 된다. 남자와 여자는 짝을 선택할 때 큰 차이를 보인다. 진화심리학에서는 남자가 젊고 매력적인 가임 여성들을 찾는 경향이 있고,

여자는 강하고 나이 많고 지략 있는 남자를 찾는 경향이 있다는 사실을 입증했다.[2]

섹스를 함으로써 생기는 정서적 유대감 또한 생존에 중요한 역할을 한다. 정서적 유대감이 큰 커플은 안정적인 가정을 꾸릴 가능성이 높다. 이렇듯 생존에 매우 유익한 섹스가 자손 번식의 목적을 넘어서서 즐겁고 신나는 활동이라는 사실도 놀랍지 않다. 이런 이유로 임신을 원하는 부부가 의사에게 특정한 상황과 시간에 섹스하라는 처방을 받는다면 섹스는 따분하고 고통스러울 수 있다. 또한 즐겁지 않은 쾌락은 상실감을 초래한다. 섹스는 자손 번식과 쾌락 이상의 의미가 있다. 섹스에서 중요한 것은 유대감 형성이다. 상대에게 허락하고 또 허락받아야 하는 일이기 때문이다. 그래서 섹스는 복잡하다.[3]

자손 번식의 관점에서 볼 때 섹스는 자식 낳기, 가족계획, 유희 등을 의미한다. 이 모든 것이 유대감을 형성하는 일과 관련이 있다. 하지만 가장 원초적인 본능인 섹스가 사람들의 성장과 이동을 막을 때는 위험할 수도 있다. 원치 않는 임신부터 성행위로 인한 감염에 이르기까지 위험 요소를 안고 있다.

인간이 유전적으로 자손을 낳고 섹스를 즐기도록 프로그램되어 있다 하더라도, 그 본능적 욕구를 인식하는 논리가 없다면 때로는 생물학적 특성이 우리의 상향 이동을 억제한다. 어린 나이에 자발적이든 우연히 그렇게 되었든 가족을 이루었다면 상향 이동의 기회를 얻지 못할 수 있다. 10대 미혼모의 일상을 다룬 육아 리얼리티 쇼 〈틴맘Teen Mom〉을 보면, 자식을 키우기로 한 미국의 10대 여자들은 고등학교를 마치고 직장을 구하고 건전한 인간관계를 맺으면서 아기에게 안정적인 환경을 마련해 주려고 애쓴다.

그러면 자손 번식의 성공률을 높이는 요인은 무엇일까? 그 해답은 생물학적 특성과 문화의 결합에 있다. 문화는 협력, 공감, 소속감, 정보 공유, 서로 연결되어 있는 역할 등에 기반을 둔 생물학적 전략이다. 문화는 사람들을 서로 연결시키는 데 필요한 새롭고 더 좋은 방식으로 생겨난 것이다. 성공한 문화는 삶과 죽음을 가르는 긴장 사이에서 끊임없이 이동하는 문화이다. 죽음은 아래로 향하고 삶은 위로 향한다. 에로스와 타나토스, 즉 삶과 죽음 사이에는 끊임없이 긴장이 흐른다. 그리고 지금까지도 그렇게 흘러왔다.

제레드 다이아몬드는 자신의 책《섹스의 진화 *Why Is Sex Fun?*》에서 개가 인간의 섹스를 다음과 같이 인식할 것이라고 상상한다.

> 저 혐오스러운 인간들은 아무 때나 섹스를 하더군. 바버라는 생리 직후라 임신할 수 없는데도 섹스를 요구한단 말이야. 존은 늘 섹스를 하고 싶어 하지. 하지만 아이를 만드는 일은 안중에도 없어. 그런데 정말 역겨운 얘기 한번 들어볼래? 저 부부는 아내가 임신 중에도 섹스를 하다는 거야. 더 놀라운 사실은 존의 부모가 찾아왔을 때야. 그 노인네들도 섹스를 하는 것 같더라고. 존의 엄마는 폐경이 된 지 수년이 지났을 텐데도 말이야. 더 이상 아이를 가질 수 없는데도 계속 섹스를 하다니, 정말 소용없는 짓이야. 그런데 정말 이상한 건 이거야. 바버라와 존도 그렇고, 그 노인네들도 방문을 닫고 은밀히 섹스를 하더군. 우리처럼 자존심 있는 개라면 친구들 앞

에서 떳떳하게 섹스할 텐데 말이야.[4]

라틴아메리카, 중동, 미국 등 많은 나라에서 섹스를 일반적으로 금기시한다. 프랑스나 독일에서는 10대 자녀들과 자연스럽게 섹스에 대해 이야기를 나누기도 하지만, 미국의 가정에서는 대부분 그런 주제가 식탁에서 거론되면 불쾌하게 여길 수 있다.

파충류 뇌의 본능은 우리에게 섹스를 하라고 지시한다. 섹스란 즐거운 것이고, 세계 어느 나라 사람이든 그렇게 여긴다. 섹스는 인간의 생물학적 본능이고, 그 본능을 다스리거나 표현하는 방식을 결정하는 것이 문화다. 문화는 본능을 인정하거나 또는 본능을 따르지 않는 척할 수 있지만, 결국 파충류 뇌가 승리하기 때문에 그 본능은 표출되게 마련이다.

파충류 뇌의 욕구는 인터넷과 스마트폰의 애플리케이션을 통해서도 표현된다. 대부분의 나라에서 불법으로 간주하는 성매매는 인터넷을 통해 들키지 않고 본능적 욕구를 충족하는 방법을 제공한다. 심지어 포르노 웹사이트가 성매매 시장의 일부를 차지하고 있다. 고객들이 서비스 품질에 관한 평가를 읽을 수 있고, 성매매업 종사자들은 어떤 고객을 피해야 하는지 더 잘 알기 때문에 매춘 알선업자들이 점점 사라지고 있다. 성 지수 10위 안에 드는 독일처럼 성매매가 합법적인 나라에서는 피해가 발생했을 때 매춘부와 고객 둘 다 경찰서로 간다. 고객을 처벌하는 나라들과 대조적이다.[5]

이란에서는 커플들이 결혼하지 않고 섹스를 할 수 있는 틈을 노리고 있다. 이란 정부는 집 안에서 무슨 일이 일어나는지를 일일이 통제할 수 없기 때문에 사람들의 섹스를 막을 수 없다. 이란의 의회 연구소에서는 미혼 여성의 80퍼센트가 남자 친구가 있다고 보고했다. 그 때문에 시아파 교도의 전통이었던 시게라는 임시 결혼제도를 채택하자는 사람들도 있다.[6]

남녀의 생물학적 차이와 평등의 중요성

"분명 그는 아주 뛰어나지만 진저 로저스는 하이힐을 신고도
그가 한 모든 것을 다 했다는 사실을 잊지 마시오."

밥 타베스[7]

우리는 보통 어리석게도 남자와 여자가 동등하다고 말한다. 하지만 생물학적으로 보면 남자와 여자는 결코 동등하지 않다. 남자와 여자는 서로 다르다. 상호보완이 될 수는 있지만 똑같지는 않다. 물론 인간은 동등한 권리와 동등한 기회를 가져야 하지만 남자와 여자는 다르기 때문에 똑같다고 말하는 것은 잘못이다.[8]

세계 곳곳의 여성 중역들을 연구한 결과, 큰 성공을 이룬 여성 전문직 종사자들에게서 공통점을 찾아냈다. 그녀들은 남자처럼 행동하고 남자보다 더 강해야 한다고 생각한다. 약한 모습을 보일 틈이 없다는 것이다. 그리고 감정 변화가 심하거나 감정적으로 보이는 행동은 금기시하고 있다. 그것은 여성들이 본래 가지고 있는 주기적인

생활 유형과 전혀 맞지 않다. 기업 환경에 정상적으로 맞추려면 여자로서는 비정상적인 삶을 살아야 한다. 그리고 이 문제는 오늘날 비즈니스 세계가 겪고 있는 위기 중 하나다. 여자를 여자답지 못하게 하고 남자다움을 과시하는 문화 구조 때문이다.[9]

우리는 파충류 뇌의 욕구를 존중해야 한다. 하지만 남자와 여자는 서로 다른 파충류 뇌의 본성을 갖고 있다. 남편은 아내를 항상 이해할 수는 없고, 또 그럴 필요도 없다. 다만 아내를 사랑해야 하고 아내도 남편을 사랑해야 한다. 남녀 관계에서 가장 염두에 두어야 할 점은 서로의 끌림, 성적 욕구, 자손 번식의 보장 등 파충류 뇌의 욕구가 하는 역할이다. 파충류 뇌의 욕구가 가장 중요하고, 그다음이 변연계 기능(사랑, 미루기 등)이며, 마지막으로 대뇌피질의 기능(이해하기, 장기간의 계획 등)의 순서다. 남자와 여자는 서로를 파악하고 구별하고 통제하려고 할 때 큰 실수를 범한다.

어떤 문화에서는 남녀가 서로를 이해하려고 하지 않지만 또 다른 문화에서는 서로를 이해하려고 한다. 미국은 파충류 뇌의 욕구가 강한 남성 중심의 문화다. 그들은 달을 밟을 수는 있을지 몰라도 확실히 여자를 이해하지 못한다. 심지어 노력하고 있다고 말할 때조차 여자를 이해하지 못한다. 여자들이 자신의 감정을 남자에게 전달하고 이해시키려고 해보지만 남자들은 일요일 밤에 한 손에는 맥주, 다른 손에는 리모컨을 쥐고 미식축구를 시청하고 싶을 뿐이다. 여자들은 이런 문화를 좋아하지 않는다. 그리고 이런 문화에서는 남녀 간의 소통이 아주 어렵다.

남녀평등 문제는 최근 수십 년간 중요한 쟁점이었다. 남녀평등을 둘러싼 담론은 사회적으로 남자와 여자를 더 잘 이해하기 위한 근본적인 사항이 되었다. 분명 남자와 여자는 생물학적 차이가 있지만 질적인 측면보다 양적인 측면에서 차이가 더 크다. 하지만 문화의 이동성 관점에서 성을 볼 때는 남녀평등을 중요시해야 한다. 남녀의 권리를 무시하는 것은 재능과 기술의 손실을 의미한다. 앞서 언급했듯이, 생물학적 특성은 인간의 서로 다른 차이점, 특히 남자와 여자의 차이점을 나타내는 데 중요한 역할을 한다. 하지만 기회와 선택에 있어서 남녀평등은 아주 중요한 일이다.

성 지수에서 스웨덴이 1위를 차지했고, 다른 북유럽 국가들도 상위권에 오른 것은 결코 놀랄 일이 아니다. 일반적으로 북유럽 국가들, 특히 스웨덴은 여자들을 위해 아주 폭넓은 정책을 펼쳤다. 40년 전, 스웨덴 정부는 육아 휴직 정책을 폈다. 오늘날 스웨덴 부모들은 480일 동안 유급 휴직을 가지는데, 그중 최소 60일은 남성과 여성이 각각 의무적으로 사용해야 한다. 2012년에 남자들은 24퍼센트 정도 육아 휴직을 이용했다(육아 휴직은 입양된 자녀들에게도 적용된다). 이런 정책은 남녀 차이를 좁히는 데 크게 기여할 뿐 아니라 여성의 사회생활을 촉진한다. 어느 유명한 의사이자 연구원이 우리와 함께 저녁을 먹으면서 자신이 하는 모든 일에 관해 이야기한 적이 있다. 그는 연구를 하고 강의를 하고 신경외과 의사로 일하며 자식들과 놀아주려고 애쓰고 있었다. 어떻게 그런 일들을 모두 해낼 수 있느냐고 묻자 그의 아내가 재빨리 이렇게 대답했다. "물론 남편에게는 아내가 있기 때문이죠." 육아 휴직은 여성이 사회생활을 할 수 있도록 공평한 경쟁의 장을 마련해 주는 것이다. 남편이 잠시 동안 육아 휴직을 얻으면 아내는 직장이냐 가정이냐 둘 중 하나를 선택하기 위해 고민할 필요 없이 편하게 직장에 다닐 수 있다.

유리잔 절반이 낭비되다

인간이 생존하기 위해서는 이 지구상에서 남녀가 똑같은 비율로 있어야 한다. 그러므로 인구의 절반인 여자들의 능력을 제한하는 것은 이치에 맞지 않는 일이다. 생물학적 특성이 여자들에게 동등한 기회를 주지 않는 이유가 될 수 없다. 여성을 제대로 활용하지 못하는 문화는 사회 이동이 전혀 이루어지지 않는다.[10]

이슬람 국가 카타르는 실제로 사회의 여성 통합을 향상하기 위해 많은 노력을 기울이고 있다. 여성들에게 수준 높은 교육을 제공하려는 거대한 변화가 일어나고 있다. 대학생들은 대부분 여성이다(이런 현상도 좋지 않다. 남자들은 무엇을 하고 있을까). 여전히 여성들을 사회로 통합시키지 못하고 있는 이웃 나라들과 비교해 볼 때 이것은 큰 의미가 있는 일이다. 카타르의 급진적인 변화의 생생한 사례로 셰이카 모자를 들 수 있다. 그녀는 교육도시재단의 대표로 9시에 출근하고 5시에 퇴근하는, 직장을 가진 유일한 왕족이다.

2012년 런던 올림픽 때, 국제올림픽위원회는 여자 운동선수가 없는 사우디아라비아를 올림픽에 참여시키지 않으려고 했다. 마지막에 사우디아라비아는 2명의 여자를 대회에 참여시켰지만 그들은 사우디아라비아에서 살아본 적이 없는 사람들이었다. 사우디아라비아는 여자들이 공립학교에서 공식 스포츠를 하거나 국내 경기에 참여하는 것을 엄격히 금한다. 이런 제약은 코란을 그대로 해석하지 않고 특별하게 해석했기 때문이다.

사우디아라비아에서 여자들은 투표를 할 수 없고 심지어 성폭행을 당하면 법정에서 형을 선고받을 수도 있다. 19세의 한 소녀가 카티프에서 7명의 남자들에게 성폭행을 당한 일이 있다. 그녀는 남편이 아닌 다른 남자와 차 안에 있었다는 이유로 채찍질 90번을 선고받았다.[11] 사우디아라비아의 판사들은 자유재량으로 판결을 내리기 때문에 판결은 그때그때 다르다. 메건이 사우디아라비아에 살았다면 어떻게 되었을까?

마날 알 샤리프는 여성의 자동차 운전이 금지된 사우디아라비아에서 감히 운전을 시도한 여성이다. 그녀는 사우디아라비아에서 자동차를 운전하는 모습을 비디오로 찍어 올린 일로 체포되었다. 그리고 두 번 다시 운전을 하지 않겠다고 서약하고 나서야 보석으로 풀려났다. 자동차 운전을 금지하기 때문에 여성들은 독립적인 생활을 하기 어렵다. 여자들이 여행을 하거나 병원에 갈 때마다 남자 보호자의 허락을 받아야 한다. 사우디아라비아는 성 지수에서 최하위에 속하고, 다른 지수에서도 대부분 낮은 점수를 받았다.[12]

전 세계에서 이런 여성 차별이 이루어진다면 인적 자본의 끔찍한 손실을 초래한다. 세계 인구의 절반이 넘는 여성의 능력을 남성의 낡은 기준으로 판단하는 것은 말할 필요도 없이 잠재적 낭비다.

다시 말하지만 인구의 절반이 여성이다. 사회의 모든 구성원을 평등하게 대우하지 못하면 재능과 기회의 낭비가 초래된다. 일반적으로 같은 인간을 차별하는 일은 인권의 문제를 제쳐두더라도 퇴보하는 일이다. 남녀평등은 사회 이동성을 높이기 위한 필수 조건이다. 동등한 고용 기회, 정치와 고위직의 여성 참여 증가, 여성의 선거권 부여, 남녀 육아 수당의 공평한 대우, 남녀 간의 직업 영역 확대 등의 정책은 모두 상향 이동의 기회를 높이려는 문화의 성향이다. 그런데 인구 절반의 능력을 제한하고 있다면 어떻게 해야 한단 말인가?

인도는 성 지수가 최하위에서 세 번째로, 심각한 성차별 문제를 겪고 있다. 2012년 인도의 델리에서 일어난 잔인한 성폭행 사건은 사람들의 격노와 함께 공공 집회를 불러일으켰다. 여성들이 사법제도를 신뢰하지 않고, 또 사법제도의 권위가 위태롭다는 사실이 널리 알려지면서, 여성에 대한 범죄가 축소 보고되고 있다. 그래서 인도의 사법제도는 종종 범죄자들을 부추긴다고 비난받는다. 하지만 인도의 국가범죄통계국 발표에 따르면 보고된 강간 사건이 2013년에만 3만 3,707건이었다.

인도는 관련 조치를 취하면서 여성에게 권한을 주려고 노력하고 있다. 1993년 인도의 헌법이 영향력 있는 결정에 상당한 권한을 지닌 마을 의회의 지도자 프라난pradhans의 3분의 1을 여성으로 구성한다고 명시함으로써 변화를 시도했다. 더욱이 그 구성원을 무작위로 선출했기 때문에 제대로 된 평가가 이루어질 수 있었다. 여성 지도자들이 정책 결정을 할 때 여성의 우선권이 더 잘 반영된다는 사실이 입증되었다. 서벵골 주의 한 지역사회 여성들은 다른 문제보다 식수와 도로에 더욱 관심이 많았다. 그래서 여성 지도자가 있는 마을은 남성 지도자가 있는 마을보다 급수 시설이 더 많아지고 도로가 개선되었다.[13] 이로써 남자들이 모든 여자들의 이익을 효과적으로 대변할 수 있다고 생각하는 사람들이 틀렸다는 사실이 입증된 셈이다.

하이힐 문화와 수염 문화

모든 문화는 남성적인 특성과 여성적인 특성을 모두 가지고 있으므로, 두 특성을 다 이해해야 한다. 여성적인 측면은 내부의 중요한 요소들을 하나로 모아 생명을 만들어내는 통합과 관련이 있다. 남성적인 측면은 외부의 중요한 요소를 가지고 생명을 만들어내는 분리와 관련이 있다. 여자는 사물을 묘사할 때 남자보다 말을 훨씬 많이 하고, 의사 결정을 할 때 여러 가지 문제점을 고려하면서 포용과 소통으로 사안을 결정한다. 남자들은 직접적으로 표현하지만, 여자들은 관련 없어 보이는 세부 사항까지 중요하게 고려한다.

통합적인 환경을 자랑하는 브라질 문화는 상당히 여성적인 특성을 가지고 있다. 브라질은 인종이 통합되어 있는 나라다. 고유의 토착민을 비롯해, 스페인, 포르투갈, 아프리카 등 여러 인종들이 섞여 있다(스스로 인종의 도가니라고 한다). 요컨대 그들은 생존 경쟁에서 더 좋은 기회를 가지기 위한 생물학적 노력으로 생겨난 혼성체다. 브라질 음식에도 이런 경향이 반영되어 있다. 페이조아다feijoada라는 브라질의 대표 음식은 모든 종류의 재료들을 섞어서 만든 요리다. 손님이 더 늘어나면 그냥 거기에 물을 타서 모든 사람들이 먹는다.

세상의 모든 여자들은 생명을 만들어낼 책임을 가지고 있기 때문에 남자보다 더 깨끗하다. 여자들은 정성껏 생명을 보살피는 아주 특별한 능력을 가지고 있다. 다른 나라보다 더 여성적인 문화를 가진 만큼 브라질 사람들은 더 깨끗하다. 그들은 "우리는 가난할지 몰라도 청결하다"고 말하곤 한다. 청결은 또 청결을 불러오므로, 이는 파충류 뇌의 욕구일 뿐만 아니라 여성적인 욕구다. 여자들은 모든 것이 순조로운지, 길러야 할 자식들을 위해 위험을 감수하고 있는지 확인해야 한다. 브라질에서 '여전사'라는 뜻의 '물레르 게헤이라Mulher guerreira'는 모든 것이 깨끗한지 확인하고 아이들을 잘 키우고 거처할 집을 마련하기 위해 매일 투쟁하는 여성을 말한다. 즉, 여자에게 최종 결정권이 있다는 의미다. 브라질 여성의 무의식적인 파충류 뇌는 보존, 청결, 냄새 등에 관여한다. 브라질 사람들은 매우 힘든 상황에서도 늘 깨끗하다. 그들은 그런 행동 양식의 문화를 스스로 잘 이해하고 있기 때문이다.

브라질과 아르헨티나를 비교해 보면 매우 흥미로운 사실을 알 수 있는데, 바로 춤에서 차이를 보인다는 점이다. 아르헨티나에는 남성 주도형 춤 탱고가 있다. 탱고를 살펴보면 여자는 남자를 유혹하면서 그 주변을 맴돌지만 남자는 항상 여자를 유혹하거나 혹은 거부할 권한을 갖고 있다. 반면 브라질에는 여성 주도형 춤 삼바가 있다. 삼바는 남자가 여자의 주변을 맴돌면서 춤을 춘다. 라틴아메리카의 이 두 문화는 비슷한 점이 많으면서도 상당한 차이를 보인다.

여자를 즐겁게 하는 문화는 파충류 뇌의 욕구로 쾌락을 즐기면서 더 나아가 대뇌피질의 방식을 끌어들인다. 파리의 여자들은 권능을 부여받은 여자들이다. 그들은 패션 감각이 뛰어나고 쾌락을 즐기는 재능이 뛰어나기로 유명하다. 파리의 여자들은 어릴 때부터 소유하고 있는 것보다 그것으로 무엇을 하느냐가 중요하다고 배운다. 파리의 어떤 여자는 몇 개의 옷으로도 멋지게 변신할 수 있다. 아주 멋지게 보이려고 신용카드 한도를 넘어설 필요가 없다.

"힐러리 클린턴이 말하는 것을 들을 때마다
나는 무의식적으로 다리를 꼰다."

피터 칼슨[14]

힐러리 클린턴과 그녀의 옷장에 관해 이야기해 보자. 그녀는 왜 치마를 입지 않을까? 남성이 주도하는 정치 세계에서 여자로 성공할 수 없기 때문이다. 미국은 똑똑한 여성에게 쩔쩔매고 있다. 한편 섹시한 여자는 아름답고 멍청하므로 나무랄 데 없다고 여긴다. 하지만 미국 남자들이 똑똑한 여자를 아주 두려워한다는 점이 힐러리에게 불리한 조건 중 하나다. 그녀는 너무 똑똑하고 여성다움이 부족하기 때문이다. 하지만 미국은 힐러리가 너무 여성적이면 또한 불편해할 것이다.

일본에는 현실과 맞지 않는 고정관념이 있다. 일본 여자들이 순종적이라는 사실이다. 일본에서 많은 연구를 했던 우리는 일본 여자들이 파충류 뇌의 방식에서 모든 것을 책임지고 있다는 사실을 알아냈다. 일본 남자들은 주로 직장을 다니는데, 지하철로 2시간 걸려서 출근하기 때문에 그들이 집에 도착하면 지쳐서 수프 한 접시를 먹고 바로 잠자리에 든다. 일본 여자들은 돈, 집, 투자 등 모든 것을 관리한다. 그리고 부분적으로 경비, 건설 현장일, 대학 공부 등을 하기도 한다. 이런 모습은 순종적인 게이샤라는 판에 박힌 이미지와는 전혀 다르다. 하지만 문화의 한 부분을 들여다보면 또 다르다. 일본 여성은 결혼을 하면 직장에 다닐 수 없다. 결혼한 여자는 집이 자신의 영역이고 오로지 집안일만 책임질 수 있다.

이 장 맨 처음에 제시한 성에 관한 특징은 직장에 다니는 여성들을 집계하고 평가한 자료다. 더욱 평등한 사회는 여성의 노동력이 높은 비율을 차지할 것이다. 정치와 같은 강력한 지위에도 여성들이 참여해야 한다. 민주주의를 위해서도, 장점과 성과가 아닌 성차별로 제외되어서는 안 되기 때문이다.

가족계획과 모체의 건강은 성과 생식의 중요한 요소이며, 또한 성지수로 설명되어야 한다. 우리는 이 점에 대해 새로운 지수를 만들어 낼 필요가 없다. 유엔이 이런 모든 특징을 반영하는 성불평등지수Gender Inequality Index를 발표했기 때문이다. 다음 도표는 성불평등지수에 따라 나라별로 순위가 매긴 것이다.

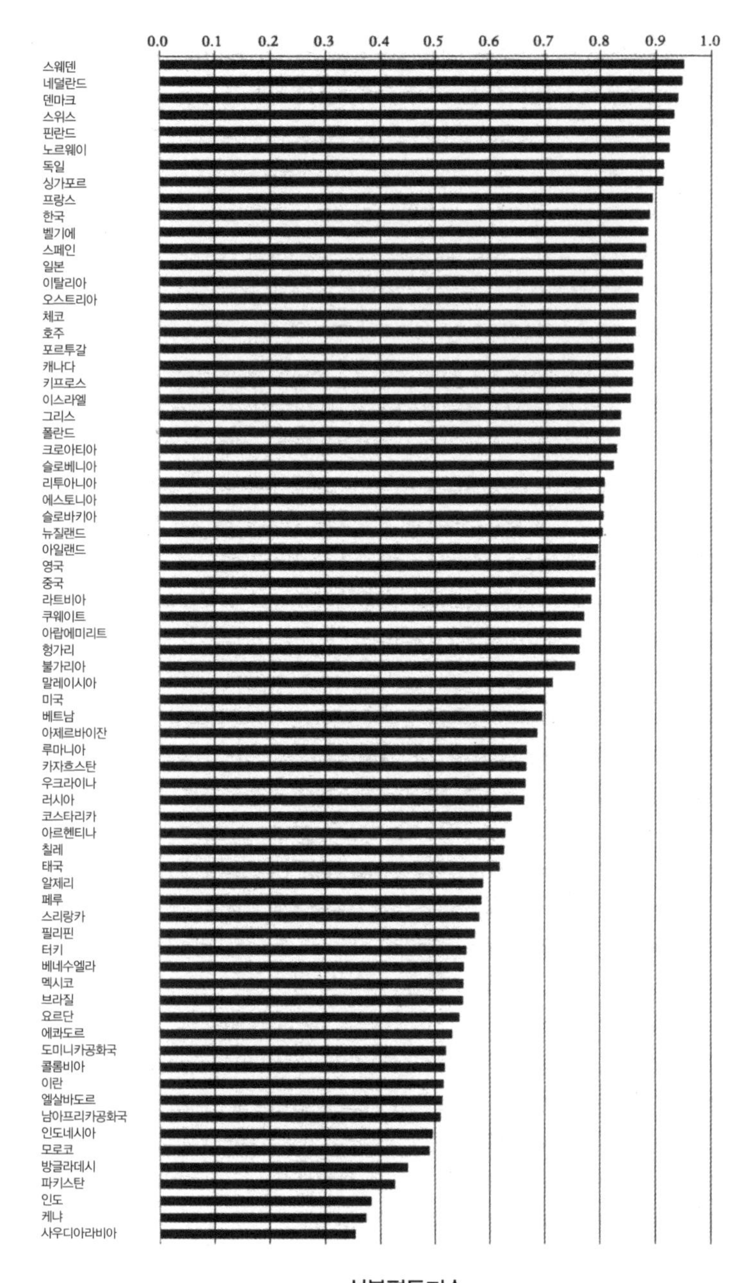
0.0
0.1
0.2
0.3
0.4
0.5
0.6
0.7
0.8
0.9
1.0
스웨덴
네덜란드
덴마크
스위스
핀란드
노르웨이
독일
싱가포르
프랑스
한국
벨기에
스페인
일본
이탈리아
오스트리아
체코
호주
포르투갈
캐나다
키프로스
이스라엘
그리스
폴란드
크로아티아
슬로베니아
리투아니아
에스토니아
슬로바키아
뉴질랜드
아일랜드
영국
중국
라트비아
쿠웨이트
아랍에미리트
헝가리
불가리아
말레이시아
미국
베트남
아제르바이잔
루마니아
카자흐스탄
우크라이나
러시아
코스타리카
아르헨티나
칠레
태국
알제리
페루
스리랑카
필리핀
터키
베네수엘라
멕시코
브라질
요르단
에콰도르
도미니카공화국
콜롬비아
이란
엘살바도르
남아프리카공화국
인도네시아
모로코
방글라데시
파키스탄
인도
케냐
사우디아라비아

성불평등지수

10 안전

"집이 최고다. 집이 최고다. 집이 최고다."

《오즈의 마법사》, 도로시의 주문

안전은 생존에 필수 요건인 만큼 상향 이동의 전제 조건이다. 우리는 연구를 통해 안전이라는 의미의 'safety'는 여성적인 개념이고, 보안이나 안보라는 의미의 'security'는 남성적인 개념이라는 사실을 알아냈다. 어떤 회사에 '안전 및 보안 부서'가 있다고 하면 완전히 다른 두 개념을 한꺼번에 사용하고 있는 것이다.

중국은 마오쩌둥 시대 이후에 급성장하기는 했지만 최근의 발전은 덩샤오핑의 개혁 정신 덕분이다. 중국은 아직 갈 길이 멀다. 이제 안전 지수 중위권을 차지하고 있지만, 재산권에 대한 모호한 법과 빈번한 공용 징수(특히 지방)가 없다면 안전 지수는 매우 높아질 것이다.

베이징 올림픽이 열렸을 때 많은 중국 사람들이 살던 집을 현대적인 사회 기반 시설에 내주었다. 집을 잃은 그들은 보상도 제대로 받

안전	
하향 이동 →	상향 이동
금지를 합법화하다	자유를 합법화하다
경멸과 불신의 문화	존중과 신뢰의 문화
공동의 위협에 직면했을 때 공동체의 힘이 약하다	공동의 위협에 직면했을 때 공동체의 힘이 강하다
사리사욕에 의한 정의	제도화된 정의
경찰 부패가 일반적이다	경찰 부패가 용인되지 않는다
사람들이 자연재해로 피해를 입을 위험이 높다	자연재해가 일어나면 공동체가 협력한다
위험 회피의 환경	위험을 감수하는 환경
정치인은 부패하다고 인식된다	정치인이 존경받는다
정부가 시장을 통제한다	정부가 자유시장을 허용한다
사람들이 제도를 신뢰하지 않는다	사람들이 제도를 신뢰한다
시민이 공적 정보에 투명하게 접근하지 못한다	시민이 공적 정보에 투명하게 접근한다
정부가 시민의 인권에 관심이 없다	정부가 모든 시민의 인권을 존중한다
기분 전환 약물의 금지	기분 전환 약물의 합법화 및 규정
범죄 조직을 성공의 방편으로 여긴다	범죄 조직을 사회악으로 여긴다
경찰이 사람들을 위협한다	경찰이 사람들에게 존경받는다
공용 징수가 흔히 일어난다	공용 징수가 용인되지 않는다
계약을 위반한다	계약을 충실히 지킨다

재산권이 명확하지 못하다	재산권이 명확하다
유괴범에 대한 처벌이 없다	유괴범이 정의의 심판을 받는다
처벌되지 않는 일이 흔하다	처벌되지 않는 일이 없다
가정 폭력을 용인한다	가정 폭력을 처벌한다
사람들이 경제적으로 독립할 기회가 전혀 없다	사람들이 경제적으로 독립할 기회가 있다
세금을 사회보장제도에 활용하지 못한다	세금을 사회보장제도에 효율적으로 활용한다

지 못했고, 정부는 새로운 보금자리로 옮겨 주겠다는 약속을 이행하지 않았다. 70대의 두 여자가 올림픽 때문에 잃어버린 집을 보상받으려고 베이징에 이의 신청을 냈다가 체포되었다. 결국 그들은 '노동을 통한 재교육' 선고를 받았다. 이는 중국에서 일어나는 많은 일들 중 하나일 뿐이므로 중국인들은 확실한 사법제도와 인권을 존중하는 법을 개선하기 위해 지속적으로 노력해야 한다.[1]

집이라는 안전의 상징

집이 최고다. 미국인들은 집이 세상에서 가장 안전하고 좋은 곳이라는 것을 잘 안다. 외출하고 돌아와 현관문을 닫고 따뜻한 음식이 차려진 집 안에 있으면 안전감을 느낀다. 안선safety은 모성에와 양육과 어머니의 보호를 묘사할 수 있는 여성적인 개념이다. 어머니는 자식을 먹여주고 보살펴주고 자식이 보호받고 있다고 느낄 수 있는 환경을 만들어준다. 그런 환경에서는 경계심을 풀고 편안한 마음으로 자유롭게 지낼 수 있다.

인간은 더 이상 통제받지 않을 때 안전함을 느끼는데, 그것이 어머니에게 받는 느낌과 같다. 어머니는 무조건 자식을 돌보고, 자식을 판단하려고 들지 않는다. 접대에 관해 살펴보면 이런 안전의 개념을 더 잘 이해할 수 있다. 호텔은 사람들이 집처럼 안전하다고 느낄 수 있도록 해야 한다. 종업원은 고객의 음료에 독을 타지 않을 것이고, 객실은 고객이 머무는 동안 자기만의 공간으로 마음대로 이용할 수 있다. 집의 정취를 느끼게 하는 데 향기도 빼놓을 수 없다. 이런 느낌을 활용하는 레스토랑은 더욱 성공하기 쉽다. 영화관에서 고소한 팝콘 냄새를 맡으면 널찍하고 편안한 의자에 앉아 영화를 보고 싶은 마음이 든다.

집과 안락함이라는 안전에 대한 개념은 문화마다 다르게 표현된다. 영국은 따뜻한 난로와 편안한 소파가 있는 작은 오두막 같은 집들로 유명하다. 〈해리 포터〉에 나오는 호그와트나 〈반지의 제왕〉에 등장하는 샤이어 등 영국의 집은 아늑하고 안전하다는 느낌이 든다.

미국 문화에서는 '집'의 개념이 주방을 중심으로 이루어져 있다. 미국의 멋진 집을 보면 주방이 한가운데 섬처럼 크게 차지하고 있고, 요리하는 어머니 주위로 사람들이 모여 앉을 수 있는 의자가 놓여 있다. 미국의 집은 음식을 중심으로 충만감이 느껴진다. 추수감사절에는 좋은 음식을 먹고 친한 사람들과 함께 지내면서 안전함을 느낀다. 미국 남부의 가정 요리는 할머니의 요리처럼 따뜻하고 포만감을 느낄 수 있는 푸짐한 음식으로 유명하다. 미국의 식품 브랜드 베티 크로커와 사라 리, 앤트 제미마는 모두 주방에서 맛있는 음식을 요리하는 어머니의 전형을 보여준다. 미국의 여성들은 가족에게 음식을 만들어주고 안전함과 만족감을 느끼게 해주는 주방의 여왕이 되고 싶어 한다.

집 현관문은 안전의 주요 상징이다. 우리는 사람들이 현관문에서 소리가 나게 하려고 심혈을 기울인다는 사실을 알게 되었다. 사람들은 문 닫히는 소리가 나지 않으면 불안해한다. 딸깍거리는 소리가 세 번 나야 완전히 닫혔다고 느낀다는 사실이 연구를 통해 밝혀졌다. 안전을 위해서는 딸깍거리는 소리가 세 번 나야 한다는 것이다. 그리고 사람들은 딸깍거리는 소리가 많이 날수록 더욱 안전하다고 여긴다. 문이 제대로 닫혔음을 알리는 신호이므로, 확인할 필요가 없기 때문이다.

집을 드나드는 수단은 문화마다 큰 차이를 보인다. 프랑스는 여러 차례 이웃 나라의 침략을 받았기 때문에 우선 높은 담을 쌓고 작은 창문과 튼튼한 문을 만들어 아무도 들어오지 못하게 한다. 미국인들은 불이 났을 때 집 안에 갇히는 것을 가장 두려워한다. 미국의 가정집은 대체로 돌로 만들어져 있지 않아서 쉽게 불이 붙기 때문에 재빨리 탈출하는 것이 급선무다. 그래서 미국인들의 집을 보면 문과 창문이 크고 현관문에는 밖을 내다볼 수 있는 유리창이 달려 있다. 아파트 건물 한쪽에는 위로 올라가는 비상계단이 있는데, 이곳으로 도둑이 쉽게 들어올 수도 있지만, 비상시 탈출하기 위해 만들어진 것이다. 캘리포니아에서는 화재가 났을 때 아이들이 갇히면 소방관이 창문을 깨고 들어가야 하므로 창문 앞에 물건을 두는 것을 금지하고 있다. 미국인들의 파충류 뇌의 욕구는 도둑이 들어와 귀중품을 훔쳐 가지 못하게 하는 일보다, 가족을 안전하게 밖으로 피신시키는 일을 더 중요하게 여긴다.

미국인들은 멕시코시티를 관광하면서 집을 둘러싸고 있는 높은 담장에 놀란다. 멕시코시티 사람들은 도둑이나 낯선 사람들, 그리고 일부 친구들까지 들어오지 못하도록 집 주변에 벽돌담을 쌓는다. 하지만 미국인들은 그런 곳에 살면 건물 안에 갇힌 느낌이 들어서 보호받는다기보다 세상과 고립되었다고 느낄 것이다. 하지만 멕시코 사람들한테는 정상으로 보인다. 벽돌담이 살아가면서 흔히 볼 수 있는 광경이기 때문이다.[2]

환영 좇기를 멈춰라

보안이나 안보의 의미인 'security'는 안전과 완전히 다른 준거 체계를 가진다. 안보는 국경을 지키고, 일상의 위험, 공격, 범죄 등으로부터 보호하는 행위를 나타내는 남성적인 개념이다. '국토 안보'는 적이 국경을 침입하지 못하게 하는 것을 말한다. 파충류 뇌의 관점에서 보면, 남자와 여자가 가정을 이루면, 여자의 의무는 집을 아이들에게 안전한 곳으로 만드는 일이고, 남자의 의무는 집을 외부의 침입으로부터 보호하는 곳으로 만드는 것이다. 다시 말해 여자는 가족의 보금자리를 안전하게 만들 책임이 있고, 남자는 그 안전한 곳에 아무도 들어오지 못하게 할 책임이 있다.

안보는 온갖 무장을 하거나 성벽을 세우는 등 침략자들이 내부로 들어오지 못하게 하는 모든 것을 의미한다. 중국이 몽골족의 침략을 막기 위해 만리장성을 쌓은 것이 바로 안보다. 나이트클럽에 가면 경비원들이 '안전'이 아니라 '보안'이라고 적힌 셔츠를 입고 있다. 그들의 의무는 달갑지 않은 사람들을 안전한 공간에 들어오지 못하게 하는 것이기 때문이다.

안보는 싸움을 방지하기 위해 충분한 힘을 축적하는 일에 중점을 둔다. 영화 〈베스트 키드The Karate Kid〉에서 미야기는 다니엘에게 싸울 필요가 없는 싸움의 기술을 가르친다. 이는 적이 두려워서 공격하지 못하도록 무기, 군인, 폭탄 등을 충분히 축적하는 것과 같다. 그래서 안보는 수량을 내세우는 남성적인 특성을 가진다. 즉, 파충류 뇌의 본성을 띠는 것이다.

하지만 안보는 또한 모순을 드러낸다. 냉전 시대에서 확인했듯이, 아주 많은 국가들이 엄청난 양의 무기를 축적함으로써 결국 교착상태에 빠졌다. 이런 경우 대규모의 죽음을 피할 수는 있지만, 세상의 모든 핵무기도 미국의 9·11테러를 막지는 못했다. 그리고 많은 무기를 갖추지 않은 몇몇 극단주의자들로 인해 한 나라의 안보에 대한 개념이 완전히 바뀌었다. 안보와 안보문제화securitization에 관한 권위자로 유명한 배리 부잔은 "일반적으로 어떤 나라들은 자기들의 존재를 정당화하기 위해 특히 위협이 필요하다"고 주장했다.[3]

이 책의 목적을 위해, 외부의 위협이라는 안보 개념을 중심으로 생겨난 문화를 살펴보는 것은 흥미로운 일이다. 예를 들어 이스라엘은 1948년 국가를 재건하기가 굉장히 힘들었다. 이스라엘은 애초에 싸움이 끊이지 않았던 나라다. 이스라엘 사람들은 선택의 여지 없이 싸울 각오가 되어 있고, 또 서로 민족이 달라도 생존을 위해 끊임없이 싸울 준비가 되어 있다. 맞서야 할 위협이 갑자기 사라진다면 이스라엘의 상황이 완전히 달라질 것이다.

오늘날 안보는 급격히 변화되었다. 통계를 살펴보면 세계가 그리 안전했던 적은 없다. 하지만 매체는 사람들에게 '우리는 두려움의 시대에 살고 있고, 2백 년 전보다 지금이 더 안전하지 않다'고 광고한다.[4] 사실 두려움은 정치적 선전이다. 사회를 통합하기에 가장 좋은 것이 바로 공동의 적이기 때문이다. 히틀러는 유대인을 공동의 적으로 이용했고, 19세기 독일은 프랑스와 러시아를 공동의 적으로 이용했다. 이스라엘은 적으로 둘러싸여 있기 때문에 여전히 통합이 잘되고 있다. 그들은 파충류 뇌의 본성을 우선적으로 이용하고 있는 것이다.

인간은 좋아하는 것을 왜 좋아할까? 우리의 친구 에두아르드 푼셋은 이렇게 대답했다. "그 질문에 대한 대답은 간단하다. 의외이긴 하지만, 우리는 자신을 안전하게 해주는 것이라면 무엇이든 좋아한다."[5] 즉, 우리가 신뢰하는 사람들과 제도를 좋아한다는 말이다. '평화'와 '안보'는 인도유럽어 공통조어의 똑같은 어원에서 비롯되었고, 이 단어들에는 신뢰의 의미가 담겨 있다. 신뢰가 없다면 평화와 안보도 없고, 또 평화와 안보가 없으면 신뢰도 없다.

인간은 안전하다고 느껴야 한다. 정서적인 안정이 매우 중요하다. 나치 정권에서 유대인들이 매일 끝없는 두려움에 시달렸던 일을 상상해 보라. 또한 매일 직장으로 가는 길에 도둑맞을까 봐 계속 뒤돌아보거나, 폭력의 위협 때문에 술집이나 음식점에 갈 수 없다고 상상해 보라. '불안'을 의미하는 'angst'의 인도유럽어 어원은 '제약'을 의미하는 'angu'라는 말에서 비롯되었다. 어떤 일을 하지 못하도록 제한받는다는 말이다. 불안은 사고와 행동의 자유를 막는 장애다.

미국 정부는 9·11테러 이후 안보의 필요성을 인식했다. 공항의 안보는 이제 보편적인 일이 되었다. 사람들은 신발을 벗고 허리띠를 풀고 가끔은 몇 번씩이나 검색대를 통과해야 한다. 비용이 많이 드는 정책이더라도 이런 안보에 대한 열기 때문에 사람들은 안전하다고 느낀다. 보안 전문가 브루스 슈나이어에 따르면, 이 방법은 테러리스트를 잡는 데 별 효과가 없지만 분명 상황을 통제하고 있다는 느낌을 주기 때문에 국민들에게 더욱 안전감을 준다.[6]

테러 행위, 강도, 살해 같은 일차원적 두려움 외에 실직, 의료 문제, 허리케인으로 집을 잃을 위험, 파산 등의 두려움도 안전의 중요한 요소다. 병이 들거나 직장을 잃는 등 개인적 삶의 위기에 관한 두려움도 굉장히 크다. 그래서 사회보장제도가 중요하다. 북유럽 국가들은 사회보장제도가 잘되어 있다. 물론 그 나라들은 소득에 비해 엄청나게 높은 세금을 부과하지만 국민들은 위기가 닥치면 보호받고 보상받을 수 있다는 확신을 가지고 있기 때문에 편히 살아갈 수 있다.

스웨덴은 높은 세금을 부과하고 그 세금을 국민들의 생활수준을 높이는 데 적극 사용한다. 이 나라는 흥미롭게도 수준 높은 의료제도, 교육제도, 연금제도, 대중교통 체계 등 국민들을 위한 많은 보호 정책을 시행하고 있다. 또 국가에서 자녀들을 돌봐주기 때문에 여자들은 매우 자유롭다. 스웨덴 여자들은 남녀평등을 누리지만 그리 다정한 성향이 아니라는 의미에서 파충류 뇌의 본성을 잘 따르지 않는다는 진부한 생각과는 반대다. 이를 두고 전혀 맛없는 멋진 음식을 살펴보는 것과 같다고 말하는 사람도 있다. 즉, 그들은 따뜻한 성격을 가지지 못한 멋진 사람들이라는 의미다. 그런 스웨덴에서는 쓰레기가 1퍼센트만 쓰레기 더미가 되고 나머지는 소각되어서 도시에 공급하는 전기로 만들어진다.

하지만 라틴아메리카와 아시아의 일부 나라에서는 사정이 다르다. 그곳의 정부들은 자연재해가 일어났을 때 조치를 취할 준비가 되어 있지 않다. 2010년 아이티에서 발생한 지진은 가난한 사람들에게 큰 타격을 주면서 사실상 나라 전체를 파괴했다. 또한 2004년 남아시아에서 쓰나미가 발생했을 때 세계적인 지원은 재빨리 이루어졌지만, 피해를 입은 국가들은 자연재해에 대응할 준비조차 되어 있지 않았다.

베네수엘라는 범죄율이 세계에서 가장 높고(유엔에 따르면 2012년 거주자 10만 명 가운데 살인자가 53.7명이나 될 정도로 높은 비율이다), 해외 투자가들뿐 아니라 국내 투자가들조차 설 자리가 없는 나라다. 이 나라는 규칙들이 명확하지 않고 정부가 마음대로 입장을 바꾸기도 한다. 또한 기업가들이 무엇을 소유하고 있는지 알 수가 없어서 혁신하기가 힘들다.

재산권의 존중은 국가의 상향 이동에 매우 중요하다. 재산권이 공정하게 확립되고 법률로 보호되고 있다면 사람들은 잠재적인 창의력을 펼쳐 재원을 활용할 수 있다. 사실 자신이 무엇을 소유하고 있는지 모른다면 어떻게 새로운 것을 창조할 수 있겠는가? 이것이 라틴아메리카의 딜레마다. 아주 많은 이념들이 교차하는 곳은 명확한 것이 없으므로 정체될 수밖에 없다. 아르헨티나는 정부가 설립하고 1990년에 민영화된 석유기업 YPF를 다시 국영화하기로 결정하면서 한 걸음 퇴보했다. 한때 모든 사람들이 이주하고 싶어 했고, 독일과 이탈리아보다 더 부유했던 나라에서 자산이 계속 위태롭다는 사실은 믿기 어렵다.

안전 지수가 최하위에서 두 번째인 방글라데시는 부정부패로 유명하다. 2012년 국제투명성기구Transparency International가 발표한 부패인식지수Corruption Perception Index에서 144위를 차지했다. 캐나다 소유의 에너지 회사 니코Niko가 방글라데시에서 에너지 생산 사업을 추진한 적이 있다. 전문지식과 재원을 갖추지 못했기 때문에 처음에는 거절당하다가 이후 방글라데시의 한 국영기업과 계약을 체결했다. 그러고 나서 가스 시추 작업을 시작했는데 그만 폭발 사고가 일어나고 말았다. 더구나 그 첫 사고를 통제하려다가 또 한 번의 폭발 사고를 일으켰다. 니코는 처음에는 손해배상을 거부했지만 결국 손해배상을 하고 협력 회사에 고급차를 선물로 제공했다. 그 협력 회사는 보상 문제 조사에 대한 책임을 맡고 있었던 방글라데시의 에너지 장관이 주선한 곳이었다.[7] 또한 방글라데시의 의류 공장이 붕괴되어 1,129명이 사망하고 2,500명 이상 부상당한 사건이 세계 언론에 오르기까지 했다. 의류 공장 노동자들의 불안감은 엄청났을 것이다. 다시는 이런 비극이 일어나지 않도록 방글라데시 정부는 새로운 안전법을 제정했다.

경쟁과 자유의 합법화를 통한 사유재산의 보호는 건전한 시장경제로 향하는 아주 좋은 출발점이다.[8] 중요한 것은 재산권을 보호하는 규칙을 제정하고 준수하는 일이다. 그리고 두 기업이 같은 재화를 생산하고 경쟁하면 결국 가격이 낮아지고 제품의 질은 더 좋아질 것이다. 그것이 행복한 소비자, 행복한 기업가로 가는 길이다.

중국은 현재 많은 자본을 끌어들이고 있다. 세계 각국의 대기업들은 중국에서 제품을 생산한다. 비용이 적게 들고 또 전 세계에서 가장 많은 인구를 보유한 거대 시장이기 때문이다. 중국이 크게 성공하고 있는 이유는 해외 기술을 받아들인 덕분이다. 문화대혁명 이후 중국은 낡고 비효율적인 기술을 가지고 있었다. 덩샤오핑의 정책으로 중국인들은 기술을 만들어내는 대신 기술을 모방했는데(물론 이해할 만하다), 이것이 급성장의 요인이었다. 또한 그들이 모방한 제품은 저작권을 침해했다. 창작자들이 획기적으로 만들어낸 제품들을 그대로 모방한 값싼 제품들(스마트폰이나 태블릿PC, 텔레비전)을 세계 곳곳에서 찾아볼 수 있다. 잭 퍼코우스키가 경제 잡지 〈포브스〉에서 주장했듯이, 일부 기업들은 중국으로 가지 않을 수가 없다.[9] 이는 중국의 값싼 노동력과 거대 시장 때문만이 아니다. 중국으로 가지 않으면 중국이 제품을 모방해 국내와 해외로 팔고 나서 국내시장을 줄임으로써 그 제품을 처음 만들어낸 기업을 뛰어넘을 수 있기 때문이다.

미국은 재산권을 강력하게 보호하고 있지만 놀랍게도 안전에는 낮은 점수를 보인다. 코스타리카, 한국, 멕시코, 칠레 등의 나라들이 미국보다 안전 지수가 더 높다. 세계 최고의 경제 대국인 미국의 안전 지수가 왜 그렇게 낮은 것일까? 미국의 경제 격차 수준(선진국 중에서 가장 높다) 때문이다. 미국인들은 돈을 저축하지 않는다. 그들은 빚을 내서 쓰고 평생 그 빚을 갚으며 살아간다. 또 많은 학생들이 학자금 대출을 받고 오랜 시간에 걸쳐 갚는다. 다른 나라, 심지어 미국보다 고등교육의 기회가 낮은 나라조차 부모들은 자신들의 아이를 가능한 대학에 보내려고 한다. 하지만 미국인들은 상향 이동을 계획하는 대신 '그것이 대출할 가치가 있을까?'에 대해 더 많은 결정을 한다.

미국의 형사사법제도 또한 안전을 방해하는 요소다. 미국은 세계에서 범죄자 수감율이 가장 높다. 2012년까지 거주민 10만 명 가운데 범죄자가 707명이었다.[10] 그리고 흑인 범죄자의 비율이 높은데, 이는 인종문제로 이어진다. 예를 들어 흑인이 백인보다 대마초 소지 혐의로 체포될 가능성이 훨씬 높다. 아이오와 주는 흑인이 백인보다 대마초 소지 혐의로 체포될 가능성이 8.34배나 더 높을 정도로 그 격차가 가장 크다.[11] 2013년 범죄대책 개선운동단체인 '형 선고문제 연구Sentencing Project'가 발표한 보고서에 따르면, "소수 인종이 체포될 확률이 백인들보다 높다. 한번 체포되면 유죄 판결을 받을 가능성이 높고, 더 가혹한 판결을 받을 가능성이 높다." 세계에서 가장 부유한 나라에서 흑인 남성이 수감될 확률이 백인 남성보다 6배나 더 높다는 사실은 걱정스러운 일이다.[12]

미국은 자연재해의 위협을 자주 받고 있지만 때로는 제대로 해결하지 못한다. 2005년 허리케인 카트리나가 강타했을 때는 상황이 엉망진창이었다. 상점들은 약탈되었고 식량은 부족했으며 국제사회가 즉시 지원을 했지만 어려움에 처한 사람들에게 도착하기까지 오랜 시간이 걸렸다. 구호품을 실은 어떤 비행기들은 미국에 들어가기 위해 허가를 기다려야 했지만, 미국 공항에는 구호품을 실은 다른 비행기들이 이미 보류되어 있었다. 그리고 결국 1,833명의 사망자가 발생했다.[13]

멕시코는 현재 자연재해를 처리하는 데 있어서 좋은 이력을 가지고 있다. 멕시코 군대가 시행하는 DN-3 계획은 허리케인, 홍수, 전염병(신종플루 등) 등 멕시코에서 자연재해가 일어날 때마다 적용된다. 멕시코 군대는 식량, 주거지, 의약품 등을 제공하고 필요하면 도로까지 재건한다. 허리케인 카트리나가 미국을 강타했을 때 멕시코는 군인, 비상 보급품, 식량 등을 지원하기로 하고, 20일 동안 184명의 군인들, 헬리콥터, 버스, 군용 차량, 식량, 의약품 등을 보냈다. 군복을 입은 외국 군대가 미국 땅에 발을 들여놓은 것은 제2차세계대전 이후 처음이었다.

안전 체계가 기능을 하기 위해서는 재산이 존중되어야 하고, 법은 모든 사람들에게 공정하게 적용되어야 한다. 간단히 표현하면, 법이 명확하고 시행 가능하다면 사법제도는 신뢰받을 수 있고, 그에 따라 사람들은 안전하게 지낼 수 있다.

안전은 파충류 뇌의 욕구이지만 침입자로부터 보호받고 집 안에서 안전함을 느끼는 것만을 뜻하는 것은 아니다. 이는 경제적, 사법적, 사회적 안전을 의미하기도 한다. 또 책임이 따르는 자유를 의미하고, 중추 역할을 하기도 한다. 이 장 맨 처음에 제시된 안전에 관한 질적 평가는 확실한 자료가 뒷받침된 것이다. 예를 들어 여러 기관 덕분에 부패 통계와 인터뷰를 통해 수량으로 평가될 수 있는 개념을 질적 개념으로 바꿔놓은 것이다. 또한 지니계수Gini's coefficient로 측정된 경제적 불평등으로 사회 내의 결속력과 사회복지를 밝혀낼 수 있었기 때문에 근본적으로 개개인의 안전 수준을 더 잘 파악할 수 있다.

또한 국내총생산의 대외 부채 비율, 국민 저축, 인구 증가율, 외환보유액 등 한 국가의 지속 가능성 지표들도 중요하다. 이런 부분에서 좋은 지표들을 갖고 있다는 것은, 채권 위기나 주식시장 붕괴 등 경제적 위기에 맞설 수 있는 국가의 능력을 반영한다.

우리는 또한 자연재해처럼 인간이 통제할 수 없는, 개인 안전을 위협하는 요소들까지 고려해야 한다. 허리케인이나 지진 같은 자연재해의 위험을 줄일 수 없다면 인간의 환경 취약성에 신경 써야 한다.

건강과 교육은 안전을 위한 양석 분식으로 고려된다. 이것이 효율적으로 제공된다면 생존 안전(건강)과 더 좋은 삶의 질에 대한 열망(교육)을 불러일으킬 수 있다.

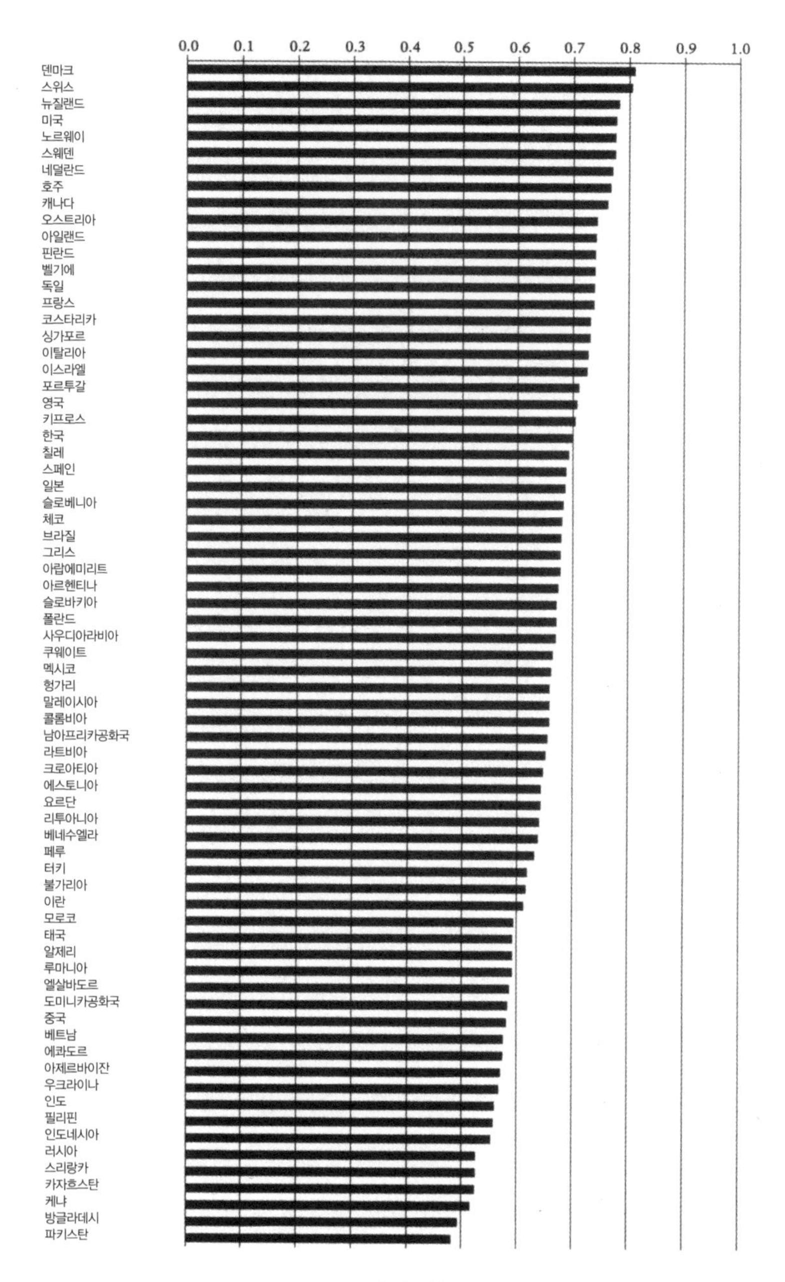
0.0
0.1
0.2
0.3
0.4
0.5
0.6
0.7
0.8
0.9
1.0
덴마크
스위스
뉴질랜드
미국
노르웨이
스웨덴
네덜란드
호주
캐나다
오스트리아
아일랜드
핀란드
벨기에
독일
프랑스
코스타리카
싱가포르
이탈리아
이스라엘
포르투갈
영국
키프로스
한국
칠레
스페인
일본
슬로베니아
체코
브라질
그리스
아랍에미리트
아르헨티나
슬로바키아
폴란드
사우디아라비아
쿠웨이트
멕시코
헝가리
말레이시아
콜롬비아
남아프리카공화국
라트비아
크로아티아
에스토니아
요르단
리투아니아
베네수엘라
페루
터키
불가리아
이란
모로코
태국
알제리
루마니아
엘살바도르
도미니카공화국
중국
베트남
에콰도르
아제르바이잔
우크라이나
인도
필리핀
인도네시아
러시아
스리랑카
카자흐스탄
케냐
방글라데시
파키스탄

안전 지수

평화로움 또한 기본적인 개인 안전의 일부로 평가된다. 정치적 안정과 결합되는 낮은 부패는 사법의 유효성을 위한 중요한 전제 조건이다. 이는 계약 실행을 통한 양측 기업가 정신과, 효율적인 법 집행을 통한 낮은 범죄율을 촉진하는 데 도움이 될 수 있다.

이런 요소들이 모두 인간안보지수Human Security Index인데, 인간안전보장의 개념을 넓히기 위해 우리는 헤리티지 재단Heritage Foundation이 발표한 경제자유지수Index of Economic Freedom도 포함했다. 재산권의 보호, 부패 없는 통치, 학습과 창의성을 권장하는 사회 분위기 등은 낮은 범죄율을 야기하는 만큼 현대의 인간안보에서 중요한 요소다. 안전 지수는 경제자유지수와 인간안보지수를 산술평균한 결과다. 왼쪽 도표는 각 나라의 안전 상황을 명확하게 제시한 것이다.

11 성공

인간은 성공하기, 성장하기, 일어서기, 성취하기 등 위로 향하는 일에 집착한다. 우리는 어떤 지위에 오르고 싶어 하고, 일류 대학에 들어가기를 열망하고, 가능한 빨리 출세의 길에 오르기를 원하며, 또 최대한 높은 사회적 지위를 얻으려고 노력한다. 그렇게 위로 향하는 능력으로 성공을 평가한다. 도대체 왜 그렇게 성공에 관심이 많은 것일까? 그 이유는 인간이 늘 우월성을 중요시하는 사회의 여러 소집단 속에서 진화했기 때문이다. 생존뿐만 아니라 친구나 적에게 깊은 인상을 주려고, 이성을 유혹하고, 경쟁자를 위협하고, 또 아이들을 돌보는 데도 우월성을 중요시한다. 우리의 사회적 영장류 뇌는 다른 사람들 앞에서 강력하게 보이려는 핵심 목표를 추구하는 방향으로 진화했다. 우리 모두의 잠재의식 속에는 정상에 있으면 생존과 자손 번식을 위한 더 많은 기회가 생긴다는 생각이 자리 잡고 있다. 로버

성공	
하향 이동 →	상향 이동
변화에 폐쇄적이다	변화에 개방적이다
성공이 족벌주의와 유산을 통해 이루어진다	성공이 많은 노력과 재능을 통해 이루어진다
사후의 삶을 믿는다	현재의 삶을 중요시한다
편안함에 안주한다	편안함에 안주하지 않는다
카르마(업보)가 삶을 통제하는 힘이다	이성이 삶을 통제하는 힘이다
무관심의 문화	호기심 많은 사고방식의 문화
편안함을 선호한다	모험을 선호한다
야망이 부정적 특성을 가진다	야망이 긍정적 특성을 가진다
꿈이 생각에 그친다	꿈을 행동으로 옮긴다
사람들이 최소한의 책임으로만 행동한다	사람들이 기본 책임을 넘어 행동한다
시민과 정부의 관계가 너무 멀다	시민과 정부의 관계가 가깝다
교육제도가 엄격하고 창의성을 고취하지 않는다	교육제도가 역동적이고 창의성을 장려한다
과학기술 산업의 투자 수준이 낮다	과학기술 산업의 투자 수준이 높다
기업가 문화가 없다	기업가 문화가 있다
저작권 침해가 흔하다	저작권을 존중한다
계급제도가 사회를 나누므로 사회적 진보가 불가능하다	계급제도가 없고 사람들 모두 이동이 자유롭다

성공을 위해 고통을 겪어야 한다는 신념을 갖고 있다	성공하기 위해서는 오직 열심히 노력해야 한다
성공을 위해 정치 인맥이 가장 필요하다	성공을 위해 재능이 가장 필요하다
원리주의 가치관	편견 없는 사고의 규칙
성공은 부패한 일이다	성공은 존경스러운 일이다
부자가 되는 것은 죄악이다	부자가 되는 것은 옳은 일을 했다는 의미다
규칙을 따르고 틀 안에 머물러 있으면 보상을 받는다	창의력이 있고 독창적인 생각을 하면 보상을 받는다
위험을 두려워한다	위험을 즐긴다
자신이 무엇을 소유하느냐가 중요하다	자신이 어떤 존재이고 무엇을 아느냐가 중요하다
운명이 책임을 진다	자유가 책임을 진다
모든 것이 신에 달려 있다	모든 것이 기회의 자유에 달려 있다
가난한 나라가 자국의 문제를 다른 나라 탓으로 돌린다	가난한 나라가 자국이 부패했음을 인식한다

트 H. 프랭크에 따르면, "우리는 지위에 대해 걱정하는 신경계를 갖춘 세계에 살고 있다. 우리의 파충류 뇌의 본능은 끊임없이 이렇게 묻는다. '나는 어디에 있을까? 나는 어떻게 평가될까? 다른 사람에 비해 내 가치는 어떨까?'"[1]

메건은 브래들리를 만났던 날 밤 그의 완벽함에 매료되었다. 그는 콧대 높은 프랑스 팀을 꺾고 우승한, 체격 좋고 잘생긴 럭비 선수였다. 브래들리는 잘생겼을 뿐 아니라 성공한 사람이었다. 그가 그저 잘

생기기만 했다면 메건은 리처드를 배신하기 전에 다시 생각했을지도 모른다. 하지만 브래들리는 모든 점에서 완벽했다. 메건은 데이비드 베컴과 견줄 만한 매력적인 남자와 시간을 보내게 되어서 좋았다.

파충류 뇌의 본능에는 성공 코드가 내포되어 있다. 성공만 드러나 있는 것 같지만 성공을 경쟁, 야망, 질투 등과 분리해서 보기는 어렵다. 우리는 다른 사람들과 경쟁하지만 가장 냉혹한 비평가는 자기 마음이다. 우리는 이전보다 더 잘되려고 노력한다. 삶에 목적이 있고 성공할 수 있다고 설득당하는 일이 매일 우리가 직면하는 투쟁이다. 그렇다면 이것은 성공에 있어서 어떤 의미일까? 우리는 성공을 위해 열심히 노력할수록 더 많은 감동을 줄 수 있다. 그것이 바로 우리 모두가 성취하고 싶은 일이다.

$$\text{성공} = \frac{\text{성취도}}{\text{기대치}}$$

성공의 형태는 사람마다 다양하지만 중요한 것은 어떻게 성공했느냐이다. 이런 의미에서 성취도와 기대치도 중요하다. 여러분은 다음 두 가지 방법으로 성공 가능성을 높일 수 있다. 성취도를 높이거나 기대치를 낮추는 것이다. 성취도에 중점을 두는 나라는 기대치를 높일 때도 성공한다. 그 나라들은 직업윤리와 좋은 일을 성취하는 데 능숙하기 때문이다. 반면 야망이 거의 없는 나라는 작은 노력으로도 성공을 이룬다. 이 가운데 어느 쪽이 이동성을 더욱 가속할까? 열심히 일하는 것일까, 아니면 야망이 없는 것일까?

성공을 정의하는 방식은 개인마다 다르듯이 문화마다 다르다. 반드시 돈이 얼마나 많은가에 따라 성공이 정의될 수는 없다. 얼마나 많은 지식을 모으고, 또 그 지식을 어떻게 사용할 수 있느냐로 정의될 수도 있다. 석사나 박사 학위를 받는 일이 더욱 중요하다면 성공의 차이는 더욱 커지고, 전문화가 성공을 위한 강력한 척도가 되어버린다. 그리고 돈만으로도 충분하지 않다. 주목할 가치가 있느냐가 핵심적인 차이다. 아무튼 성공이 무엇인가 하는 기준은 문화마다 다르다. 더욱이 그 기준은 한 국가가 사회적, 정치적으로 어떻게 발전할지를 규정한다.

귀족계급이 존재하지 않는 미국 문화에서 성공의 증표는 돈과 기부를 얼마나 많이 하느냐 하는 것이다. 반대로 프랑스 문화에서는 돈이 많은 것을 부정적으로 간주한다. 부를 축척하기 위해 많은 사람들을 착취했을 것이라고 여기기 때문이다. 프랑스인들의 성공 기준은 지식과 예술을 어느 정도 쌓았는가, 어떤 새로운 아이디어에 공헌했는가, 그리고 자신의 아이디어로 세상을 어떻게 바꿀 수 있는가 등이다. 사람들이 굉장히 멋진 생각을 가지고 있다고 인정하는 것이 바로 성공이다. 예를 들어 파스퇴르 연구소는 프랑스 문화의 상징으로, 그곳의 연구원이 된다는 것은 명망 있는 일이다. 또 그곳에서 성공한다는 것은 자신의 뛰어난 능력을 인정받는 것이다. 더 나은 세상을 만들 획기적인 발견을 했다는 의미이기 때문이다.

중국에서는 성공의 의미가 도덕을 강조하는 유교와 강하게 연결되어 있다. 지도자로서 자신이 이끄는 사람들의 행복을 위해 의무를 다하고 헌신하는 삶이 바로 성공이다. 이는 권력이나 재산과 아무런 관련이 없고, 다만 공익을 추구하는 일이다. 하지만 중국인들은 규율과 충성에 매우 높은 가치를 두고 있기 때문에 미국인들보다 계층을 더 중요시한다. 이제는 중국인들이 지위를 돈으로 사들여 더 쉽게 획득할 수 있으므로 높은 지위를 나타내는 브랜드를 미국인들보다 실제로 더 많이 소모하고 있다.[2]

1986년 월드컵에서 아르헨티나 축구 선수 디에고 마라도나는 핸들링 반칙으로 아르헨티나의 우승을 이끌었다. 아르헨티나 사람들은 이 우승을 축하하면서 마라도나를 '신의 손'이라고 불렀다. 이 경우도 성공이라고 할 수 있다. 그런 축구 경기의 사례처럼 부정행위와 부패를 축하하는 문화에서도 상향 이동을 할 수 있을까? 아르헨티나에는 이런 말이 있다. "좋은 기회를 노리고, 요령이 있다면 성공할 것이다."

성공 기준

가족의 개념에서 성공의 기준을 살펴보자. 파충류 뇌의 관점에서 1차적인 성공은 가족을 부양하고 생존에 필요한 기본 욕구와 재원을 충족하는 일이다. 2차적인 성공은 가족들이 배움을 통해 발전하고 있다고 확신하면서 만족을 느끼는 것이다.

한국과 중국에서는 부모가 자식을 돌보고 기대함으로써 마음을 졸인다. 부모가 기대하지 않고 자식을 돌보기만 하면 그 자식은 상향 이동을 하지 못한다. 예를 들어 부모가 자식을 기대하지 않고 돌보기만 하는 미국의 학생들은 실력이 없어도 모두 졸업장을 받는다. 반면 상하이와 서울에서는 부모가 자식을 돌보고 기대도 많이 하므로 청소년들은 성공해야 한다는 압박을 받는다. 그런 학생들이 시험에서 미국 학생들보다 더 높은 점수를 받는 것은 당연하다.

3차적인 성공은 상향 이동이다. 성공한 문화는 사람들이 상향 이동을 할 수 있는 곳이다. 멕시코는 아즈텍 제국의 억압된 문명에서 스페인의 식민지화를 거쳐 억압적인 정치제도에 이르기까지 수세기 동안 어느 누구도 상향 이동이 불가능했기 때문에 3차적인 성공을 이룰 수 없었다. 하지만 베니토 후아레스는 예외였다. 그는 아무것도 없는 상태에서 나라를 일으킨 최초의 토착민 대통령이자 국민 영웅이었다. 나라마다 다르게 나타나는 성공의 다양성은 멕시코의 티후아나와 미국의 샌디에이고, 멕시코의 시우다드 후아레스와 미국의 엘패소 등 멕시코와 미국의 경계에 위치한 도시들 간의 뚜렷한 차이에서도 잘 드러난다.

사람들이 경계를 중심으로 양쪽이 다르게 행동하는 모습을 쉽게 관찰할 수 있다. 멕시코인들은 멕시코 내에 있으면 거리를 어지럽히고 자동차 제한 속도를 지키지 않는다. 하지만 그들이 미국으로 넘어가면 쓰레기를 버리지 않고 제한 속도도 잘 지키는 마법 같은 현상이 벌어진다. 반면 미국인들은 멕시코의 티후아나로 넘어가면 음주운전과 마약을 하는 등 고국에서 할 수 없는 짓을 저지르는 파티광

이 된다.

미국의 성공 코드는 건국 이후부터 늘 명백했다. 미국인들은 건국 시작부터 성공을 중요시했기 때문에 성공을 '아메리칸 드림'이라고 부르는 것도 우연의 일치가 아니다. 그것은 미국인이라면 누구나 가지고 있는 공통된 소망이다. 멕시코에 있는 발전의 장애물이 미국에는 전혀 없었다. 따라서 미국으로 건너가 아메리칸 드림을 이루기 위해 노력하고 상향 이동을 하는 것이 중요했다. 그 결과 미국으로 이주하는 멕시코 사람들의 수는 엄청나게 늘어났다. 오늘날 미국에는 멕시코 후손들이 3천만 명 이상 있고, 또 멕시코 출신 이주민들이 약 1,100만 명에 이른다.

사람들은 행동으로 반대 의사를 표시하는 경우가 있다. 다시 말해 더욱 성공할 수 있는 곳으로 이주한다는 의미다. 한 나라의 법이나 규제 또는 세금 정책이 처음의 기대와는 달리 효과가 없을 때 사람들은 마음에 들지 않으면 뒤돌아보지 않고 떠난다. 그래서 미국 정착민들은 새로운 시작을 위해 영국을 떠났다. 상향 이동을 원했던 그들은 행동으로 반대 의사를 나타낸 것이다. 가령 코네티컷이나 캘리포니아보다 플로리다와 텍사스의 세금이 낮다면 사람들은 무조건 높은 세금을 부과하는 주를 떠날 것이다. 스위스는 사업소득세가 22퍼센트인 반면 싱가포르는 사업소득세가 15퍼센트, 미국은 48퍼센트다. 애국심은 중요하지 않다. 제라르 드파르디외처럼 고국이 자신을 위해 아무것도 해주지 않으면 사람들은 결국 떠난다. 이는 하나의 경제 세계다. 그래서 국가는 가장 좋은 재능을 확보하기 위해 경쟁해야 하고, 사람들이 상향 이동을 하기 가장 좋은 곳이라고 느낄 수 있는 환경을 만들어야 한다.

재능은 가장 필요한 곳으로 배분된다. 미국은 제2차세계대전 당시와 그 이후에 훌륭한 과학자들을 영입했고, 또 계속 그렇게 할 것이다. 중국, 인도, 한국, 대만, 브라질 등이 재빨리 따라잡고 있지만 미국은 여전히 세계 제1의 경제대국이며 혁신의 발상지다. 〈네이처 사이언스 리포트Nature Science Report〉에서 발표한 연구에 따르면, 보스턴과 버클리, 로스앤젤레스는 과학과 공학 연구에 가장 많은 공헌을 한 도시들이다. 이 분야를 연구하는 세계 상위 100대 도시에 라틴아메리카의 도시는 찾아볼 수 없다.

성공은 사람들이 상향 이동을 할 수 있고 상향 이동의 보상을 느낄 수 있는 것과 관련이 있다. 이는 부유해지는 일이 아니라 부유해지는 방법에 관한 일이다. 우리는 빌 게이츠, 스티브 잡스, 리처드 브랜슨 등 자수성가한 사람들을 존경한다. 또한 오프라 윈프리나 스티븐 호킹처럼 성공한 사람들의 배경이 더욱 비극적일수록 그들의 성취에 더 많은 감동을 느낀다. 부를 물려받았거나 부당한 혜택을 누리고 성공한 사람들한테는 아무런 감동을 느끼지 못한다. 패리스 힐튼에게 존경심이 생길까? 그렇지 않을 것이다. 그녀가 하는 일은 그저 집안의 부를 소비하는 것뿐이다. 또 다른 예로 마오쩌둥의 외손녀 쿵둥메이가 있다. 그녀는 2013년 미국 경제지 〈포브스〉가 선정한 중국의 100대 부호 중 한 사람으로 올랐다. 현재의 남편 천둥성과 결혼해서 부자가 되었다는 말이 있지만, 백만장자이면서 외할아버지의 이상을 지지한다는 것은 여전히 아이러니하다.

성공은 부자가 되는 것과 전혀 관련이 없다. 성공은 하나의 여정이고, 부자가 되는 일은 하나의 결과다. 성공은 상향 이동을 하는 일이다.

우리는 모든 사람들이 상향 이동을 할 기회를 갖기를 원한다.[3] 다시 말해 누구나 성공의 계단에 오를 기회를 가져야 한다. 물론 그 과정에서 승자와 패자가 생겨나겠지만 인종, 성별, 민족에 따라 차별받아서는 안 된다. 그저 순수한 가치로 기회를 가져야 하고 능력을 발휘해야 한다.

성공 지수의 목적은 어떤 문화가 사람들의 상향 이동을 위한 공간을 만들어내고, 또 그렇지 않은지를 예측하기 위해서다. 사람들이 러시아에서 상향 이동을 할 수 있을까? 사실 그럴 수 없다. 재능 있는 사람들은 대부분 러시아를 떠나고 있고, 그곳의 인구는 줄어들고 있다. 반면 브라질은 사람들의 상향 이동에 도움이 되는 문화 측면이 있다. 우선 다른 문화보다 인종차별이 적기 때문에 인종에 상관없이 상향 이동을 할 수 있다. 다만 부유해지면 안전이 위태로워진다는 문제가 있다. 그리고 브라질 같은 여성적인 문화에서는 성공에 그리 적극적이지 않다.[4]

공격이 가장 좋은 방어다

수세기 동안, 성공의 개념은 재산과 영토를 차지하고 이웃 나라를 침략하는 것으로 정의되었다. 정복자 윌리엄은 부하들이 영국 군대보다 더 좋은 말등자를 갖고 있었기 때문에 헤이스팅스 전투에서 승리해 영국을 침략하고 왕이 될 수 있었다. 유럽 국가들은 수세기 동안 무력으로 서로의 나라를 침략하고 정복했는데 그 당시에는 그것이 성공의 척도였다.

오늘날의 전쟁은 다르다. 개인들 간에, 그리고 기업들 간에 벌어지는 치열한 경쟁으로 존재한다. 코카콜라와 펩시는 누가 가장 좋은 아이디어, 광고, 전략, 홍보 등을 갖고 있느냐 하는 것뿐 아니라 누가 더 큰 판매 구역을 차지하느냐를 두고 경쟁한다. 또한 미래의 생존을 보장하기 위해 자원과 고객을 누가 더 많이 확보하느냐를 두고 경쟁한다.

개인과 집단의 관점에서 성공을 판단하는 방식은 사람들이 개방체제에서 발전하는지, 폐쇄체제에서 발전하는지를 살펴보는 것이다. 폐쇄체제에서는 개개인의 상향 이동을 허용하지 않는다. 늘 변화하는 규칙과 환경이 이곳에서는 변함없이 그대로 있을 것이다. 또 폐쇄체제는 시장 내의 장애, 정부의 불법 관행, 전혀 유익하지 않는 사회 분야의 지출 등의 장애가 늘 따른다. 반면 개방체제는 개인과 집단이 성장과 발전을 방해받지 않고 자유롭게 이동할 수 있다. 이곳에서는 파충류 뇌, 변연계, 대뇌피질의 작용에 따른 목표를 실현할 가능성이 더 크다. 사람들이 건강에 좋은 음식을 찾고 감정을 자유롭게 표현하며, 은퇴한 후에는 열심히 일한 결과물을 즐길 수 있을 것이다. 개방체제는 개인이 최대한 배우고 즐기기에 가장 좋다.[5]

성공과 승리에 관해서는 두 가지 모형이 있다. 하나는 스포츠 모형이고, 다른 하나는 비즈니스 모형이다. 스포츠 모형은 규칙이 명확하고 승자가 단 한 명이다. 선수들과 함께 심판 한 명이 뛰어다니며 90분간 경기하는 축구는 명확한 규칙이 경기 내내 똑같이 적용된다. 하지만 세상의 규칙은 이처럼 명확하지 않다. 확실한 승자가 없고 규칙이 계속 변화하는 비즈니스 모형에 가깝다. 비즈니스 모형은 명확한 규칙이 없고, 문화마다 다른 규칙이 적용된다. 그래서 미국의 기업들이 해외투자를 할 때 다른 나라들이 명확한 규칙을 적용할 것이라는 우를 범한다.

일본에서는 병원에 갈 때 의사에게 선물로 현금 봉투를 건네는 일이 흔하다. 다른 문화에서는 이런 관행을 뇌물이라고 하지만 일본에서는 필요한 일을 하는 것일 뿐이다. 프랑스에서는 최고의 인재를 고용하기 위해 먼저 후보자들과 점심을 먹어야 한다. 그 후보자들을 제대로 파악하기 위해 자연스러운 환경에서 만나는 것이다. 전문 회계사를 채용할 때도 나이프와 포크를 제대로 사용하는지 확인한다. 이 모든 행위는 문화의 규칙에 따르는 것이다.

일본에서는 성공을 개인이 아닌 조직의 책임으로 여긴다. 한 사람을 장려하려면 팀 전체 구성원을 장려해야 한다. 일본에 "튀어나온 못은 망치질을 당한다"는 속담이 있듯이 조직 중심의 문화에서는 부패 없는 환경을 만들기 쉽다. 문제가 발생하면 즉시 사회적으로든(불명예), 사법적으로든(수감) 바로 처벌되기 때문이다. 하지만 일본인들은 능력이 너무 뛰어나도 처벌받는다. 지나치게 조직 중심이어서

조직이라는 틀에서 벗어나기 힘들다. 즉, 조직의 기준에서 벗어나는 사람을 용납하지 않는다. 그래서 획기적인 발견보다 혁신을 더 중요시한다. 이런 문화에서는 개인의 성공이 달성해야 할 목표가 아니라 심한 부담으로 여겨진다. 하지만 집단의 성공은 최고로 여긴다.

멕시코를 비롯한 라틴아메리카의 나라에는 '데다소dedazo'라는 개념이 있다. 데다소('손가락'을 의미하는 스페인어 '데도dedo'에서 비롯된 용어)는 흔히 현직 대통령이 후계자와 다른 공직자들을 '대통령의 손가락으로 가리켜' 지명하는 모습에서 나온 말이다. 데다소, 즉 '손가락 지명 제도The Institution of the Finger'라는 후계자 승계 방식은 장점이나 재능을 고려하지 않고 편애와 자유재량으로 사람을 뽑는 것이다. 따라서 데다소가 있는 한 능력 위주의 사회가 구현되기 어렵다.[6]

성공의 지표는 문화마다 다르다. 영국 사람들은 태어날 때부터 이미 우월하다는 자부심을 가지고 있기 때문에 아무것도 증명할 필요가 없다. 어떤 사람이 할아버지의 오래된 폴로 부츠를 신고 경기를 한다면 그 할아버지가 폴로 선수였음을 자연스럽게 알 수 있다. 하지만 새로운 폴로 부츠를 신고 경기를 하면 그 사람이 졸부라는 사실을 알 수 있다. 그 사람에게 멋진 집이 있지 않냐고 말하면, 상대는 "도대체 왜 나한테 그런 끔찍한 집이 있을 거라고 생각하는 거요?"라면서 불쾌하게 여길 수 있다.[7]

수용이 성공의 척도가 되기도 한다. 사람들은 자신을 받아들일 사람을 선택해야 한다. 거절당할 위험을 감수해야 할 수도 있다. 상향 이동을 원한다면 서로 다른 사회적 수준과 그 미묘한 차이를 이해해야 한다. 또한 성공하기 위해 모든 규칙을 해석하고 이해해야 하며, 상향 이동을 하고 싶은 곳을 해석할 필요가 있다. 미국의 멋진 콘도에 살고 싶은 사람은 그곳에서 받아들이거나 거절하기 전에 우선 다른 모든 세입자들이 평가하는 신청서를 제출해야 한다. 그곳에 관해 무엇을 아느냐보다 어떤 사람이냐를 중요시하기 때문이다.

우리가 갈망하는 성공은 때로는 자동차, 옷차림, 핸드백, 안경, 전화기, 애완견 등 사람들이 소유하고 있는 것으로 입증되기도 한다. 말을 탄 남자의 로고가 있는 셔츠는 사회적 지위를 광고하는 듯 보인다. 지위가 실제 권력을 나타내는지를 떠나서 우리는 소유하고 이용하는 것들로 지위를 보여준다고 생각한다. 말하자면 사람들은 에르메스 버킨 백을 소유하고 있으면 뭔가 다르다고 생각한다. 여느 가방과 똑같은 기능을 가진 가방을 왜 1만 5천 달러에서 2만 달러가량이나 주고 사는 것일까? 또 때로는 볼품없어 보이는 것을 왜 그렇게 많이 소비하는 것일까? 소스타인 베블런은 실험으로 입증되기 시작한 과시적 소비conspicuous consumption 이론을 주장했다.[8] 이 연구에서 힘없는 위치에 있는 사람들이 낮은 지위와 관련된 제품보다 높은 지위와 관련된 제품에 기꺼이 더 많은 돈을 쓴다는 사실이 밝혀졌다. 또한 사람들은 유명한 브랜드의 옷을 입고 있는 사람에게 더욱 너그러운 태도를 보였다. 백인에 비해 권력이 적은 흑인이나 라틴아메리카계 사람들이 동일한 소득 수준에서 백인보다 과시적 소비를 더 많이 하는 것은 사람들이 권력을 충분히 누리지 못하는 사회구조 때문이다. 하지만 지위가 높은 사람은 과시하지 않는다. 비싼 물건일수록 광고를 많이 하지 않는 것처럼 말이다. 그리고 성에 관해서도 이와 같은 사실을 발견할 수 있다. 여자를 유혹하려면 페라리가 있어야 한다고 생각하는 남자들이 얼마나 많을까?[9]

또 다른 성공의 척도는 질투와 관련이 있다. 성공은 늘 다른 사람들과 관련되어 있기 때문이다. 스스로를 질투할 수는 없으니 말이다. 우리는 끊임없이 비슷한 사람들과 비교한다. 동창회에 가면 다른 친구들에 비해 자신이 어떤지 알고 싶어 한다. 파충류 뇌의 욕구 때문에 우리는 다른 사람들과 비교하고 질투를 느끼고 계속 도전한다. 이것이 우리가 이웃의 우월성이라는 위협에 대처하는 방식이다.

$$\text{질투} = \frac{\text{이웃의 소유물}}{\text{자신의 소유물}}$$

성공의 경우처럼, 질투도 위의 공식으로 평가될 수 있다. 사람들은 동료가 자신보다 더 많은 것을 소유하고 있을 때 질투를 느낀다. 반대로 자신이 이웃보다 더 많은 것을 소유하고 있을 때는 누가 누구를 질투할까?

하지만 혼란스러워할 필요는 없다. 중요한 것은 질투심을 억제하는 방법을 배울 필요가 없다는 것이다. 질투는 우리의 타고난 생존 방식이기 때문이다. 하지만 문화에 따라 질투가 친사회적이거나 반사회적으로 작용할 수 있다. 그리고 문화가 질투를 다른 관심으로 바꿀 수 있는 두 가지 방식이 있다. 이웃이 소유하고 있는 것을 가지려고 하거나, 이웃이 소유하는 것과 '동등한' 상황이 되려고 하는 것이다. 다시 말해 상대가 가진 것을 내가 원하거나 내가 가진 것을 상대가 갖기를 바라는 것이다. 질투가 생기면 더 빠르고, 더 강하고, 더 부유해지고, 더 세련된 사람이 되기 위해 운동을 더 많이 하거나, 일을 더 열심히 하고, 또는 공부를 더 많이 해야 한다.

질투의 다른 측면으로 '신이시여, 나를 날씬하게 해줄 수 없다면 친구들을 더 뚱뚱하게 만들어주세요!'라는 말을 예로 들 수 있다. 다른 사람들의 성과를 줄이거나 그들이 더 잘되는 것을 막는 것은 이동성에 해가 되는 일이다. 이런 철학이 지배하는 문화에서는 발전할 수 없다. '내가 가질 수 없다면 누구도 갖지 못한다는 극도의 이기주의crab mentality'는 라틴아메리카와 필리핀에 널리 퍼져 있다. 이 말은 한 그릇에 갇혀 있는 바다 게들이라는 개념에서 비롯된다. 그 게들이 밖으로 나가려고 하면 다른 게들이 뒤에서 잡아당겨 결국 어떤 게도 그 그릇 속에서 나갈 수 없다. 이동성이 전혀 없으므로 어떤 게도 탈출할 수 없다. 예를 들어 야망이라는 질투는 상향 이동의 요소가 된다. 하지만 '남의 불행에 대한 쾌감schadenfreude'을 나타내는 질투는 이동성을 완전히 막아버린다.[10]

대런 애쓰모글루와 제임스 로빈슨은 나라마다 부와 행복에서 차이가 나타나는 것은 제도의 특성 때문이라고 확신했다.[11] 제도는 사회의 문화적 표현이다. 착취적 제도extractive institutions는 한 나라에서 가능한 가장 많은 재원을 끌어낸다. 이런 제도는 정치 계급이나 그와 밀접하게 관련된 엘리트층에게 이롭다. 계약 수주가 정치인들의 친구들에게 돌아가거나 정치인들이 소유한 기업으로 돌아가기 때문이다.

착취적 정치제도를 가진 문화에서는 회사를 설립하여 시장에서 경쟁을 벌이는 것이 아니라 자회사에 계약을 수주해 주는 권력자들과 친구가 되는 것이 목표다. 이것이 라틴아메리카와 특히 중국을 포함한 아시아의 여러 국가들의 모형이다. 이런 나라에서는 언론이 정부가 싫어하는 것을 언급하지 않으려고 자중한다. 그러지 않으면 정부 관료들이 위태로워지기 때문이다. 그런 사회에서는 성공이 성실과 재능이 아니라 족벌주의, 학연, 상속을 통해 이루어진다. 이는 정치에만 해당되는 일이 아니라 비즈니스 거래의 모든 영역에 스며들어 있다.

중국은 착취적 경제제도로 겨우 급성장했지만 애쓰모글루와 로빈슨이 주장했듯이 성장할 수는 있어도 그 성장이 지속되거나 바람직하지는 않다. 중국은 외국 투자와 기술을 받아들였기 때문에 경제제도는 더욱 포괄적이지만, 정치제도는 여전히 억압적이며 공산당의 엘리트층에 제한되어 있다.

정치제도가 더욱 포괄적이면 경제제도는 경쟁으로 번창한다. 중국은 재산권을 보호하고 창조적 파괴를 촉진하고 정치제도를 개방하기 위해 더 많은 변화를 모색해야 한다. 그것이 지속적인 경제 성장을 이루는 유일한 길이다. 외국 기술을 계속 받아들이기만 할 수도 없고, 그 기술을 따라잡더라도 성장은 급격히 둔화될 것이다. 이를 해결하려면 중국은 정치제도를 더욱 포괄적으로 펼쳐나가고, 재산권을 존중하고 독자적인 기술을 만들어내기 위해 창조적 파괴 과정을 육성해야 한다.

번쩍인다고 다 금은 아니다

성공은 단순히 돈에 관한 것만은 아니다. 사우디아라비아에서 부를 그대로 물려받아 모든 것을 다 갖춘 응석받이 2세는 스스로 뭔가를 해내는 일에 관심이 없다. 그 아이는 성공에 관심이 없는 것이다.

위험과 보상에 대한 평가가 없다면 성공도 존재하지 않는다. 최종적인 보상(비용편익분석)이 없다면 위험은 있을 수 없다. 보상이 매우 크다면 많은 위험을 감수할 것이다. 아메리카로 건너간 개척자들은 큰 위험을 감수했다. 그들은 신세계와 자유와 새로운 삶이라는 잠재적 보상 때문에 위험을 무릅쓸 가치가 있다고 생각했다. 아무런 가치 없는 보상이라면 그냥 편하게 사는 것이 나을 것이다. 위험은 단기적인 특성이므로 파충류 뇌의 방식이지만, 보상은 장기적인 특성이므로 대뇌피질의 방식이다.

물리적 위험 등 실질적인 위험은 늘 존재하지만 가장 큰 위험은 정신이 만들어내는 것들이다. 상향 이동의 현실적 한계는 외부 위험에 대한 평가가 아니라, 할 수 없다는 마음에서 비롯된다. 이런 한계에 한몫하는 것이 종교다. 성경을 보면 낙타가 바늘구멍을 통과하기보다 부자가 천국의 문을 통과하기가 더 어렵다고 되어 있다. 반면 신교도는 사람들에게 부를 축적하라고 장려하면서 자본주의 발달을 부추겼다. 중요한 것은 원문을 그대로 따르는 것이 아니라 어떻게 해석하느냐 하는 것이다.

개인의 입장에서 보면 어떨까? 위험을 감수하지 않는 스스로를 비난해야 할까? 그것은 내가 아주 만족스럽지 않다는 의미일까? 위험을 감수하지 않는 것이 좋다는 변명을 찾아야 할까? 다른 사람을 비난해도 되고, 나 자신은 비난하지 않아도 될까? 모든 자기계발서의 핵심 요소이자 상향 이동의 핵심 요소 중 하나는 자신의 삶에 책임을 지는 일이다. 변명도 필요 없다. 그저 자신의 삶과 운명을 책임지는 것이다. 신, 업보, 종교, 점성술 등을 강조하는 문화에서는 자신의 책임으로 받아들이지 않는다.

우리는 모든 상황을 통제할 수는 없다. 하지만 그것은 업보나 별자리 때문이 아니라 유전자, 환경, 문화, 경험, 정신적 외상 등의 요소 때문이다. 우리는 이런 요소들을 선택할 수 없다. 특정 유전자를 갖고 특정 문화에서 태어나고 또 우리의 의지와 상관없이 여러 사건들이 주변에서 일어나기도 한다. 그렇다고 우리가 책임지지 않고 모든 일을 우연이나 업보, 점성술의 탓으로 돌릴 수는 없다. 그래도 우리는 어느 정도 자유가 있으므로 우리의 행동에 책임져야 한다.

어떤 문화는 위험과 보상의 개념이 매우 명확하다. 그 문화에서는 사람들이 이동한다. 사람들은 억압적인 문화에서 벗어나 상향 이동에 도움이 되는 문화로 향하려고 한다.

여기서 말하는 위험은 또다시 서브프라임 모기지(비우량 주택담보대출)의 위기를 가져올 무모한 위험이 아니라 합리적인 위험을 말한다. 다시 말해 기업가 정신과 관련이 있다.

신생 기업들은 미래에 지속 가능한 성장의 원동력이다.[12] 신생 기업가들은 보상의 대가로 혁신의 위험을 기꺼이 감수하려고 한다. 그렇게 해야 한다. 따라서 신생 기업에 높은 세율을 부과하는 나라는 사회에 전혀 도움이 되지 않는다. 보상이 없는데 누가 위험을 감수하겠는가? 위험을 감수하려는 생각조차 어리석은 일일 것이다.

어떤 사람들은 세금을 낮추면 기업가들이 더욱 부유해지고 사회는 더욱 불평등해질 거라고 생각한다. 그럴 수도 있지만 로버트 쿠터와 아론 에들린이 입증했듯이, 복지를 통해 얻는 이익은 모든 사람, 특히 가난한 사람들이 불평등으로 얻는 손실보다 훨씬 크다.[13] 간단히 말해 혁신을 금지하는 것보다 장려하는 것이 가장 좋다. 중국은 처참한 문화대혁명 이후 기업가 정신을 장려했다. 그 결과 불평등은 늘었지만 가난한 사람들을 포함한 중국 사람들은 살기가 더 좋아졌다.

창의력과 기술 변화를 장려하지 않는 보수적인 사회는 퇴보한다. 사과와 배를 교역하는 일은 더 이상 부를 창출하지 못한다. 오늘날은 아이디어를 교역하여 부를 창출한다. 게다가 아이디어의 교역으로 손해를 보는 사람도 없다. 이는 간단한 수학이다. 아이디어 하나에 아이디어 하나를 더하면 2개의 아이디어가 되고, 또 그 아이디어는 먹을 수 없다. 하지만 사과에 사과를 하나 더하면 2개의 사과가 되지만 그 사과는 먹을 수 있고 결국 사라지고 만다.[14] 물론 사과는 음식이고 음식은 생존에 필요한 것이다. 하지만 오늘날 컴퓨터가 필요 없는 사람이 있을까?

세계은행 총재였던 로버트 맥나마라는 1980년경 중국을 방문했을 때 덩샤오핑에게 중국이 서구 세계와 돈독한 관계를 맺어야 한다고 말했다. 세계은행은 중국의 전략을 명확히 밝히기 위해 연구팀을 보내곤 했다. 그때 덩샤오핑은 맥나마라에게 아이디어가 돈보다 훨씬 더 중요하다고 전했다.[15]

창의력을 촉진하는 한 가지 방법은 전혀 모르는 세계를 접해 보는 것이다. 다른 문화를 여행하고 이해하려고 노력하면 문화 지능이 향상되는 놀라운 경험을 하게 되고, 새로운 상황과 문제에 부딪혔을 때 훌륭하게 대처할 능력이 생긴다. 1978년에서 2008년 사이에 중국 학생 1백만 명이 해외로 유학을 갔다가 그중 4분의 1이 중국으로 돌아왔다. 오늘날 중국의 경제 정책을 만들어낸 경제학자들은 대부분 미국에서 교육받았고, 중국 정부와 포드 재단의 후원을 받은 사람들이다.

어떤 나라들은 해외 유학 정책이 두뇌 유출을 초래할까 봐 두려워한다. 그 나라의 뛰어난 인재들이 모두 망명하고 돌아오지 않을까 봐 우려하는 것이다. 사실 특허와 혁신에 관한 최신 자료를 보면 그와 반대 현상이 나타났음을 알 수 있다. 중간 소득 국가의 이주자들은 고국의 뛰어난 인재들의 다리 역할을 한다. 해외로 나간 연구자들은 흔히 고국의 동료와 함께 공을 세운다. 세계지적재산권기구WIPO; World Intellectual Property Organization가 발표한 보고에 따르면, 국외에 거주하는 중간 소득 국가의 발명가들이 고국에 거주하는 발명가들과 특허를 공유할 가능성이 높다는 사실이 밝혀졌다. 다시 말해 국외에 거주하는 발명가들은 계속 고국에 헌신했다. 그 비율이 가장 높은 나라가 우크라이나와 멕시코였다.[16]

2014년 2월 멕시코 정부는 미국과 고등교육, 혁신, 연구 등에 관한 쌍방 포럼을 열었는데, 이는 미국과 인적 자본에 관한 협력을 강화하기 위해서였다. 목표는 멕시코 학생 10만 명을 미국 대학에 보내고, 미국 학생 10만 명 가운데 절반은 멕시코에 나머지는 라틴아메리카 다른 나라에 보내는 것이었다. 이것은 새로운 정책이 아니다. 다른 나라에서도 똑같은 정책으로 긍정적인 결과를 얻고 있다. 19세기 후반과 20세기 초의 메이지 시대에 일본은 봉건제도 국가에서 산업국가로 현대화되었는데, 그때 교육이 중요한 역할을 했다. 교육이 보편화되었고 서구 세계의 수준을 따라잡기 위해 해외 교수들이 일본으로 초빙되고 일본 학생들은 미국과 영국으로 유학을 떠났다. 결국 일본 정부와 학교는 최신 인적 자본을 확보하게 되었다. 싱가포르 건국의 아버지로 불리는 리콴유는 세계의 가장 좋은 인적 자본을 확보하기 위한 정책을 폈다. 학생들을 해외로 보내고 학식 있는 외국인들을 받아들인 것이다. 현재 2개 언어(영어는 의무이고, 모국어는 문학을 위해 배운다)로 교육하는 싱가포르의 학교는 영어권의 선진국과 경쟁할 정도다. 더욱이 싱가포르는 이제 상황이 바뀌어 점점 더 많은 유학생을 받고 있다. 싱가포르 정부는 고국을 '글로벌 학교'로 만들어 2015년 싱가포르 내 유학생을 15만 명까지 늘릴 계획을 실행하고 있다. 이는 궁극적으로 싱가포르의 국민들이 상향 이동을 할 수 있게 만드는 선견지명 있는 정책이다.

상향 이동은 파충류 뇌(식량, 거주지, 안전의 제공), 변연계(사랑과 행복의 표현), 대뇌피질(은퇴를 위한 보금자리 마련) 순서로 세 영역의 뇌를 충족하는 것을 의미한다.

돈은 오래 지속되지 않고 곧 사라질 수 있기 때문에 성공을 보상하는 최악의 방식이다. 가장 좋은 보상은 새로운 작위가 생기는 등 새로운 정체성을 갖는 것이다. 나폴레옹은 새로운 정체성을 만들어주기 위해 훌륭한 일을 한 사람들에게 늘 작위를 부여했다.[17]

여러분의 나라는 보상을 나눠 주는 의식이나 제도를 갖고 있는가? 사람들이 상향 이동을 한다면 그 사실을 어떻게 알 수 있을까? 어떤 문화에서는 남에게 뒤지지 않으려고 과시적인 소비를 하고 있다. 영국의 경우 마거릿 대처 남작, 폴 매카트니 경, 앨런 슈가 경 등이 작위를 받았다. 그런데 보상을 하지 않는 문화에서 사람들은 왜 성공하려고 애쓰는 것일까?

성공의 기준은 문화마다 다르다. 성공을 평가하는 기준을 하나로 정해 놓을 수는 없다. 성공은 경쟁의 관점에서 공정하고 올바른 것으로 인식되는 여러 개념과 연관되어 있다. 사회가 발전하면서 이런 중요한 논쟁이 생겼다. '결정할 권리는 누구에게 있을까? 최선의 결정은 누가 할 수 있을까? 성공한 사람이 그것을 할 수 있을까? 아니면 모든 사람들이 훌륭한 결정을 하는 것일까?' 여기에서 능력주의 개념이 개입된다.

영국의 경제 전문지 〈이코노미스트〉는 미국에서 외견상 '새로운'

능력주의가 형성되었다는 기사를 발표했다. 의사 결정을 할 수 있는 사람부터 수준 높은 교육을 받을 수 있는 사람에 이르기까지 능력주의 논쟁은 오늘날 점점 더 중요한 문제다. 이는 가난한 사람들과 '확고한 엘리트로 변하고 있는 똑똑한 부자들'의 차이가 점점 커지고 있기 때문이다.[18] 수준 높은 교육을 받지 못하는 사람들은 현재 사회 이동이 더뎌지고 있다. 부유한 엘리트층이 자식들에게 투자함으로써 교육제도는 이미 특권을 누리는 엘리트층에게 돌아가고 있기 때문이다.

능력주의가 실패하는 곳에서 가장 큰 위험은 부유한 엘리트층이 지배하고 대중들의 어려움이나 쟁점과 동떨어진 금권정치다. 하지만 능력주의가 지배하는 곳은 그와 반대다. 재능과 재원의 분배가 올바르게 이루어지고 개개인들이 위를 바라보며 성공을 위해 진정 노력할 수 있는 곳이다.

자료

성공 지수를 위해 산출한 데이터는 이 장에서 맨 처음 제시한 문화적 특성이 반영된 것이다. 성공 지수를 나타내기 위해 우리는 '성공을 위한 세계경제포럼'이 발표한 세계경쟁력지수Global Competitiveness Index를 사용했다. 이는 사회가 성공하는 데 도움이 되는 많은 요소들을 설명하고 있다. 재산권 존중, 부패 척결, 기업 윤리, 정부의 효율성 등은 기업가 정신을 촉진하고, 그에 따라 개인의 성공을 유발하는 변수들이다.

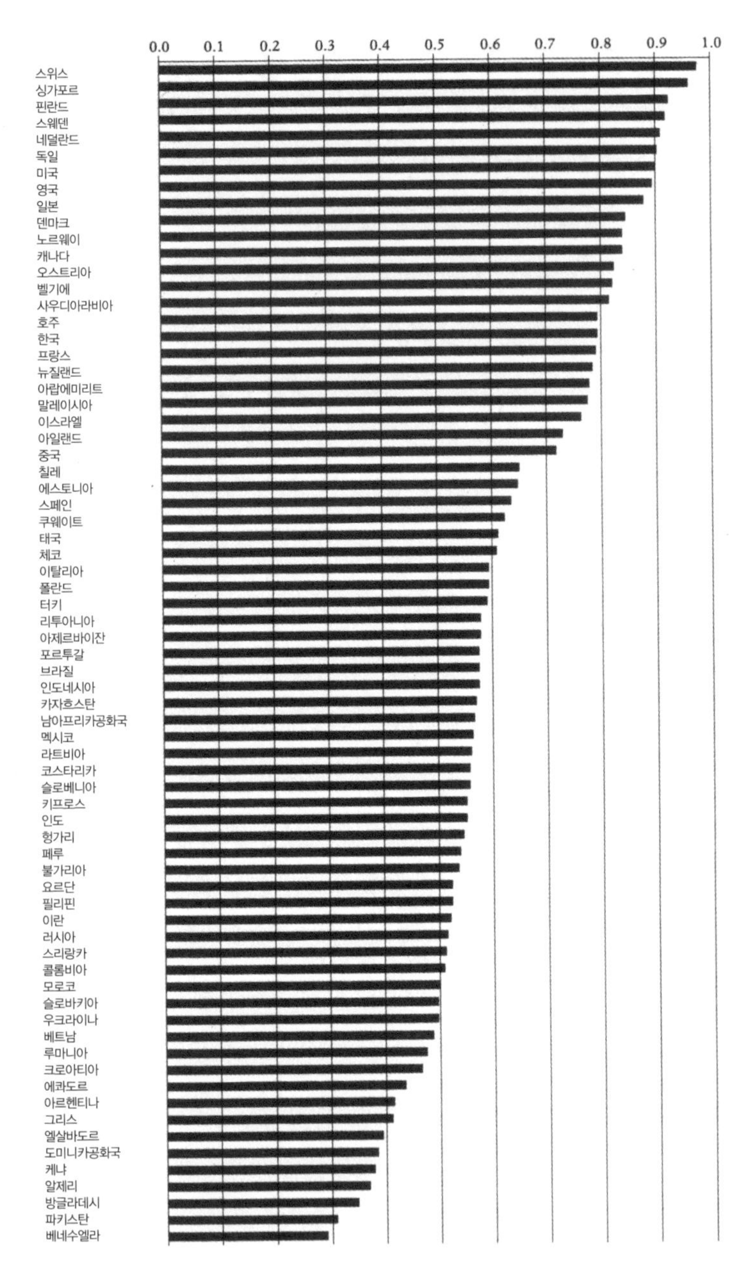
0.0
0.1
0.2
0.3
0.4
0.5
0.6
0.7
0.8
0.9
1.0
스위스
싱가포르
핀란드
스웨덴
네덜란드
독일
미국
영국
일본
덴마크
노르웨이
캐나다
오스트리아
벨기에
사우디아라비아
호주
한국
프랑스
뉴질랜드
아랍에미리트
말레이시아
이스라엘
아일랜드
중국
칠레
에스토니아
스페인
쿠웨이트
태국
체코
이탈리아
폴란드
터키
리투아니아
아제르바이잔
포르투갈
브라질
인도네시아
카자흐스탄
남아프리카공화국
멕시코
라트비아
코스타리카
슬로베니아
키프로스
인도
헝가리
페루
불가리아
요르단
필리핀
이란
러시아
스리랑카
콜롬비아
모로코
슬로바키아
우크라이나
베트남
루마니아
크로아티아
에콰도르
아르헨티나
그리스
엘살바도르
도미니카공화국
케냐
알제리
방글라데시
파키스탄
베네수엘라

성공 지수

교통수단과 전기 등 일반적인 사회 기반 시설을 통해 사람들이 더욱 쉽고 포괄적으로 비즈니스를 할 수 있다. 물론 긍정적인 거시경제의 관점은 성공에 특히 중요하다(예를 들어 투자 결정에 영향을 줄 것이다). 교육 및 건강 개선은 특히 저개발 국가에서 사람들이 상향 이동을 하는 데 필수 조건이다. 게다가 교육은 혁신의 주요 원동력이다.

또한 성공 지수에는 세율과 시장 효율성이 고려되었다. 이는 경쟁의 척도일 뿐만 아니라 세율 방식이 사회 내에서 이동성을 촉진하거나 금지할 수 있기 때문이다. 시장이 제대로 돌아가기 위해서는 적당한 조세 구조가 필요하고, 또 포괄적인 재정이 있어야 한다. 이는 벤처 자금의 유용성, 노동시장의 유연성(개인과 기업 모두), 인터넷과 휴대폰 같은 필수적인 기술 등 여러 형태로 나타날 수 있다.

우리는 앞서 문화 코드 값의 구조를 설명했고, 이 단락에서는 생물논리의 동기 요소인 '네 가지 S'의 지수를 국가별로 순위를 나타냈으므로 이제 우리가 분석한 R^2 이동성 지수와 그에 관한 71개국의 결괏값을 살펴볼 준비가 되어 있다. 여러분의 국가가 상향 이동을 하고 있는지 확인해 보라.

R^2 이동성 지수

12

당신의 국가는 상향 이동을 하고 있는가?

태초에 인간이 등장하고 남자가 여자에게 생식 능력을 처음 과시한 이후부터 인간은 자신을 과시하고 더 나아지려고 늘 애써 왔다. 국가는 GDP나 대량살상무기를 두고 경쟁하고, 도시들은 교통 시스템이나 고층 빌딩으로 경쟁한다. 또 10대 소년 소녀들은 음경이나 가슴 크기를 두고 경쟁한다. 인간은 경쟁하고, 늘 더 좋고 빠르고 강한 목표를 세우려는 경향을 타고났다.

'통계는 비키니와 같다. 모든 것을 보여주는 것 같지만, 정작 중요한 것은 보여주지 않는다'는 유명한 말이 있다. 따라서 국가의 번영지수를 파악하기는 어렵다. 물론 어느 나라가 가장 좋은 재화와 용역을 만들어내는지를 파악하는 것은 중요하다. 그런 나라는 가장 지속 가능하고, 또 가장 평등하고 안전하고 경쟁적이며 '행복한' 환경을 가지고 있기도 하다. 하지만 결괏값을 비롯해 사회 이동에 영향을 미치는 조건들을 기반으로 국가의 번영 지수를 측정할 지표는 없다.

국내총생산GDP은 세금과 할당량이 포함되지 않는 화폐의 관점에서 국가의 전체 생산을 평가한다. 그리고 이 지수로 국가 간의 경제 발전을 비교한다. 그런데 국내총생산은 삶의 질을 평가하지 못하며, 또 문화나 교육의 진보도 평가하지 못하는 문제점이 있다. 다만 농업, 서비스, 공업, 소규모 회사 등의 생산량을 평가할 뿐이다. 따라서 국내총생산으로는 그 나라 국민들이 건강한지, 교육을 잘 받는지, 또는 행복한지를 판단할 수 없다.

유엔개발계획United Nations Human Development Programme이 발표한 인간개발지수Human Development Index는 경제, 건강, 교육 수준 등을 조사해 사람들의 자기 계발 정도를 평가하지만 가치관과 문화 요소를 자기 계발에 사용하는 정도는 보여주지 않는다.

국내총생산과 인간개발지수로 생산, 건강, 교육 수준이 높은 나라들을 확인할 수는 있지만, 그런 나라에서 살고 있는 사람들이 상향 이동을 할 수 있는지는 확인할 수 없다. 즉, 그 사람들이 원하는 곳에서 공부하거나 일할 수 있는지, 또는 원하는 직업을 가질 수 있는지를 파악할 수 없다.

행복이나 복지 같은 모호한 개념들을 평가하기 위해 여러 지표들이 개발되었다. 미국에는 시민의 건강과 전반적인 복지를 평가하기 위한 복지시표Well-Boing Index가 있다. 이 복지지표에는 신체 및 정신적 건강, 건전한 행동, 근로 환경, 지역사회 개발 등이 포함된다. 하지만 이 지수는 지금까지 미국 시민의 복지를 평가하는 데만 사용되었다.

지구촌행복지수Happy Planet Index는 '국가별로 사람들이 오래 살고 행복한 삶을 사는' 환경 효율성을 평가하기 위해 환경의 영향과 복지가 결합된 지수다. 이 지수는 국가별 기대 수명, 삶의 만족도, 환경 오염 지표 등을 평가하지만, 경제적, 정치적, 문화적 구성 요소는 놓치고 있다.

요컨대 한 국가의 몇 가지 삶의 측면과 사회와 경제를 평가하는 지표들은 많다. 하지만 사람들의 상향 이동에 도움을 주는 요소를 나타내는 지표는 없다. 다시 말해 우리는 이 책에서 밝혀낸 이동성에 영향을 주는 문화적, 생물 논리적 요소를 반영하는 지표를 찾아냈다. 그 결과 우리는 라파이유-로머Rapaille-Roemer 이동성 지수, 즉 R^2 이동성 지수를 만들어 전 세계 모든 사회의 생물 논리와 상향 이동이 가능한 문화 코드를 분석하려고 한다.

유엔에 따르면, 지표는 기본적으로 목적과 영향력을 명확히 밝혀내기 위한 도구다. 또한 변화와 목표를 확인하기 위한 척도다. 말하자면 지표는 다른 사람들이나 다른 국가와 비교해서 자신의 위치를 확인하는 것이다. 그런 이유로 우리는 사람들이나 국가의 이동을 이끄는 요소가 무엇인지 알아내고 싶었다. 또 그리하여 국가들 간의 상향 이동을 위한 조건을 비교하는 데 유용한 지표를 개발하고 싶었다.

R^2 이동성 지수를 어떻게 해석해야 할까?

R^2 이동성 지수는 이동성을 이해하는 새로운 방식이다. 우리는 이를 통해 한 문화 내의 사람들이 상향 이동을 할 수 있는 조건과 요소

들을 평가할 것이다. 이 지수는 이동성을 평가하지는 않는다. 이동성을 조사하기에는 자료가 충분하지 않기 때문에 적어도 모든 국가들을 이 지수에 적용할 수 없다. 대신 이 지수는 각 나라가 상향 이동의 조건을 얼마나 충족하고 있는지를 보여준다.

R^2 이동성 지수는 최하 0부터 최고 1까지 평가된다. 낮은 점수는 상향 이동을 촉진하는 정책이 거의 없거나 그 수준이 낮은 사회를 나타내고, 높은 점수는 상향 이동을 촉진하는 정책이 강한 사회를 나타낸다. 좀더 명확히 말하면, 상향 이동을 위한 최고의 조건을 제공하는 국가의 지수 값은 1이다. 반면 지수 값이 0이면 상향 이동이 전혀 없는 정지 상태를 나타낸다. 우리가 조사한 나라들 가운데 지수 값이 0이나 1을 나타내는 국가는 없다. 모두 0.22(방글라데시)와 0.85(스위스) 사이에 해당한다.

R^2 이동성 지수는 '네 가지 S'로 분류되는 생물 논리 변수와 C^2(문화 코드)의 문화적 변수를 종합한 결과다. 각각의 S는 최하 0부터 최고 1까지 점수를 매기고, R^2 이동성 지수와 똑같은 방식으로 0이 가장 낮은 점수, 1이 가장 높은 점수를 나타낸다. 이 방식은 C^2에도 똑같이 적용되어 0은 상향 이동의 구성 요소를 모두 방해하는 문화이고, 1은 사람들을 상향 이동의 최고 위치에 오르도록 장려하는 문화를 나타낸다.

$$R^2\ \text{이동성 지수} = \frac{\text{문화 코드}(C^2) + \text{생물 논리}}{2}$$

R^2 이동성 지수에는 2개의 주요 구성 요소, 즉 질적 요소와 양적 요소가 있다. 문화는 평가하기 어렵기 때문에 질적 방법론('결정적인 다섯 수'와 '제3의 무의식')을 통해 C^2 변숫값 1을 만들어냈다. 이 변수는 자유, 혁신적 정신, 개방성(성적 태도 포함), 능력주의 등 네 가지 기본 요소를 중심으로 여러 문화적 특성을 고려한다.

C^2에 관해서는 선택의 자유, 혁신적 정신, 남녀평등, 안보, 성공 추진력 등 이동성에 영향을 주는 중요한 부분의 숨겨진 의미를 밝혀내려고 했다. 문화는 복잡하고, 어떤 문화의 특성이 왜 나타나고 확산되는지를 이해해야 하며, 생존은 늘 명확한 개념이 아니기 때문이다.

우리는 '결정적인 다섯 수'와 '제3의 무의식' 이론을 통해 71개국의 문화 코드를 평가하고, R^2 이동성 지수를 위한 C^2 값을 나라별로 제시했다. 한 가지 주목할 점은 문화 코드를 통해 우리의 관점에서 여러 문화를 판단할 수 없다는 것이다. 예를 들어 중국은 민주주의 정치를 실현한 적이 없는 나라이기 때문에 우리는 중국이 민주주의 정부가 아니라고 해서 반드시 나쁘다고 추정할 수 없다. 하지만 중국 고유의 문화 코드를 통해 그들이 문화를 해석하는지 확인할 수는 있다.

R^2 이동성 지수의 질적 요소인 C^2가 이해되었다면 이제 양적 요소인 생물 논리의 값을 살펴보자. 생물 논리의 요소는 생존, 성, 안전, 성공이라는 '네 가지 S'로 분류되어 있다. 이는 인간성, 본능, 선천적 욕구, 상향 이동을 위한 필수 능력 등을 고려해 상향 이동에 영향을 미친다고 판단된 생물 논리의 요소들이다. 이 '네 가지 S'는 문화가

어떻게 상향 이동에 도움이 되는지를 파악하는 기준이다. 예를 들어 사람들이 생존하는 데 도움이 되는 문화인가? 남자와 여자가 동등한 기회를 갖는 문화인가? 사람들을 안전하다고 느끼는 문화인가? 사람들의 성공에 도움이 되고 그에 대한 보상이 따르는 문화인가? 이러한 것들을 고려해 볼 수 있다.

양적 요소인 생물 논리의 요소는 명백한 자료로 이루어져 있기 때문에 주관적인 견해가 들어 있지 않다. 여기에는 부GDP, 불평등(지니계수), 여성의 정치적 지위, 경쟁, 기후 등이 포함된다. 우리는 '태어나고 싶은 나라 지수Where to be Born Index'에 기반을 둔 생존과 건강 및 교육에 대한 국가의 지출을 측정했다. 성에 관해서는 유엔의 '성불평등지수'를 사용했고, 안전의 경우는 '인간안보지수'를 사용했으며, 성공의 경우는 '세계경쟁력지수'를 사용했다. 하지만 이들 자료에는 여러 문화의 특징들이 반영되어 있다. 그리고 여기서 중요한 것은 문화적 특성이 이런 명백한 자료의 기반이 된다는 점이다.

상향 이동을 위해서는 기본적인 주거지, 식량, 물 외에 그 이상의 생존 욕구가 충족되어야 한다. 한 국가가 성 변수를 충족한다는 것은 인간의 본능적인 자손 번식의 욕구와 남자와 여자의 타고난 차이점을 잘 알고 있다는 의미다. 따라서 국가들은 사람들의 자손 번식 욕구를 지원하는 정책을 펼치고, 남자와 여자의 권리와 개인적인 성취를 보장해야 한다.

위협과 위험으로부터 사람들을 지키는 안보와 안전 역시 한 나라 국민들의 상향 이동에 반드시 필요한 변수다. 마지막으로 가장 중요한 것은 모든 인간들이 성공의 욕구를 타고나므로, 국가는 사람들이 성공하기 위한 필수 조건을 만들어내야 한다는 것이다.

그러면 어떤 문화가 상향 이동에 가장 좋을까? 첫 번째, 기본적인 파충류 뇌의 욕구를 충족해야 한다. 그렇다고 무작정 본능적 욕구를 충족하는 문화를 의미하는 것이 아니다. 예를 들어 식량이 부족할 때 이웃을 죽이라고 부추기는 문화를 생각해 보라. 그런 문화는 파충류 뇌의 욕구가 강하지만 그런 특성으로 사회의 상향 이동을 이끌지는 못한다. 또한 희소 자원을 두고 경쟁을 하려고 들지 않는 것도 현실을 모르는 문화다. 하지만 파충류 뇌의 욕구를 이해하고 최선의 방법으로 그 욕구를 표현할 수 있는 틀을 마련한 문화는 상향 이동을 하고 있는 문화다.

두 번째, 각 문화에서 성공이 무엇을 의미하는가를 이해해야 한다. 미국 문화의 핵심 요소 중 하나가 '돌아온 아이comeback kid' 원형이다. 미국은 시민들이 모두 밝은 미래를 갖고 있다고 믿고, 또한 본질적으로 이민자들의 나라이기 때문에 성공적으로 이민자들을 통합할 수 있다. 누구든 그 일부가 될 수 있는 문화라는 것이다. 미국의 언어를 배우고 스스로 미국 문화에 통합된다면 미국인이 될 수 있다. 그런데 국경을 넘어가다 죽는 등 미국인이 되려고 위험을 감수하는 사람들이 있다. 이 사실은 많은 의미를 담고 있다. 새로운 이민자들은 미국인이 되기로 선택하기 때문에 미국에서 태어나고 자란 사람들보다 훨씬 더 미국인 같다고 할 수 있을 정도다.

미국은 상향 이동을 권장하는 문화와 '계속 이동하는' 정신을 갖고 있다. 페이스북과 애플이 미국에서 만들어진 이유가 있다. 미국 문화는 위험을 감수한 만큼 보상을 해준다. 미국 문화는 청소년 문화이고, 미국인들은 반항아다. 그들은 망설이지 않고 행동한다.

반면 프랑스는 더욱 비관주의적인 문화다. 프랑스인들은 늘 사고하고 모든 것과 모든 사람을 비평하지만 그에 따라 행동하지는 않는다. 심지어 그들의 교육제도는 나폴레옹에 의해 만들어졌고, 이후 눈에 띌 만한 변화가 없었다. 대뇌피질의 욕구가 강한 문화이지만 그런 특성 때문에 결국 좌절감을 맛본 것이다. 모든 것이 잘못되어도 아무것도 변화시키려고 하지 않는다. 행동 지향적인 미국과 대조적으로 프랑스는 실용적인 것을 저속하게 여긴다. 그러나 새로운 일을 시도하는 것은 상향 이동의 핵심이다.

프랑스는 사고하고 사실상 힘든 일을 금지하는 법을 만드느라 바쁜 반면, 미국인들은 창조하고 생산하고 실수하고 다시 시도하며 부를 만들어내느라 바쁘다. R^2 이동성 지수에서 미국은 3위이고, 프랑스는 18위다. 특히 1위인 이웃 나라 스위스는 프랑스와 같은 세련된 선진국과 엄청난 차이를 보인다. 스위스와 프랑스는 같은 프랑스어를 쓰고 지리학을 공유한다. 그런데 왜 두 나라는 그렇게 차이가 날까?

프랑스의 34.5퍼센트 사업 세율(최대 한계 세율을 75퍼센트까지 정하려고 했지만 헌법에 위배된다는 결정이 났다)과 대조적으로 사업 세율이 최대 24퍼센트인 스위스는 강력하고 개방적인 경제를 갖추고 있고, 재산권을 존중하며 법으로 보호한다. 또한 스위스는 대외무역에 대한 평균 관세가 0이고, 은행제도가 잘 지켜지고 있다(스위스 은행은 유명하다). 스위스 사람들은 혁신을 권장하는 환경을 유지하려고 한다. 그 결과 세계에서 가장 높은 특허 출원 비율을 자랑한다. 그리고 스위스의 교육은 모든 분야에서 세계 최고 수준이다. 스위스는 견습 기간을 권장하는 만큼 높은 교육을 장려하여, 실업률이 3퍼센트 이하다. 반면 프랑스는 실업률이 두 자릿수다. 경제의 핵심은 혁신을 통한 창조적 파괴에 있으므로, 스위스가 정상에 올랐다고 해서 놀랄 일은 아니다.

상향 이동을 하고 있는 나라들은 선진국의 대열에 들어서 있다. 그들은 어떻게 선진국의 대열에 들어섰을까? 그들은 다양성을 받아들이는 개방 제도를 갖추고 있고, 원칙을 독단적으로 끌어가지 않고 각자의 차이와 도전을 통합한다.

다양한 민족이 모여 있는 싱가포르는 리콴유가 완전히 통합했다. 인도인, 중국인, 말레이시아인, 유럽계 이민자들을 포함해 불교, 힌두교, 이슬람교, 기독교까지 다양한 종교가 평화롭게 공존하는 나라다. 이곳에서는 매년 7월 21일을 '민족 화합의 날Racial Harmony Day'로 정해 기념하기도 한다.

반면 인도는 통합이 전혀 이루어지지 않는 나라다. 뿌리 깊은 카스트제도 때문에 사람들이 전혀 다른 현실을 살고 있다. 한 계층에 속하면 죽을 때까지 그 계층으로 살아야 한다. 그들은 환생을 믿기 때문에 현실에서는 상향 이동이 불가능하고 업보와 경험에 따라 내세에는 상향 이동이 가능하다고 믿는다. 따라서 카스트제도에서는 계층 간의 결합이나 이동이 불가능하므로 진정한 개혁이 일어나지 않는다. 물론 같은 계층 내에서 가난한 불가촉천민이 부자가 될 수는 있지만, 하위 계층에서 고위 계층으로 올라가는 진정한 상향 이동은 불가능하다. 이는 공동체와 가족을 지향하면서도 계층 간에 동떨어진 문화적 그림자, 즉 문화의 어두운 면을 보여주는 것이다.

싱가포르의 학교는 주로 능력주의 방식으로 운영되고 있다. 교육에 중점을 두면서 여러 가지 이유로 상향 이동이 이루어진다. 학생들은 마음먹고 노력하면 상향 이동을 할 수 있다. 싱가포르 교육 방식의 이점은 열심히 노력하면 보상을 받는다는 것이다. '정보만 습득하는 것이 아니라 자신을 변화시킨다'는 그들만의 교육 방식이다. 다시 말해 개인의 상향 이동은 돈을 많이 버는 것이 아니라, 자신의 성격을 바꿔 내면을 더 강하게 만드는 일이라는 의미다.

싱가포르의 교육 철학은 학생들이 좋은 성적으로 시험에 합격하는 것 이상의 의미를 담고 있다. 싱가포르에는 부정부패가 있을 수 없다는 윤리 또한 거기에 포함되어 있다. 싱가포르 사람들이 부정행위를 하지 않는 것은 단순히 도덕성 때문이 아니다. 기만하는 사람은 오로지 자신이라는 사실을 깨닫고 있기 때문에 부정행위를 하지 않는다. 이는 명확한 규칙과 명확한 보상으로 이루어진 아주 간단한 교육 방식이다. 모든 것이 성공을 위한 길이 된다는 것이다. 그래서 싱가포르는 (기존의 규제가 강력히 시행되더라도) 규제가 거의 없고 세금이 낮으므로 사업하기 좋고, 예측 가능하고 신뢰할 수 있는 법률제도를 갖추고 있으므로 혁신하기 좋은 환경이다.

적절한 조세정책도 이동에 큰 역할을 한다. 스웨덴은 소득세율이 50퍼센트 이상으로 세계에서 가장 높다. 반면 사업세는 가장 낮아서 파리나 뉴욕보다 스톡홀름에서 사업하는 것이 비용이 더 적게 든다.

따라서 기업의 세금을 낮추면 혁신과 독창성과 창의력이 발전하는 문화가 양성된다. 일본은 혁신적인 환경이 뛰어난 나라다. 매우 근면한 일본인들이 파업하는 방식은 특이하다. 그들은 지나치게 일을 많이 한다. 제품의 가격을 낮추려고 과잉생산을 함으로써 사장에게 압력을 행사한다. 팀으로 일하는 방법을 잘 아는 것이 일본인들의 이점이다.

일본인들은 개인으로서는 별로 똑똑하지 않지만 집단으로서는 가장 총명하다는 말이 있다. 그들은 집단 중심 문화를 갖고 있기 때문이다. 2011년에 쓰나미가 일본 해안을 강타했을 때 약탈 행위는 찾아볼 수 없었고, 모두 서로를 돕는 총명한 집단의식을 보여주었다. 일본인들에게는 집단의 상향 이동이 중요하다. 하지만 이는 개개인이 상향 이동을 해서는 안 된다는 의미이기도 하다. 일본의 문화에 어긋나기 때문이다. 일본인들은 팀워크 노하우는 뛰어나지만, 개인이 뛰어난 실력을 발휘하지는 못한다. 사실 일본에서 상향 이동을 하기는 어렵다. 사람들의 노력을 요구하는 문화는 좋지만, 지나치면 스트레스가 될 수 있다.

러시아와 멕시코 문화에서도 상향 이동은 어렵다. 러시아의 문화 코드는 '고통'이다. 러시아인들은 고통을 즐기면서 강한 자아를 만들려고 한다. 나이 든 러시아인들은 술집에서 고통을 많이 겪었던 시절에 관한 이야기를 나누고 향수에 잠겨 간접적으로 고통을 즐기기도 한다. 성공이 고통을 의미하는 그런 문화가 어떻게 상향 이동을 할 수 있겠는가? '나는 고통스럽다, 고로 나는 존재한다'는 문화는 이동성에 그리 도움이 되지 못한다.

브라질은 부패, 불평등, 교육 문제가 심각하다. 성인 인구의 절반이 중등학교를 마치지 못했다. 러시아는 성인 90퍼센트가 학교를 다녔다. 사람들의 기대 수명이 브라질보다 낮은 러시아는 생존하기 어려운 나라다. 러시아는 시장경제로 걸음을 내딛었지만 그것만으로 부족하다. 따라서 명확한 사법제도를 만들고 정치적 경쟁을 보장하기 위한 제도를 마련해야 한다.

외국인들에게 러시아 젊은 여성에 대한 고정관념은 미니스커트 차림에 하이힐을 신은 아름다운 모습이다. 그것은 바로 이런 러시아 여성들이 상향 이동의 기회를 얻을 수 있었기 때문이다. 하지만 러시아의 기록 영화를 보면 머리에 천을 두른 시골 여성들이 등장한다. 러시아 여성들은 미니스커트와 하이힐의 현실을 선택하느냐, 아니면 바부슈카 복장의 현실을 선택하느냐의 기로에 서 있다. 그들의 상향 이동은 시골에서 벗어나는 것이다. 시골을 떠나지 못하면 그들은 뚱뚱한 바부슈카가 된다.

멕시코에서는 '견뎌내다'는 의미의 '아구안타르aguantar'라는 오래된 개념이 아직도 널리 퍼져 있다. 멕시코인들은 참을성에 익숙하다. 그들은 고된 일을 참고, 눈물을 참고, 또 삶의 모든 역경을 참아내기만 할 뿐 그것을 벗어나기 위해 아무런 조치도 취하지 않는다. 믿을 수 없을 정도의 인내로 끔찍한 고통을 참는 것이다. 그 결과 멕시코인들은 아주 강력한 문화를 갖게 되었지만 고통을 참고 힘든 시기를 보낼 뿐이다. 그들은 역경에서 벗어나는 일을 창의성이 아닌 비겁함으로 여기기 때문이다. 그들은 틀에서 벗어날 생각을 하지 않고, 또 그런 생각을 하는 사람들을 약한 존재로 여긴다. 따라서 이런 문화에서는 혁신과 이동성이 전혀 이루어지지 않는다.

하지만 멕시코는 이제 틀을 깨고 있는 중이다. 정부는 석유 에너지 생산에만 치중하다가 최고가 되기 위한 혁신으로 전환했다. 그 일환으로 국영 석유기업 페멕스Pemex의 제약을 해제하는 에너지 개혁을 통과시켰다. 민족주의와 멕시코를 상징하는 페멕스를 개혁하는 것은 나라를 판다는 의미였을 것이다. 다행히 멕시코는 그런 마법을 깰 수 있었고, 다른 중요한 개혁(국가 재정, 신용도, 교육, 전기통신, 경제적 경쟁력)과 함께 멕시코인들은 틀에서 벗어나기 위해 노력하고 있다. 오늘날 멕시코는 브라질보다 낮은 영업세로 사업을 함으로써 자유로운 국가가 되었고, 그 결과 실업률도 낮아졌다.

아르헨티나는 한때 부유했지만 정부의 잘못된 통제 정책(석유회사 장악 등)으로 현재 퇴보하고 있다. 아르헨티나의 물가 상승률은 10퍼센트이고, 공채도 증가하고 있으며, 실업률은 라틴아메리카의 다른 나라들보다 높고, 관세율 또한 높다(현재 아르헨티나 5.6퍼센트, 칠레 4퍼센트, 멕시코 2.2퍼센트, 미국 1.6퍼센트, 싱가포르 0퍼센트). 아르헨티나는 대중주의, 수입 규제, 정부 간섭 등이 아닌 올바른 통치를 기반으로 라틴아메리카의 다른 국가들을 따라잡아야 한다. 19세기 초부터 많은 이민자들의 고향으로서 문화적으로 부유했던 아르헨티나는 그 이점을 이용해야 한다.

미국은 문화적인 면에서는 좋은 점수를 받겠지만(러시아, 프랑스, 인도보다 훨씬 낫다) 안전 부문에서는 그렇지 못하다. 미국은 문화 코드(C^2) 순위에서 최상위에 속하지만 생물 논리의 순위에서는 안전 요소 때문에 14위를 차지한다. 미국은 경제적 불평등과 인종 간의 심한 격차에 시달리고 있다. 흑인이 감옥에 수감될 가능성이 높고, 교육, 소득 및 보건 혜택에서 백인과의 격차가 크게 벌어지고 있다.

미국에서는 공립학교가 지역에 따라 지원금을 받는다. 부유한 학군의 학교는 지원금을 많이 받기 때문에 더 좋을 것이다. 형편이 어려운 학군의 학교는 지원금을 많이 받지 못한다. 부유한 학군보다 지원금이 적으면 결국 학생들은 제대로 교육받지 못한다. 그 결과 부유한 아이들이 더 좋은 공립학교에 들어가기 때문에 구조적인 불평등을 야기한다.

캐나다는 성과 안전의 측면에서 미국보다 살기 좋은 나라다. 캐나다 의회의 여성 의석 수는 미국보다 더 많다. 미국은 캐나다보다 10대의 임신 비율이 더 높은데, 이는 성교육이 더욱 열악하다는 의미다. 캐나다는 또한 미국보다 여성 노동 인구가 더 많다.

미국은 강력한 군사화, 테러의 위협, 소득 불평등, 불공정성 때문에 안전 지수에서 낮은 점수를 받았다. 수감률을 보면, 캐나다는 10만 명 중에 118명이고 미국은 10만 명 중에 707명이다.

북유럽 국가들의 안전 지수가 높다는 사실은 전혀 놀랄 일이 아니다. 이 나라들은 국민들에게 수준 높은 삶을 보장하기 위해 높은 세금을 매긴다. 스위스, 덴마크, 노르웨이, 스웨덴, 핀란드 등이 안전 지수에서 최상위를 차지하고 있다. 안전 지수 하위 국가들은 케냐, 방글라데시, 파키스탄 등 빈곤에 시달리는 나라들이다. 그들은 부정부패가 매우 심하고 법질서가 열악하다. 이동성 지수가 전체 69위인 베네수엘라는 '해결책'이 완전히 고착된 나라다. 이는 분명 경쟁력 부족과 공용 징수 때문이다. 베네수엘라는 사회에 이익이 되고 더욱 급속히 발전할 수 있는 시장 모형을 받아들이지 않기 때문에 상향 이동이 불가능하다. 베네수엘라 정부는 똑같은 법률이 다음 달에 시행되리라고 보장하지 못한다. 또한 베네수엘라는 장려책이 제대로 이루어지지 않기 때문에 창의력을 발휘하기 힘들고, 따라서 발명도 이루어지지 않는다.

인도는 신흥세력으로 간주하지만 경제적 불평등이 심한 연쇄 반응을 일으키는 나라다. 미성년 노동, 불안정, 차별, 남녀 불평등, 건강과 교육의 부족(주로 시골 지역) 등은 전혀 도움이 되지 않는다. 인도는 법을 개정했지만, 시행하지 못하고 있다. 경찰이 너무 부패했기 때문에 사람들이 때로는 범죄를 신고하려고 경찰서에 가는 것을 더 두려워한다.

또한 세계에서 두 번째로 가장 많은 인구를 차지하는 인도는 불안정한 현실과 복잡한 하위문화를 가지고 있기 때문에 통치하기 어려운 나라다. 인도는 R^2 이동성 지수에서 꽤 낮은 순위를 차지하고 있고, 같은 브릭스BRIC(브라질, 러시아, 인도, 중국) 국가들보다 훨씬 낮다.

중국은 기대 수명이 75세 이상이지만 인도는 68세다. 인도는 인구의 55퍼센트가 빈곤 상태에 놓여 있다. 반면 중국은 인구의 6퍼센트 이하만 그렇다. 남자와 여자의 사회활동을 보면 중국은 인도보다 훨씬 낫다. 의회에서 여자의 의석 수가 더 많고, 교육을 받은 여자들의 비율이 인도보다 거의 2배 더 많다. 산모의 사망률을 보면 인도는 정상 출산자 10만 명당 2백 명이 사망하는 심각한 수준이지만, 중국은 37명이 사망한다. 비즈니스 분야에서는 인도가 번창하기 시작했고, 해외투자도 잘 이루어지고 있지만, 관료주의와 부정부패 때문에 사업을 시작하기는 여전히 어렵다.

중국, 인도네시아, 인도, 케냐, 파키스탄, 방글라데시 등의 나라에서는 여전히 깨끗한 물 공급이나 기본 시설이 매우 부족하다. 이들 나라의 정부는 국민들을 위해 주거지와 급수 시설뿐 아니라 교육 및 의료 서비스를 제대로 제공하지 못하고 있다. 생존과 안전 지수에서 나타나는 결괏값은 현실을 그대로 반영한다. 방글라데시에서는 건물 규제가 제대로 이루어지지 않아 2013년 4월에 건물 붕괴로 1,129명이 사망했다.

다음 도표는 각각 R^2 이동성 지수, C^2 지수, 생물 논리 지수에 따라 국가 순위를 매긴 것이다. 여러분의 나라는 몇 위에 해당하는지 살펴보라. 이 정보에 관해 더 많은 사실을 알고 싶다면 지수가 어떻게 계산되었는지 설명해 놓은 '부록 1'을 살펴보면 된다.

'부록 2'에 R^2 이동성 지수에 따라 71개국의 순위를 매긴 표를 실었다. 첫째 열은 R^2 점수를 기준으로 가장 높은 점수에서 가장 낮은 점수까지 나라별 순위를 매겨놓은 것이고, 둘째 열은 각 나라의 R^2 값을 나타낸다. 셋째 열은 생물 논리의 값을 나타내는데, 이는 '네 가지 S'의 평균값으로 이루어져 있고, 넷째 열은 생물 논리의 값에 따라 나라별 순위를 매긴 것이다. 다섯째 열은 문화 코드 C^2 값을 나타내고, 여섯째 열은 C^2 값에 따라 나라별 순위를 매긴 것이다.

표의 최상위에 있는 국가들은 상향 이동을 하기 가장 좋은 조건을 갖춘 나라들이다. 이 나라들은 생물 논리의 구성 요소와 기회 창출을 위한 문화 코드를 잘 이용하고 있다. 그다음 표는 경제와 제도를 가지고 상향 이동을 하기 가장 좋은 기회를 만들기 위해 '네 가지 S'를 활용한 정도를 국가별로 나타낸 것이다.

반면 표의 최하위에 있는 국가들은 상향 이동을 위한 사회적, 경제적 조건을 갖추지 못한 나라들이다. 이런 나라의 국민들은 상향 이동을 위한 생물 논리적 특성과 문화 코드의 기회를 잘 이용하지 못한다. 그리고 생물 논리의 지수가 높은데 C^2 지수가 낮은 경우도 있지만 중요한 것은 두 지수를 결합해서 나온 결괏값이다.

흥미롭게도 표의 최상위 국가들은 한 가지 중요한 사실을 보여준다. 바로 인구수에 주목할 필요가 있다. R^2 이동성 지수에서 최상위 국가 10개국 중 스위스, 싱가포르, 핀란드, 오스트리아, 덴마크, 뉴질랜드 등 6개국의 인구는 모두 천만 명 이하다. 이것은 우연의 일치가 아니다.

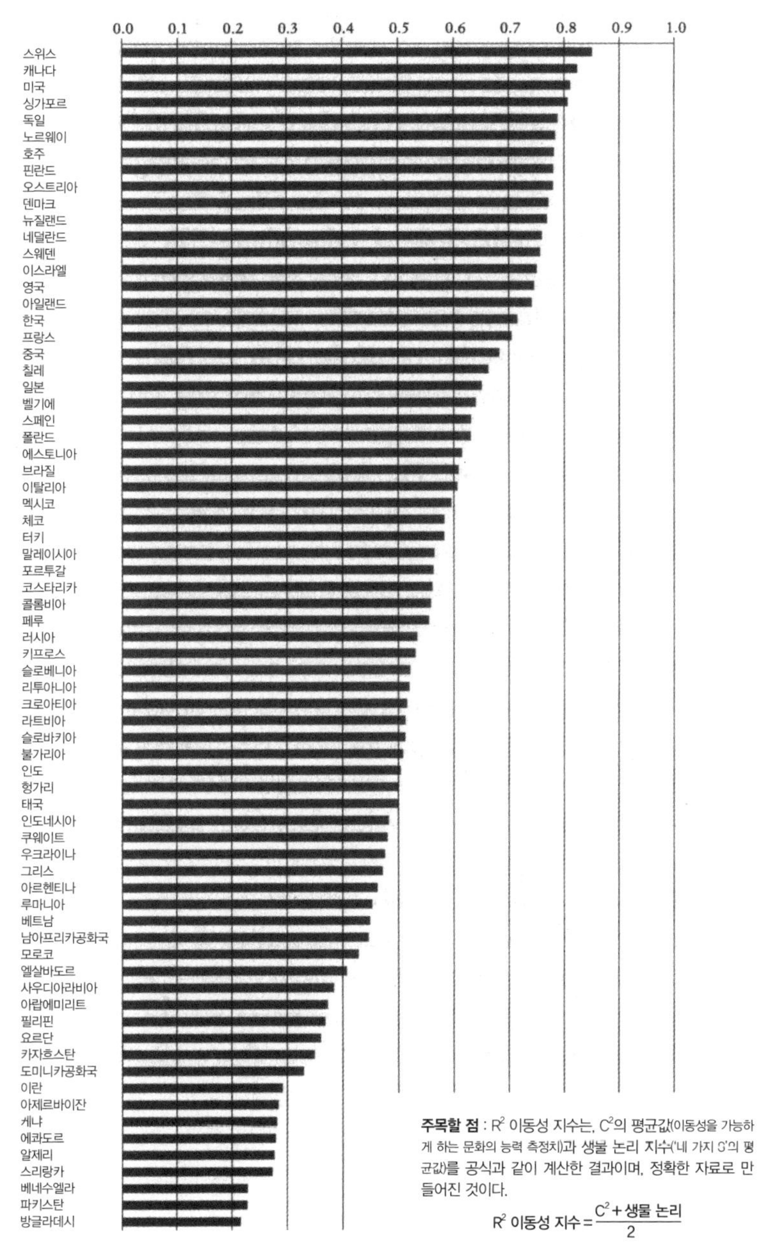
0.0 0.1 0.2 0.3 0.4 0.5 0.6 0.7 0.8 0.9 1.0
스위스
캐나다
미국
싱가포르
독일
노르웨이
호주
핀란드
오스트리아
덴마크
뉴질랜드
네덜란드
스웨덴
이스라엘
영국
아일랜드
한국
프랑스
중국
칠레
일본
벨기에
스페인
폴란드
에스토니아
브라질
이탈리아
멕시코
체코
터키
말레이시아
포르투갈
코스타리카
콜롬비아
페루
러시아
키프로스
슬로베니아
리투아니아
크로아티아
라트비아
슬로바키아
불가리아
인도
헝가리
태국
인도네시아
쿠웨이트
우크라이나
그리스
아르헨티나
루마니아
베트남
남아프리카공화국
모로코
엘살바도르
사우디아라비아
아랍에미리트
필리핀
요르단
카자흐스탄
도미니카공화국
이란
아제르바이잔
케냐
에콰도르
알제리
스리랑카
베네수엘라
파키스탄
방글라데시
주목할 점 : R^2 이동성 지수는, C^2의 평균값(이동성을 가능하게 하는 문화의 능력 측정치)과 생물 논리 지수('네 가지 G'의 평균값)를 공식과 같이 계산한 결과이며, 정확한 자료로 만들어진 것이다.
R^2 이동성 지수 $= \frac{C^2 + \text{생물 논리}}{2}$

R^2 이동성 지수

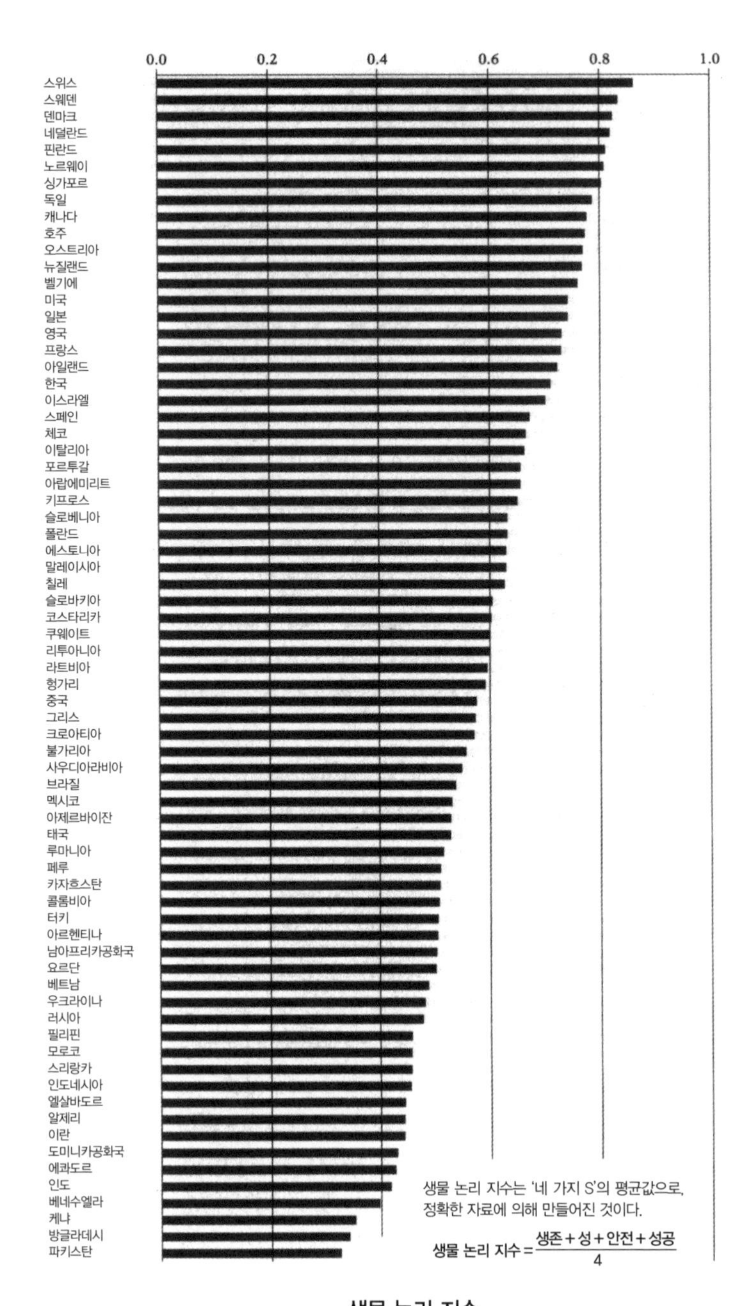
0.0
0.2
0.4
0.6
0.8
1.0
스위스
스웨덴
덴마크
네덜란드
핀란드
노르웨이
싱가포르
독일
캐나다
호주
오스트리아
뉴질랜드
벨기에
미국
일본
영국
프랑스
아일랜드
한국
이스라엘
스페인
체코
이탈리아
포르투갈
아랍에미리트
키프로스
슬로베니아
폴란드
에스토니아
말레이시아
칠레
슬로바키아
코스타리카
쿠웨이트
리투아니아
라트비아
헝가리
중국
그리스
크로아티아
불가리아
사우디아라비아
브라질
멕시코
아제르바이잔
태국
루마니아
페루
카자흐스탄
콜롬비아
터키
아르헨티나
남아프리카공화국
요르단
베트남
우크라이나
러시아
필리핀
모로코
스리랑카
인도네시아
엘살바도르
알제리
이란
도미니카공화국
에콰도르
인도
베네수엘라
케냐
방글라데시
파키스탄
생물 논리 지수는 '네 가지 S'의 평균값으로,
정확한 자료에 의해 만들어진 것이다.
생물 논리 지수 = (생존 + 성 + 안전 + 성공) / 4

생물 논리 지수

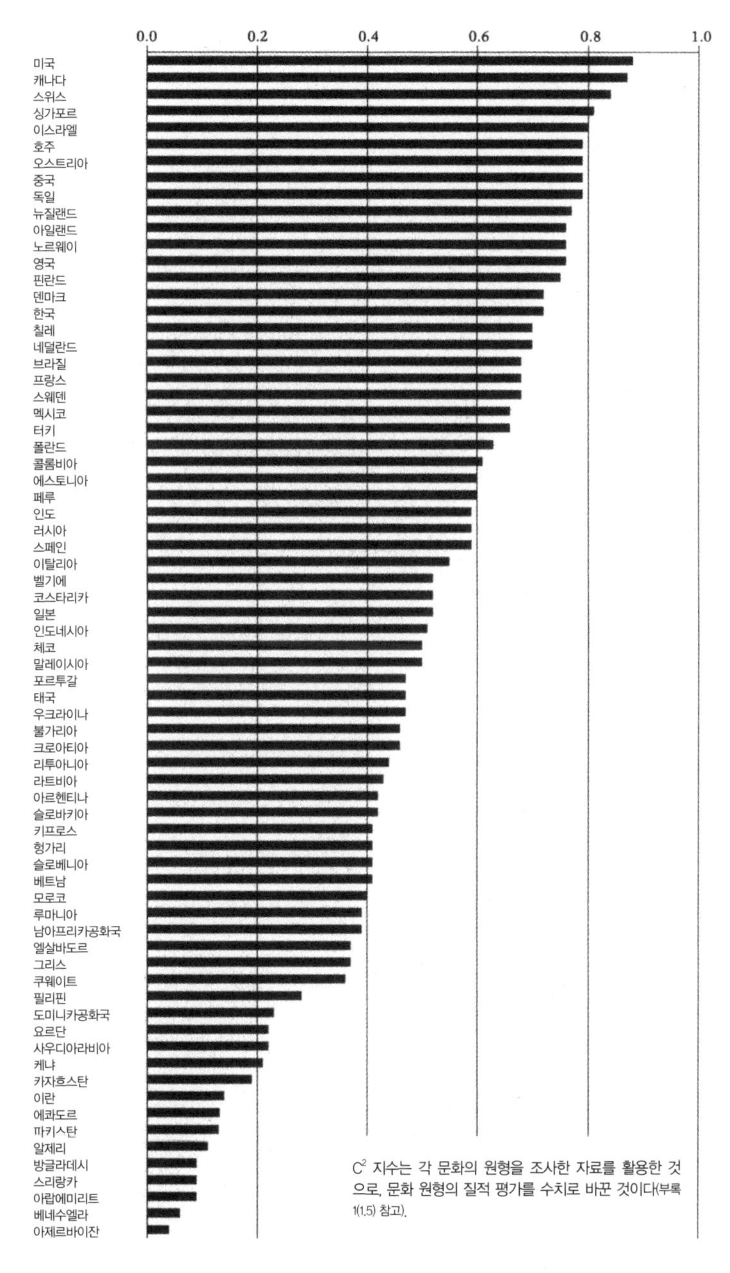
0.0
0.2
0.4
0.6
0.8
1.0
미국
캐나다
스위스
싱가포르
이스라엘
호주
오스트리아
중국
독일
뉴질랜드
아일랜드
노르웨이
영국
핀란드
덴마크
한국
칠레
네덜란드
브라질
프랑스
스웨덴
멕시코
터키
폴란드
콜롬비아
에스토니아
페루
인도
러시아
스페인
이탈리아
벨기에
코스타리카
일본
인도네시아
체코
말레이시아
포르투갈
태국
우크라이나
불가리아
크로아티아
리투아니아
라트비아
아르헨티나
슬로바키아
키프로스
헝가리
슬로베니아
베트남
모로코
루마니아
남아프리카공화국
엘살바도르
그리스
쿠웨이트
필리핀
도미니카공화국
요르단
사우디아라비아
케냐
카자흐스탄
이란
에콰도르
파키스탄
알제리
방글라데시
스리랑카
아랍에미리트
베네수엘라
아제르바이잔
C^2 지수는 각 문화의 원형을 조사한 자료를 활용한 것으로, 문화 원형의 질적 평가를 수치로 바꾼 것이다(부록 1(1.5) 참고).

C^2 지수

행동으로 의사 표시를 하라

"머릿속에는 뇌가 있고, 신발 속에는 발이 있다.
이젠 원하는 곳 어디든 갈 수 있다."

〈오, 네가 갈 그곳들!〉, 닥터 수스[1]

중요한 것은 현재 어디에 있느냐가 아니라 어디로 향하고 있느냐다. 아주 좋은 문화라고 해도 구성원이 하향 이동을 하거나 제자리에 머물러 있다면 어려운 상황에 처해 있다는 의미다. 프랑스는 대단히 좋은 문화를 가졌지만 사실 그 문화가 위협받을 정도로 사람들이 떠나고 있다. 콜롬비아는 오랫동안 부정적 이미지를 가지고 있었지만 상황이 점점 좋아지면서 사람들도 상향 이동을 하고 있다. 중국은 가장 살기 좋은 곳은 아니지만, 많은 사람들이 분명 그곳에서 상향 이동을 하고 있다.

왕벌은 날개의 힘과 무게만 비교하면 기술적으로 날 수 없어야 한다는 말이 있다. 하지만 이런 현실을 인식하지 못하기 때문에 어디든 날아갈 수 있다. 그렇다면 우리가 속한 문화에서 상향 이동이 불가능하다면 어떻게 해야 할까? 문화가 전달하는 메시지를 전부 믿을 필요는 없다. 당신이 속한 문화에서 상향 이동이 이루어지지 않는다면, 아니라고 말하라. 그리고 어디로든 떠나라.

초기 정착민들은 왜 미국으로 이주했을까? 상향 이동을 원했기 때문이다. 그들은 이주를 선택하고 그 결심을 실행했다. 당신이 스웨덴에 살면서 연 백만 달러의 소득 대부분을 세금으로 내고 싶지 않다면, 그 반대 의사의 표시로 바하마로 돈을 옮길 수 있다.

하지만 선택을 하고 행동으로 의사 표시를 하기 전에 우선순위를 파악해 보아야 한다. 이것은 단순히 다른 나라로 이주하는 문제가 아니라 자신의 문화 코드를 바꾸는 일이다. 그래서 우리는 사회적 상향 이동에 영향을 미치는 변수인 C^2(문화 코드)와 '네 가지 S'(생존, 성, 안전, 성공)를 결합하여 R^2 이동성 지수를 만들어냈다.

하나의 관점으로 문화 전체를 판단할 수는 없다. 전적으로 좋고 나쁘다거나 옳고 그른 문화는 없기 때문이다. 문화의 한 측면이 상향 이동에 적합하지 않다고 해서 고유의 특성, 관습, 의식 등 중요한 것까지 버려서는 안 된다. 그보다는 이동에 역행하거나 이동을 전혀 하지 못하게 하는 법칙에 주의해야 한다. 그래서 우리는 문화를 세분화해 이동성 지수를 나타내고 상향 이동을 가능하게 하는 특징과 그렇지 못한 특징을 설명한 것이다.

안전을 중요시하는 사람이라면 스위스로 이주하면 되지만 그곳의 삶이 지루할 수 있다. 또 재미있다고 베를린에서 살고 싶은 사람도 있겠지만 자신의 취향에는 너무 큰 도시일 수도 있다. 지수로 나타낸 문화를 모두 검토하고 어느 부분이 마음에 드는지 살펴본 다음 자신의 문화를 살펴보라. 그 문화가 자신에게 좋은가, 나쁜가? 예를 들어 당신이 에스키모 사회에 살고 있고 남편이 5명이나 된다면 멋진 일일 수 있다. 하지만 대신에 5명의 남편을 위해 매일 세끼 식사를 준비해야 할지도 모른다.

이처럼 모든 문화는 대립되는 특징이 동시에 존재한다. 하나를 얻기 위해서는 다른 하나를 포기해야 한다. 완벽한 삶은 없고 완벽한 문화도 없다. 건축과 예술을 사랑하기 때문에 파리에 살고 싶지만, 파리에서 일하는 것은 불쾌하고 비경제적일 수 있다. 그리고 파리 사람들의 사고방식이 자신과 맞지 않을 수도 있다. 북유럽 국가의 사회보장제도의 편안함을 원한다면 그 대신 수개월 동안 어둡고 매서운 추위를 견뎌내야 한다. 멕시코 티후아나에서 즐기고 싶다면 방탄 자동차가 있어야 한다. 하지만 최선의 선택을 하기 위해서는 선택 사항을 제대로 인지해야 한다. 그래서 R^2 이동성 지수가 필요하다.

하지만 사회 계층의 사다리를 올라가 상향 이동을 할 기회가 많은 문화가 있다. 상향 이동을 원하는 문화는 신화, 우상, 영웅, 상징 등을 통해 사람들에게 끊임없이 이렇게 말할 것이다. '움직여라, 젊은이여!'

역사적으로 가장 성공한 문화는 문화유산의 장점을 파악하고 보존함과 동시에 혁신의 바다를 항해하며 새로운 수평선을 끊임없이 찾아다닌 문화다. 또한 사회는 늘 변화를 받아들이고, 현재의 상황에 도전하는 것을 두려워하지 않는다. 영국의 엘리자베스 시대, 19세기 파리, 바이마르 공화국의 베를린처럼 매우 창의적인 문화다.

이 책은 하향 이동을 하여 결국 소멸하거나, 상향 이동을 하여 발전하는 문화를 이끄는 보편적인 문화 지표가 있다는 사실을 입증하고 있다. 예를 들어 초자연적 세계가 생존을 결정한다고 믿는 무의식적인 문화 원형, 죄짓는 것을 쾌락으로 여기는 문화, 성생활이 종교의 영향을 크게 받는 문화, 여성의 권리를 존중하지 않는 문화, 그리고 운명, 세계화, CIA, 업보, 신이나 악마 등이 사람들의 행복을 책임진다는 음모설이 존재하는 문화는 반드시 하향 이동을 할 것이다.

상향 이동이 가능한 국가들을 보면, 초자연적 힘이나 자원의 열악한 분배에 의존하는 미래가 아니라 세상에 대해 깊은 지식을 습득하는 능력, 즉 사고하고 창조하는 능력에 의존하는 미래를 강조하는 문화 원형이 존재한다. 이런 이유로 유럽이 왜 천 년 동안(800년에서 1800년까지) 아랍 세계를 능가할 수 있었는지를 이해할 수 있다. 이는 말할 것도 없이 생물 논리 때문이다. 유럽의 도시들은 약탈자 국가의 억압을 받은 적이 거의 없었기 때문에 간섭받지 않고 더욱 자유롭게 발전했다.[2]

개인적인 성취와 재능을 성공으로 정의하는 문화는 늘 상향 이동을 한다. 우리가 분석한 모든 변수 중에서 가장 중요한 것은 단연코 교육이다. 교육은 상향 이동을 위한 근본 조건이기 때문이다. 창의성을 장려하는 역동적인 교육제도는 경쟁을 자극한다. 그렇게 되면 개개인이 아무도 생각하지 못했던 것을 창조할 수 있고, 또 그런 문화에서는 모두가 경쟁의 장으로 들어가고, 더 나은 것을 위해 노력하는 사람들이 최고의 자리에 오를 수 있다. 물론 경쟁은 공정해야 하고,

바로 거기에서 생존, 성, 안전 등의 문제가 개입된다. 공정한 경쟁을 위해서는 국가가 개인의 자유와 남녀평등을 촉진하는 법을 시행하고, 모든 사람들이 발전할 기회를 보장하는 정책을 육성해야 한다.

하지만 상향 이동을 위한 전략을 세울 때는 문화적 인식뿐만 아니라 개인의 인식도 반영되어야 한다. 신경과학에서 연구하는 핵심 요소 중 하나가 현실 원칙과 쾌락 원칙 간의 갈등이다. 쾌락 원칙은 원하는 대로 음식을 많이 섭취하는 것을 말하고, 현실 원칙은 비만이 되지 않기 위해 음식 섭취를 제한하여 몸을 가볍게 하는 것을 말한다. 결과에 대처해야 하는 것이 바로 현실 원칙이다. 따라서 문화의 서로 대립되는 특징과 개인 및 문화적 인식은 우리의 선택이 상향 이동을 위한 것인지 파악하는 데 도움이 되는 지표다.

분명 문화는 중요하고 사람들에게 깊은 영향을 미친다. 사람들은 모두 특정한 문화에서 태어나고 그 문화에서 생긴 각인 때문에 다른 행동 양식을 보인다. 미국인, 중국인, 일본인, 호주인 등 어느 나라 사람이든 기본적인 본능은 똑같더라도 반드시 똑같은 행동 양식을 보이지는 않는다.

따라서 문화는 저마다 매우 다르고 또 우리는 그런 독특한 문화를 갖고 싶어 한다. 하지만 한 가지 사실에는 변함이 없다. 우리는 생물학적 존재이고, 문화는 각각 다른 방식으로 이 사실을 다루고 있다는 점이다. 생물학의 관점에서 모든 문화가 고려해야 할 한 가지 중요한 조건이 있다. 개인과 문화는 모두 파충류 뇌의 욕구를 존중해야 한다는 것이다. 인간은 영원히 내재되어 있는 충동을 가지고 있다. 그리고 우리는 인간의 삶과 문화에서 파충류 뇌의 욕구가 얼마나 중요한 역할을 하는지를 강조했다. 파충류 뇌는 중요한 인간 본성을 다루기 때문에 우리는 거부할 수 없다. 이는 지구가 둥글다거나 인간이 (지금까지) 날 수 없다는 사실을 거부할 수 없는 것과 같다.

메건은 브래들리와 잠자리를 가졌을 때 생물학적 본능의 지배를 받았다. 그녀는 자신의 행동으로 리처드와 이별하게 되리라고는 생각지 못했다. 그것이 메건의 본능적인 반응, 파충류 뇌의 욕구였다. 그리고 그런 욕구가 나온 것은 파충류 뇌가 늘 승리하기 때문이다.

인류의 가장 큰 실수는 우리의 상향 이동을 가능하게 하는 동기가 무엇인지 이해하지 못한 것이다. 두려움, 성적 매력, 지위에 대한 관심, 감상의 욕구, 위험의 쾌락, 성공의 욕구, 놀라움의 쾌락, 소속감, 질투, 권세욕, 자유에 대한 애착, 사랑, 행복 등의 감정을 인식했다면 인류의 역사는 완전히 달라졌을 것이다.

그렇다고 인간이 무력한 본능의 노예라는 의미는 아니다. 앞서 언급했듯이, 인간은 유전적으로 프로그램되어 있지만 단순히 유전자 덩어리인 것은 아니라는 사실도 알아야 한다. 문제는 우리의 본능(파충류 뇌)을 감정(변연계)과 이성(대뇌피질)과 조화를 이루는 방법을 습득하는 것이다. 그리고 문화가 우리의 생물학적 욕구를 포용하거나 처벌하면, 그에 따라 어디로 이동할지 결정할 수 있다. 이 책에서 제시하는 것은 인간의 생물학적 욕구를 최대한 활용하고 존중하는 문화를 파악하는 방법이다. 그것이 바로 사람들과 문화가 상향 이동을 하는 방법이다.

한 가지 사실은 분명하다. 선택의 여지 없이 우리는 계속 이동하고 또 상향 이동을 해야 한다는 점이다. 삶은 움직임의 연속이다. 움직이지 않고 멈추거나 제자리에 머무는 것은 우리의 신경세포로 할 수 있는 최악의 일이며, 또한 우리 자신과 문화를 위해서도 최악의 행위다. 알베르트 아인슈타인이 말했듯이, "인생은 자전거를 타는 것과 같다. 균형을 잡으려면 계속 움직여야 한다."

5년 전, 스위스 다보스에서 미시의 생일 파티를 여는 자리에서 우리는 새로운 이동성 지수를 위해 건배를 했다. GDP, 지구촌행복지수Happy Planet Index 등 이미 많은 지수가 있었지만, 이동성을 이끄는 동기와 욕구를 실제로 평가하고 싶었다. 우리는 이 책이 또 한 번 건배를 할 만한 가치가 있기를 희망한다.

그래도 우리는 여기서 멈추고 싶지 않다. 이 책을 통해 한 가지 더 성취할 수 있다면, 그것은 여러분의 머릿속에 도전 의식을 북돋우는 일이다. 그리고 한 걸음 더 나아가 여러분이 이 책의 여러 요소들을 삶에 적용하는 것이다. 이 책에서 제시한 표를 살펴보면서, 문화의 어떤 측면이 이동성에 도움이 되는지를 파악할 수 있다. 그리고 각 문화의 가장 좋은 요소들을 결합하는 방법을 통해, 더욱 흥미롭고 보람 있는 좋은 세계를 창조할 수 있다.

누군가 불가능하다고 말하더라도 한번 시도해 보라. 그 모든 것은 여러분에게 달려 있다.

감사의 말

우선 나는 제2차세계대전의 노르망디 상륙작전 이후 몇 주 동안 프랑스에서 지프차를 몰던 한 미국인 병사에게 감사한다. 어린 내게 초콜릿과 껌을 주었던 그는 내게 처음으로 '해방자'로 각인된 사람이다. 그 때문에 나는 미국인이 되고 싶었다.

두 번째로, 나는 현대 싱가포르 건국의 아버지 리콴유에게 감사한다. 그는 인류에게 희망을 선사했다. 1965년 싱가포르 독립 이후, 그는 아무런 자원 없이 지구상에서 가장 성공한 문화 중 하나를 만들었다. 그의 업적은 중국의 귀감이 되었고, 다음 세대의 본보기가 될 만하다.

다음으로 나는 어머니에게 감사한다. 어머니는 굉장히 어려운 시기마다 늘 이렇게 말씀하셨다. "네가 무엇을 하고 싶은지는 중요하지 않아. 넌 항상 성공할 테니까." 어머니는 상향 이동을 하고 싶으면 그렇게 할 수 있다고 내게 자신감을 불어넣어 주셨다.

그동안 살아오면서 나는 많은 사람들에게 영감을 받았다. 너무 많아서 여기 다 실을 수 없을 정도다. 나의 공범자 안드레스 로머 박사는 그들 중 하나다. 그의 비할 데 없는 성실함과 자신감 덕분에 우리의 지수를 만들어내고 이 책을 완성할 수 있었다.

—클로테르 라파이유

감사의 말

이 책을 시작할 때부터 마무리할 때까지 두 기관이 지원해 주었다. 하나는 UC버클리로, 특히 법학과와 그 교수진은 내가 선임 연구원으로 있었던 지난 2년 동안 나를 이끌어주었다. 그중 나의 스승인 로버트 쿠터 교수를 언급하지 않을 수 없다. 또 하나는 포데르 시비코 Poder Civico(비정부 기관－옮긴이)이다. 이곳은 '아이디어의 도시La Ciudad de las Ideas(중남미의 TED라 불리는 학회－옮긴이)' 프로젝트와 함께 내가 새롭게 책임지고 이끌어가야 하는 곳이다.

나는 친구 리카르도 살리나스 플리에고에게 특히 감사의 마음을 전하고 싶다. 그는 이 프로젝트를 믿어주었고(그는 늘 상향 이동을 하고 있기 때문일 것이다) 이 책을 위해 많은 아이디어를 아낌없이 제시해 주었다.

또한 멕시코의 훌륭한 인물이자 선지자인 호세 안토니오 메아데에게 감사한다. 나는 그와 함께 2012년 멕시코 카보스에서 열린 브레인스토밍 회의 'Rethinking G20 : 미래를 설계하다'를 만들었다.

또한 감사한 사람으로 라파이유를 언급하지 않을 수 없다. 내게 문화 코드의 세계를 알려준 그는 내 동료이자 삶의 스승이며 진정한 천재이다. 하지만 무엇보다 스스로를 재창조하고 운 좋게도 그로부터 많은 것을 배우는 사람들과 함께 상향 이동을 하는 훌륭한 친구다.

그리고 물론 부모님, 패니 슬로미안스키와 오스카 로머에게 감사한다. 부모님은 상향 이동이 '큰 열정으로 실패를 거듭하는 일'이라고 가르쳐주셨다. 그리고 내 자녀들, 알레한드로와 데이비드, 발레리아에게 매우 고맙다는 말을 전한다. 그 아이들은 나의 가장 큰 지적 도전이자 내 존재 이유이고, 무엇보다 이동을 멈추지 않게 하는 영감을 나에게 주었다.

– 안드레스 로머

우리가 만들어낸 지수의 양적 요소에 관해서는 멕시코 몬테레이공과대학교ITESM의 공공정책학연구소School of Government and Public Policy, EGAP 팀의 공로를 인정해야 한다. 이 연구팀은 R^2 이동성 지수를 위한 연구, 방법론, 자료 편집 등을 도와주었다. 그리고 지수를 위한 정보와 자료 수집에 도움을 준 마리솔 세르나에게 특히 감사한다. 또한 에스피노자 이글레시아 연구소Espinosa Yglesias Research Center, CEEY는 멕시코의 사회 이동에 관한 보고와 기사를 작성하여 오늘날 경제 상황의 맥락에서 이동성을 이해하는 데 도움을 주었다. 그리고 유엔, 이코노미스트 인텔리전스 유닛, 헤리티지 재단, 월스트리트저널, 세계은행, 국제통화기금, 세계경제포럼을 비롯한 여러 대학과 연구 기관 등이 실시한 완벽하고 고품질의 연구가 없었다면 우리의 지수는 불가능했을 것이다.

또한 최종 원고를 전체적으로 수정해 준 파멜라 코르테스, 에이디 크루즈, 페르난도 메네제스, 오세일리 하나에게 감사한다. 그리고 영국 출판사 펭귄 북스에게 감사하며, 늘 이 책을 믿어준 세실리아 슈타인에게 특히 감사한다. 그리고 이 프로젝트를 하면서 늘 지지해 준 제시 스틸과 카르멘 사라테에게도 감사한다.

연구팀을 편성하여 아이디어를 편집하고 해석하는 데 도움을 준

영어판 편집장 프란시스코 브리토 고메스에게 매우 감사한다. 또한 우리에게 매우 유용한 평을 제공한 에밀리 루스에게 감사한다. 연구팀의 일원이었던 베로니카 M. 프렌치와 호르헤 아로요는 이 책의 아이디어를 모으는 데 큰 도움을 주었다.

우리가 만들어낸 지수의 질적 요소는, 71개국이 넘는 나라에서 수백 명의 사람들이 포커스 그룹과 질적 연구에 참여하면서 도움을 준 결과물이다. 세계 곳곳의 그들에게 감사한다. 이 프로젝트에 참여한 2,730명이 넘는 사람들에게 항상 감사하는 마음을 가지고 있다.

당연히 이 연구의 오차 및 누락에 관한 책임은 우리에게 있다.

–클로테르 라파이유, 안드레스 로머

용어 설명

원형archetype

인간이 생물학적 욕구를 충족하고 인간의 조건을 이해할 수 있는, 이미 존재하는 구조나 유형. 원형은 우리가 어릴 때 외부 세계를 발견하고 경험하는 초기에 각인된다. 원형에는 두 가지 유형이 있다. 우리가 도식schema(복수형은 'schemata')이라 칭하는 융의 보편적 원형과 문화적 원형이다. 이 책에서 언급되는 '원형'은 문화적 원형이다.

보편적 원형universal archetypes

인간의 삶을 미리 체계화한 생물학적 구조나 도식과 관련이 있다. 보편적 원형(예를 들어 '어머니')은 모든 문화의 사람들에게 공통적으로 각인된 것이다. 이런 정신 및 행동 유형은 모든 인간에게 존재하지만, 개인별로 독특하게 발달한다. 보편적 원형이 합쳐져 집단 무의식collective unconscious을 형성한다.

문화적 원형cultural archetypes

문화적 원형은 하나의 문화로 공유되는 구조들을 말한다. 또한 어느 시기 특정 문화의 요소에 의미와 중요성을 부여하는 문화적 문법이다. 문화의 모든 요소(언어, 대상, 역할, 개념 등)는 하나의 원형을 갖는다. 문화적 원형은 다음 세대로 전해지지만 유전되는 것은 아니다. 또한 세상에 대한 인식과 그 인식에 반응하는 방식을 미리 체계화한 것이다. 문화적 원형은 문화마다 다르지만 모든 구성원들에게 공통으로 존재한다. 원형archetypes은 백지상태이기 때문에 드러나기를 기다린다. 또한 항상 활동적이고, 항상 역동적인 두 가지 힘으로 구성되어 있다. 원형은 한 문화 내에 일어나는 모든 것을 체계화하는 힘이다.

코드code

코드는 원형의 순서와 의미를 파악하는 간단하고 종합적인 방법이다(예를 들어 치즈에 대한 미국인의 코드는 '죽음'이다. 이는 저온살균법으로 치즈를 저장한다는 의미다). 코드는 문화를 체계화하는 힘의 구조(인간이 사고하고 행동하는 방식)에 접근할 수 있다. 즉, 관습을 전달하는 신호체계 역할을 한다. 코드는 올바른 번호를 모두 제대로 맞추면 열 수 있는 자물쇠와 비밀번호의 관계와 같다. 이 책의 주제인 문화 코드는 무의식적 특성을 갖는다. 문화 코드를 인식하면(또는 해석하면) 한 문화 내에 있는 구성원들의 정신을 명확히 밝힐 수 있고, 우리가 우리의 방식대로 살아가는 이유를 설명하는 데 도움이 된다.

고착화crystallization

문화적 원형이 영구성과 명확성을 띠는 과정. 원형의 고착화로 문화를 한 세대에서 다음 세대로 전달할 수 있다. 언어가 고착화의 첫 번째 단계다. 이때 각인을 통해 어떤 명칭이 생겨난다. 초기의 경험이 의식에서 점차 사라질 때도, 그 명칭이 사용될 때마다 더 깊이 각인된다. 문화적 원형은 점차 규범과 규칙으로 고착화되고, 최종적으로는 법으로 고착된다.

문화적 그림자cultural shadow

카를 구스타프 융이 문화적 그림자를 인격의 숨겨진 면(예를 들어 지킬 박사와 하이드)으로 설명했듯이, 문화적 그림자는 문화의 어두운 면 또는 숨겨진 면을 말한다. 우리는 문화의 어두운 면을 이해하고 문화적 그림자를 인식하고 조절할 수 있어야 한다. 예를 들어 미국에서 존 웨인은 도덕적으로 선하고 강하며 청렴한 존재로 미국인의 원형을 대표한다. 하지만 문화적 그림자의 측면에서는 지미 스워가트나 찰스 맨슨과 같은 인물로 항상 표현된다.

문화culture

사회 구성원들이 반드시 생존하고 존속할 수 있도록 사회적으로 전달되는 행동, 신념, 정서 등을 통틀어 이르는 말. 문화는 한 집단의 사람들이 생물학적 욕구를 충족하고 그들의 환경을 이해할 수 있는 기존의 구조나 공통 양식(원형)을 제공한다. 한 문화 내에서 발전하고 전달되는 구조는 다른 문화와 다를 수 있다.

문화적 힘forces

추진, 끌림, 반발 등 문화적 힘은 문화가 생물학적 욕구를 다루고 고유의 생존을 보장하는 방식을 말한다. 문화적 힘은 몇몇 문화에서는 일부 공통으로 나타나기도 하지만 문화마다 독특하다. 문화적 힘은 두 가지 원형을 만들어내는 강력한 끌어당김이다. 모든 문화적 원형은 서로 반대 방향의 두 가지 힘으로 이루어져 있다(예를 들어 하나는 다양성으로 이끄는 힘이고, 다른 하나는 획일성으로 이끄는 힘이다). 이런 끌림과 반발의 문화적 힘을 통해 한 문화 내의 이동성(삶)이 야기된다.

각인 imprint

어떤 원형의 초기 경험과 이에 수반되는 감정을 통해 인간의 무의식에 새겨지는 지워지지 않는 기억을 말한다. 이런 학습 과정은 각인을 위한 에너지를 제공하는 감정 없이 일어나지 않는다(뇌가 신경전달물질을 분비함으로써 생겨난 감정이 학습 연계성(중립적 연결망)을 만들어낸다). 각인되는 순간부터, 각인은 반복적으로 강화될 수 있으므로 사고 과정이나 감정 등이 강하게 훈련될 수 있다. 각인에는 생물학적 각인과 문화적 각인이 있다. 문화적 각인은 문화마다 다르며 문화적 집단 무의식으로 존재한다.

각인 현상 imprinting

인간과 주변 환경의 '대상' 사이에 신속하게 애착이 생기는 현상을 말한다. 그 대상에는 사물, 사람, 개념 등 세상의 어떤 요소든 포함될 수 있다. 오스트리아의 동물학자이자 동물심리학자 콘라트 로렌츠는 1952년 최초로 각인 현상을 설명했다. 예를 들어 그는 새끼 오리들이 태어나는 순간 처음 본 움직이는 대상을 마치 어미 오리처럼 졸졸 따라다닌다는 사실을 발견했다. 로렌츠는 새끼 오리와 움직이는 나무 상자, 인간과 새의 애착 관계를 실험을 통해 입증했다. 로렌츠는 또한 중요한 시기에만 일어나는 각인도 알아냈다. 우리가 시간의 창이라고 부르는 이런 각인은 중요한 시기 이후에는 불가능하지는 않지만 일어나기 어렵다. 각인되는 시기가 빠를수록 더 강하고 더 오래 지속된다. 생존과 관련된, 아주 초기에 새겨진 각인은 규칙적으로 유지되고 강화됨으로써 오랫동안 지속된다.

본능 instinct

복잡한 행동 과업을 수행하기 위한 타고난 능력을 말한다. 본능은 종특이성행동 species-specific behaviour이라고도 하는데, 부모 등을 통해 전달되고 습득(학습)으로 이루어지는 문화적 특이성 집단행동인 보편적 원형과 대조를 이룬다.

잠재 구조 latent structure

동전의 뒷면과도 같은 잠재 구조는 원형 코드의 무의식 차원을 말한다. 잠재 구조는 표현되지 않거나 알려지지 않더라도 전체의 일부로 존재한다. 우리는 잠재 구조를 깨달았을 때 현실을 완전히 이해할 수 있다. 또한 잠재 구조는 원형이 생겨나는 과정에서 찾아내는 것이다.

정신적 고속도로mental highways

각인되고 강화되고 유지되어 왔으며 사람들이 세상을 연결하고 이해하기 위한 집단 프로그램을 나타내는 정신적인 연관관계를 말한다. 인간은 뇌의 신경망에 셀 수 없이 많은 잠재적 연관관계를 갖고 태어나지만, 그것을 전화번호부처럼 기억할 수는 없다. 각인을 통한 학습으로 한 문화 내에서 이용할 수 있으며, 문화의 구성원들이 주로 사용하는 정보 연락망을 만들어낸다. 정신적인 고속도로에서 이용되는 정보들은 진부한 생각, 고정관념, 우상, 영웅 등으로 불린다.

의식ritual

의식은 행동 체계에서 구체적으로 나타나는 무의식 코드를 가리킨다. 이런 조직화된 체계는 영웅의 여정을 평범한 인간들이 반복할 수 있는 형태로 요약하고 있다. 의식은 종교적 힘이나 신성한 힘과 관계를 맺거나 그런 힘을 대신한 세속적인 대체물(예를 들어 이상)로 관계를 맺는 방식이다. 의식은 반복되며, 또한 그 기원과 더 이상 연결되지 않을 때도 신성시되는 면이 있다. 한 문화의 구성원들이 어떻게 서로 인사를 나누는지, 악수를 할 때는 어느 손을 사용하는지 등은 오래전에 잊혀진 의식을 근거로 하는 행동 양식이다. 관습과 달리 의식은 잠재적 힘과 어떤 신성불가침을 직접 나타낸다. 일상이나 틀에 박힌 삶도 의식으로 설명될 수 있으며, 이런 의식은 종교적 의식이 별로 중요하지 않는 문화에서 중요하게 여겨진다.

도식schema (복수형 - schemata)

보편적 원형(융의 이론)은 생존을 위한 기본적인 생물학적 구조다. 도식은 생존을 위해 특정한 방식으로 행동하는 잠재성을 말한다. 예를 들어 '움켜잡기 도식 grasping schema'은 뭔가를 움켜쥐려는 일반적인 능력을 가리킨다. 즉, 가능한 움켜잡으려는 모든 행동을 하는 인지구조를 말한다. 도식은 또한 어떤 유기체의 인지구조에 속하는 하나의 요소로 여겨질 수 있다.

정신적 각본script

개인적인 삶의 구조를 말한다. 모든 정신적 각본은 독특하다. 사람들은 대부분 고유의 정신적 각본을 인식하지 못한다. 그래서 정신적 각본을 계속 반복하고 있는 것이다. 예를 들어 한 직장에서 다른 직장으로 옮겨 다니며 늘 사장과 회사와 환경에 불만을 갖는 사람은 그 불만의 진짜 원인을 찾기 위해 고유의 정신적 각본을 살펴보지 않는다. 정신분석은 사람들에게 정신적 각본을 인식함으로써 계속 반복하지 못하게 하는 데 목적이 있다.

고정관념stereotype

'교수들은 건망증이 심하다'는 말처럼, 사람이나 사물이 잘 알려지고 예측할 수 있는 행동의 전형으로 여겨지는 관념을 말한다. 고정관념은 사실에 근거하지 않지만 그래도 사람들이 진실이라고 믿기 때문에 사실처럼 여겨진다.

구조structure

구조는 개별적인 요소들이 전체를 형성하는 것을 말한다. 예를 들어 멜로디는 구성 요소인 음표와 별개의 유형이다. 그리고 삼각형은 구성 요소 세 가지와 별개의 유형이다(이 요소들은 3개의 과일, 3개의 돌, 3개의 연필이 될 수 있다). 두 남녀가 자녀 하나를 두고 있다면, 여기서 전달되는 것은 정보 구조다. 부모가 인간이라는 정보 구조를 전달했기 때문에 그 아이는 새나 물고기가 아닌 인간이라고 말할 수 있다. 그리고 그 정보 내용(푸른 눈, 갈색 머리 등)은 다양하며 인간을 저마다 독특한 존재로 만든다.

상징symbol

상징은 합성되고 응축되어 있는 감정 논리의 표현이나 징후를 말한다. 상징 속에는 감정과 의미가 가득하다. 또한 상징은 어릴 때 각인되어 그 의미가 표현되는 언어나 대상이나 개념과 분리될 수 없다. 상징은 똑같은 각인을 공유하는 사람들을 모두 연결한다. 또 때로는 의식과 무의식을 연결한다. 다윗의 별은 유대교의 상징이다. 그리고 운전자들에게 정지신호는 교통경찰의 권한을 상징한다. 종교의식은 눈에 보이지 않는 신과의 관계를 나타내기 때문에 상징적이다(예를 들어 기독교의 성찬식에서 포도주와 빵은 예수의 피와 살을 상징한다).

긴장tension

긴장은 요소들 사이의 관계를 나타낸다. 원형에서는 긴장이 힘의 양극성, 즉 서로 반대 방향으로 끌어당기는 두 가지 힘을 만들어내는 조건이다. 그리고 여러 긴장을 표현하는 축선은 네 가지로 이루어져 있다. 축에서 멀리 떨어져 있는 힘은 극도의 긴장을 만들어내고, 축에서 가까운 힘은 적당한 긴장을 만들어낸다. 긴장은 역동적인 문화를 만든다. 즉, 문화에 생기를 불어넣는 문화의 이동성을 만들어낸다.

무의식unconscious

개인이나 문화의 정신적 측면 중에 직접 관찰할 수 없는 일부를 말한다. 무의식은 우리가 인식하지 못하는 성격과 행동에 영향을 준다. 또한 무의식은 의식하지 않는 모든 것을 포함한다.

개인 무의식individual unconscious

개인 무의식의 개념은 18세기에 생겨났지만 1백 년 후 지그문트 프로이트를 통해 탐구되고 대중화되었다. 프로이트는 이를 두고 리비도libido(성본능) 혹은 생명력이라고 지칭했다. 정신분석은 개인 무의식을 인식으로 끌어올리는 방법론이다.

집단 무의식collective unconscious

집단 무의식은 카를 융이 생물학적 생존의 모든 형태를 설명하기 위해 최초로 사용한 용어다. 그는 집단 무의식이 보편적 원형으로 이루어져 있다고 확신했다. 다시 말해 모든 인간에게 나타나고 인간의 생존을 위한 생물학적 욕구를 충족할 수 있는 기존의 구조나 유형(게슈탈트)으로 이루어져 있다는 것이다. 혼동을 줄이기 위해 우리는 이런 보편적 원형을 도식schemata이라고 한다.

문화적 무의식collective cultural unconscious

문화적 무의식은 개인 무의식과 집단 무의식을 연결한다. 이것은 우리가 탐구하는 주제이기도 하다. 문화적 무의식에는 한 문화에서 공유된 각인(문화적 원형)이 모두 존재한다. 또한 문화적 부의식은 한 문화의 구성원들을 그들의 문화에서 활동하고 생존할 수 있게 한다. 그 원형 구조는 문화적 무의식이 인식되기만 하면 행동을 설명할 수 있다. 또한 문화적 무의식의 정신분석으로 그 원형을 실제로 찾아낼 수 있다.

주

서론

1 담비사 모요(D. Moyo)의 《죽은 원조*Dead Aid* : *Why aid is not working and how there is a better way for Africa*》(New York : Farrar, Straus and Giroux, 2009년) 참조.

2 대런 애쓰모글루(Daron Acemoglu)와 제임스 로빈슨(James A. Robinson)의 《국가는 왜 실패하는가?*Why nations fail* : *the origins of power, prosperity, and poverty?*》(New York : Crown Publishers, 2012년).

3 클로테르 라파이유 박사는 약 30년 동안 문화를 분석하고 여러 원형을 찾아냈으며 연구 결과물을 마케팅에 활용해 왔다. 소르본대학교에서 사회심리학 박사 학위를 받았고, 고객을 위해 문화 코드를 밝혀내는 회사 아키타이프 디스커버리스 월드와이드(Archetype Discoveries Worldwide)의 창설자이자 회장이다. 안드레스 로머는 캘리포니아대학교 버클리 캠퍼스에서 공공정책 박사 학위를 받았고, 하버드대학교에서 행정학 석사 학위를 받았다. 또한 멕시코 자치기술대학 경제학 학사, 멕시코 국립자치대학 법학 학사를 받았다. 안드레스 로머는 지난 15년 동안 특히 진화심리학 분야에서 인간 행동을 분석해 왔고, 이 주제에 관한 저서를 15권 이상 펴냈다.

4 그래함 엘리슨(G. T. Allison), 로버트 D. 블랙윌(R.D. Blackwill)의 《리콴유가 말하다 : 누가 No.1이 될 것인가? 중국인가, 미국인가?*Lee Kuan Yew* : *The grand master's insights on China, the United States, and the World*》(Cambridge, MA : MIT Press, 2013년).

5 정부와 문화, 사회 구성원들은 모두 상향 이동에 중요한 역할을 한다. 한 가지 사례로, 리카르도 살리나스 플리에고가 '멕시코를 깨끗이 하자'는 제안을 하면서, 사람들에게 환경 파괴와 폐기물에 대해 인식하고, 멕시코에서 더욱 깨끗한 환경을 만들기 위한 조치를 취하자고 권고했다. 제임스 윌슨과 조지 켈링의 '깨진 유리창 이론(Broken Windows)' 〈더 애틀랜틱*The Atlantic*〉 1982년 3월호 참조. 플리에고가 주장했듯이, "건물의 깨진 창문을 고치지 않은 상태로 둔다면 곧 나머지 유리창도 모두 깨질 것이다."

6 대니얼 카너먼의 《생각에 관한 생각*Thinking, Fast and Slow*》(New York : Farrar, Straus and Giroux, 2011년).

7 막스 베버의 《프로테스탄티즘의 윤리와 자본주의 정신*The Protestant Ethic and the Spirit of Capitalism*》(London : Routledge, 2001년).

8 니얼 퍼거슨의 《시빌라이제이션 : 서양과 나머지 세계*Civilization* : *The west and the rest*》(New York : Penguin Books, 2012년).

9 클로테르 라파이유의 《컬처 코드*The Culture Code* : *An ingenious way to understand why people around the world live and buy as they do*》(New York : Crown Business, 2006년), 21쪽.

10 허버트 스펜서의 《생물학의 원리》(London : Williams and Norgate, 1864년), 제1권, 444쪽.

1. 본질로 돌아가라

1 아르투르 쇼펜하우어의 《의지의 자유에 대하여》(New Jersey : Wiley-Blackwell, 1995년).

2 섹스와 욕구가 인간의 행동에 어떤 영향을 미치는지에 관해 관심 있다면 다음 서적을 참고하라. 매트 리들리의 《붉은 여왕 : 인간의 성과 진화에 숨겨진 비밀 *The Red Queen : Sex and the evolution of human nature*》(London : Viking, 1993년)은 일부일처제와 일부다처제의 차이를 분석하고 있다. D. H. 해머와 P. 코프랜드의 《우리 유전자와 함께 살기 *Living With Our Genes : Why they matter more than you think*》(New York : Anchor, 1999년)는 인간의 행동 양식에서 유전자의 중요성을 설명한다. 테리 번햄과 제이 팰런의 《비열한 유전자 : 인간의 동물적 본능 길들이기 *Mean Genes : From sex to money to food, taming our primal instincts*》(London : Simon & Schuster, 2000년)와 리처드 도킨스의 《이기적 유전자 *The Selfish Gene*》(Oxford : Oxford University Press, 1976년)를 살펴보면 특히 성에 관해 인간의 유전자가 평생 인간의 삶에 미치는 영향에 관해 살펴볼 수 있다. 제프리 밀러의 《스펜트 : 섹스, 진화 그리고 소비주의의 비밀 *Spent : Sex, evolution, and consumer behavior*》(New York : Viking, 2009년)은 소비주의가 인간의 짝을 고르는 방식에 미치는 영향을 설명하고 있다.

3 알랭 드 보통의 《인생학교 : 섹스-섹스에 대해 더 깊이 생각해 보는 법 *How to Think More About Sex*》(New York : The School of Life, 2012년, 53쪽)에 따르면, "대칭과 균형의 문제는 매우 중요하다. 대칭과 균형이 맞지 않는 경우, 즉 얼굴이 심하게 비대칭이거나 균형이 맞지 않는다면 자궁 속에서 혹은 생후 수년 이내에, 즉 자아의 대부분이 아직 형성되지 못한 시기에 병에 걸렸다는 표시이기 때문이다." 이는 미모의 기준을 나타내는 주요 특징이 건강과 관련되기 때문에 인간은 생존과 번식의 기회를 높이려고 미모를 갖춘 사람, 즉 건강한 사람을 짝으로 삼으려 한다는 중요한 사실을 보여준다. 낸시 에트코프의 《가장 예쁜 유전자만 살아남는다 *Survival of the Prettiest : The science of beauty*》(Michigan : Anchor, 2000년) 참조.

4 F. C. 팡과 A. 카사데발의 '우리는 왜 배신할까?(Why We Cheat?)', 〈사이언티픽 아메리칸 마인드 *Scientific American Mind*〉 2013년 5월호, 6월호.

5 역사에 걸쳐 가장 유명한 이야기는 연애, 배신, 질투 등을 주제로 다룬다는 사실은 그저 우연이 아니다. 데이비드 바래시와 나넬 바래시의 《보바리의 남자 오셀로의 여자 *Madame Bovary's Ovaries*》(New York : Delacourt Press, 2005년)를 살펴보라. 사랑을 주제로 한 영화의 경우, 왜 섹스와 배신의 이야기가 늘 흥미를 끄는지를 확실히 알 수 있는 세 가지 사례가 있다. 첫 번째, 더스틴 호프만의 감독 데뷔작 〈콰르텟 *Quartet*〉에서는 한 여자가 결혼하기 직전에 어떤 훌륭한 테너와 사랑을 나눈 일을 상기하는 장면이 있다. 이는 메건이 리처드에게 고백해야 한다고 생각했던 사례와 같다. 두 번째, 로저 미첼 감독의 〈하이드 파크 온 허드슨 *Hyde Park on Hudson*〉이라는 영화는 미국의 대통령이었던 프랭클린 D. 루스벨트와 먼 친척인 마거릿 수클리의 염문을 다루고 있다. 마지막으로 마이클 니콜스가 감독한 대작 〈클로저 *Closer*〉에서는 4명의 인물을 중심으로 복잡하게 얽힌 관계 속에서 사랑과 배신을 확인해 볼 수 있다.

6 덩샤오핑이 어떻게 1980년대에 중국의 경제 발전을 확립하고 서구 경제의 이론과 정책의 일반적인 통념에 도전했는지를 상세히 알고 싶다면, 에즈라 보걸의 《덩샤오핑 평전 *Deng Xiaoping and the Transformation of China*》(Cambridge, MA : Belknap Press, 2011년)을 살펴보라.

7 존 브록만의 《세상은 어떻게 움직이는 걸까? *This explains everything : Deep, beautiful, and elegant theories of how the world works?*》(New York : Harper Perennial, 2013년) 참조.

2. 파충류 뇌가 늘 승리한다

1 뉴욕(New York) : 도버 출판사(Dover Publications), 2000년.

2 댄 애리얼리는 지성과 창의력과 부정행위 사이에는 연관성이 있다고 설명한다. 그의 연구에 따르면, 창의력이 높은 사람이 부정행위를 저지를 가능성이 높다. 이런 의미에서 우리는 클린턴이 국가를 기만하려고 했던 이유가 자신의 지성을 믿고 부정행위를 모면하려고 했기 때문이라고 할 수 있다. 상세한 내용을 확인하고 싶다면, http://www.scientificamerican.com/podcast/episode.cfm?id=dan-ariely-talks-creativity-and-dis-12-12-29를 참조하라. 또 다른 해석을 살펴보면, 합리적 이론에서는 인간의 행동이 비용 편익에 의존한다고 설명하지만, 사실 인간은 장기적인 영향을 신경 쓰면서 행동하지 않는다. 그 주요 원인은 사람들의 비합리적인 태도 때문이다. 이에 관해서는 댄 애리얼리의 《상식 밖의 경제학 *Predictably Irrational : the hidden forces that shape our decisions*》(New York : HarperCollins Publishers, 2008년)을 참조하라.

3 폴 매클린의 《진화하고 있는 삼위일체의 뇌 *The Triune Brain in Evolution : Role in paleocerebral functions*》(New York : Plenum Press, 1990년).

4 모든 동물은 파충류 뇌가 가장 기본적인 본능을 관장한다. 인간은 합리성과 지적 능력을 갖고 있기 때문에 동물과 다르다고 생각하지만 인간도 동물이다. 이 주제에 관해서는 제레드 다이아몬드의 《제3의 침팬지 *The Third Chimpanzee : Theevolution and future of the human animal*》(New York : HarperCollins, 1992년)와 《제3의 침팬지의 흥망 *The Rise and Fall of the Third Chimpanzee : How our animal heritage affects the way we live*》(New York : Vintage Books, 2003년)을 읽어볼 가치가 있다.

5 데이비드 버스의 《욕망의 진화 *The Evolution Of Desire : Strategies Of Human Mating*》(New York : Basic Books, 2003년).

6 인간은 모두 거짓말을 한다. 엄청난 거짓말을 할 때도 있고 사소한 거짓말을 할 때도 있다. 또 때로는 거짓말에 대해 거짓말을 하고, 자신의 거짓말을 스스로 믿어버리기까지 한다. 데이비드 리빙스턴 스미스의 《거짓말쟁이는 행복하다 *Why We Lie : The evolutionary roots of deception and the unconscious mind*》(New York : St Martin's Press, 2004년)는 기만의 세상에 관해 더 깊이 탐구하고 싶은 사람에게 매우 흥미로운 책이다.

7 축구를 파충류 뇌의 활동으로 파악하는 이유를 좀더 알고 싶다면, 안드레스 로머와 E. 게르시의 《축구를 좋아하는 이유가 뭘까? *Por qué amamos el futbol? : Un enfoque de derecho y economía?*》(Mexico : Porrua, 2008년)를 참조하라.

8 논쟁이 있는 책이긴 하지만 로빈 베이커의 《정자 전쟁 *Sperm Wars : Infidelity, sexual conflict, and other bedroom battles*》(New York : Basic Books, 2006년)은 정자가 인간의 행동에 어떤 영향을 미치는지에 관한 흥미로운 사실을 담고 있다. 또한 로빈 베이커와 마크 벨리스의 《인간의 정자 경쟁 *Human Sperm Competition : Copulation, masturbation and infidelity*》(London : Chapman & Hall, 1995년)은 정자 경쟁이 인간의 성행위와 생식력에 미치는 영향력을 상세하게 설명하고

있다.

9 데이비드 버스와 신디 메스턴은 텍사스대학교 오스틴 캠퍼스의 설명회에서, 설문조사를 통해 여자들이 섹스를 하는 이유가 237가지 있다는 사실이 밝혀졌다고 언급했다. 그 이유에 관해서는, "매우 이타적인 여자들은 연인을 즐겁게 해주고 싶어서 섹스를 하고, 복수심을 품은 여자들은 자기를 배신한 연인에 대한 복수로 그의 가장 친한 친구와 섹스를 하고, 또 성병이 감염되어 고의로 병을 옮기려고 섹스를 하는 나쁜 마음을 먹은 여자들도 있다." 섹스의 동기는, 모험, 탐구, 경험, 정복, 경쟁, 일상적이거나 의학적 상황, 즐거움, 육체적 쾌락 등 다양했다. 데이비드 버스와 신디 메스턴이 강연한 '여자는 왜 섹스를 하는가?(Why Do Women Have Sex?)'라는 주제의 포럼(http://www.youtube.com/watch?v=KA0sqg3EHm8In 2010, 훌륭한 사고와 아이디어에 관한 포럼, 컨퍼런스'Ciudad de las Ideas' 참조)에서 안드레스 로머 박사는 데이비드 버스에게 "여자들에게 237가지의 섹스 이유가 있다면, 남자는 섹스하고 싶은 이유가 얼마나 많을까요?"라는 질문하자 데이비드 버스는 "남자들은 기회만 주어지면 섹스를 하고 싶다는 단 한 가지 이유밖에 없습니다"라고 대답했다.

10 마크 레이너와 빌리 골드버그의《남자는 왜 섹스 후 잠이 들까?*Why Do Men Fall Asleep After Sex? More questions you'd only ask a doctor after your third whiskey sour*》(New York : Three Rivers Press, 2006년) 참조.

11 수세기 동안 인간의 오르가슴은 과학적인 신비로 남아 있었다. 현대 과학에 의해 그 신비가 많이 밝혀지면서 오르가슴은 관심을 끄는 주제가 되었다. 빌헬름 라이히의《오르가슴의 기능*The Function of the Orgasm*》(New York : Farrar, Straus and Giroux, 1973년) 참조.

12 섹스에 관한 인식과 도덕성의 관계를 좀더 이해하고 싶다면, 알랭 드 보통의《인생학교 : 섹스-섹스에 대해 더 깊이 생각해 보는 법》(New York : The School of Life, 2012년)을 살펴보라.

13 R. 폴의《이브의 갈비뼈*Eve's Rib : Searching for the biological roots of sex differences*》(New York : Crown Publishers, 1994년), 12쪽 참조.

14 나탈리 우드가 인용한 말은 N. M. 헨리와 J. D. 굿차일즈의《괴팍한 여자*The Curmudgeon Woman*》(Missouri : Andrews McMeel Publishing, 2000년)에서 비롯되었다.

15 왜 우리는 일부일처제일까? 왜 이혼은 아직도 흔히 일어날까? 다른 문화는 섹스를 어떻게 인식할까? 이런 문제 외에도 크리스토퍼 라이언과 카실다 제타의《왜 결혼과 섹스는 충돌할까?*Sex at Dawn : How we mate, why we stray, and what it means for modern relationships*》(New York : HarperCollins, 2010년)에서 이와 관련된 많은 문제를 다루고 있다. 인간의 짝짓기에 관해 더 많이 알고 싶다면, 데이비드 바래시와 나넬 바래시의《보바리의 남자, 오셀로의 여자》를 살펴보라.

16 톰 스탠디지의《역사 한잔 하실까요?*A History of the World in 6 Glasses*》(USA : Walker Publishing Company, 2006년) 참조.

17 쾌락은 파충류 뇌의 욕구와 밀접하게 연결되어 있다. 폴 블룸의《우리는 왜 빠져드는가?*How Pleasure Works : The New Science of Why We Like What We Like*》(New York : W.W. Norton & Company, 2010년)에서 주장했듯이, 쾌락은 진화적 적응이 아니라 생존과 번식에 도움이 되는 부수적 요건이다. 이는 구토나 배변과 관련 있는 성도착증부터 유명한 사람을 만났을 때 경험하는 쾌락에 이르기까지 여러 사람들이 경험으로 받아들이는 쾌락의 다양성을 설명한다. 또한 블룸이 여기서 언급하는 '본질주의'는 파충류 뇌의 욕구를 나타낸다. 하지만 쾌락의 여러 원천을 야기하는 것은 우리의 흥미를 끄는 이런 숨겨진 본성이다.

18 2010년 10월, '노르웨이의 석유 기금이 최고 5천억 달러에 이르렀다'(BBC 보도) (http://www.bbc.co.uk/news/business-11571650 참조.)

3. 시간, 공간, 에너지

1 《침묵의 언어 *The Silent Language*》, 《숨겨진 차원*The Hidden Dimension*》, 《생명의 춤 *The Dance of Life*》, 《문화를 넘어 *Beyond Culture*》, 《문화적 차이의 이해 *Understanding Cultural Differences–Germans, French and Americans*》 등을 비롯한 에드워드 홀의 책은 모두 읽어볼 가치가 있다. 세부적인 사항은 참고문헌을 확인하라.

2 수렵과 채집을 하던 조상들처럼 우리도 인내와 전략이 필요하다. 친구들이 그냥 불쑥 나타나 당신을 칭찬해 주지는 않는다. 따라서 유대감을 만들어 친구들의 자존심도 북돋우는 것이 중요하다. 〈더 애틀랜틱*The Atlantic*〉에 기고된 프랭크 로즈의 '이기적 문화 유전자(The Selfish Meme)'(http://www.theatlantic.com/magazine/archive/2012/10/the-selfish-meme/309080/) 참조.

3 심리학자 월터 미셸은 하버드대학교, 스탠퍼드대학교, 컬럼비아대학교를 비롯한 여러 대학에서 50년 동안 사회심리학 분야의 연구를 해왔다. 그의 유명한 마시멜로 실험은 첫 실험 이후 많은 심리학자들에 의해 되풀이되고 수정되었다. 월터 미셸, Y. 쇼다, M. L. 로드리게스의 '아동의 만족 지연(Delay of Gratification in Children)', 〈사이언스*Science*〉 244호, 933-938쪽 참조.

4 노벨 경제학상을 수상한 대니얼 카너먼은 《생각에 관한 생각 *Thinking, Fast and Slow*》(New York : Farrar, Straus and Giroux, 2011년)에서 인간의 사고 체계를 '시스템 1'과 '시스템 2'로 나눈다. 오직 파충류 뇌의 욕구를 나타내는 시스템 1은 반사적이며 무의식적인 과정이고, 변연계와 대뇌피질을 나타내는 시스템 2는 의식적이고 계획적이며 느긋한 노력을 말한다.

5 사회적, 개인적 공간에 대한 인식은 물리적 공간보다 더 많은 영향을 미친다. 에드워드 홀에 따르면, 인간은 여러 감각의 세계에 살고 있다. 인간이 만들어내는 물리적 공간은 개개인의 감각을 통해 최적의 상태로 해석한 것이다. 남자와 여자는 서로 다른 시각적 세계에 살고 있다. 즉, 여러 방식으로 시각을 사용하도록 학습되었다. 이런 시각을 통해 주변 세계를 선택하여 자신의 문화 유형이 아닌 요소를 걸러내면서 자극을 받아들인다. 이와 관련하여 에드워드 홀은 근접학(Proxemics)이라는 용어를 만들어냈다. 근접학은 특정한 문화의 영역에 적용되는 공간을 관찰하여 인간과 문화적 공간의 관계를 연구하는 학문을 말한다. 에드워드 홀의 《숨겨진 차원 *The Hidden Dimension*》(New York : Anchor Books, 1966년) 참조.

6 인간이 어떻게 종교미술을 해석할 수 있는지에 관해 더 알고 싶다면, 알랭 드 보통의 《무신론자를 위한 종교*Religion for Atheists : A Non-Believer's Guide to the Uses of Religion*》(New York : Vintage, 2013년)를 살펴보라.

7 '그냥 한번 해봐(Just do it)'라는 문화는 사회에 많은 부작용을 초래하고 있다. 그중 한 가지 흥미로운 사실은 사람들이 목표가 없다는 점이다. 심리학자 윌리엄 하트와 돌로레스 알바라신에 따르면, '먼저 행동으로 옮기는 태도'는 선입관 없이 행동하도록 부추긴다. 이는 더 좋은 선택을 하기 위해 자신과 다른 외부의 정보를 받아들이는 태도와 대조적이다. 톰 제이콥스의 "그냥 한번 해봐(Just do it)' 문화가 확증 편향(Confirmation Bias)을 제공한다', 〈퍼시픽 스탠다드*Pacific Standard*〉 25호, 2011년 5월 (http://www.psmag.com/culture-society/just-do-it-culture-feeds-confirmation-bias-31496/) 참조.

4. 이상적인 시나리오

1 데즈먼드 모리스는 《인간 동물원 *The Human Zoo*》(New York : Kodansha International, 1996년)에서 사회에서 살고 있는 인간, 특히 도시에서 살고 있는 인간이 동물원의 삶과 얼마나 유사한가를 설명한다. 도시마다 생존(음식과 주거지) 욕구로 메워진 상태에서 인간관계, 직업, 도시 구조 등에 대한 문제가 계속 나타나고 있다. 그는 특히 이 책의 '3. 섹스와 초섹스'에서 힘을 과시한다는 관점에서 건물들이 남성의 음경과 비슷하다고 설명하고 있다.

2 키쇼어 마부바니는 《대통합 *The Great Convergence*》(New York : PublicAffairs, 2013년)에서, 상호의존적일 수밖에 없는 세계에서 서구 나라들은 머잖아 이런 상황에서 벗어날 수도 있다고 주장한다. 그리고 이를 해결하기 위해 가장 좋은 방법은 국제기구를 강화하는 것이라고 설명한다. 이는 유럽이 유럽연합을 통해 해결하듯이, 국제분쟁을 피하기 위해 특히 중요하다.

3 카르마(업보)는 사람들이 갖고 있는 고착화된 개념 중 유일한 것이 아니다. 카르마의 서구화된 개념은 끌어당김의 법칙으로, 이는 생각하는 대로 이루어진다는 것이다. 말하자면 질병에 대해 생각하면 병에 걸린다는 것이다. 카르마나 끌어당김의 법칙을 과학적으로 입증한 사례는 없지만 이 개념은 사회에 깊은 영향을 미치고 있으며, 또한 미신이 개인의 행동에 어떤 영향을 미치는가를 잘 보여주고 있다. 예를 들어 2010년 뉴에이지 부문의 베스트셀러가 된 《시크릿 *The Secret*》은 1,900만부 팔렸고 45개의 언어로 번역되었다.('시크릿 속편이 곧 나온다(Coming Soon : Sequel of The Secret)' 〈힌두스탄 타임스 *Hindustan Times*〉 16호, 2010년 7월(http://www.hindustantimes.com/News-Feed/Books/Coming-soon-Sequel-of-The-Secret/Article1-573262.aspx 참조)

4 고착화의 효과에 관한 좋은 사례는 점성술이다. 상황이 왜 일어나는가를 설명하기 위해 대뇌피질을 사용하지 않고 파충류 뇌의 본능으로 운명을 믿는다면 상향 이동의 기회는 낮아진다. 점성술이 사람에게 미치는 영향력에 관해 더 알고 싶다면, R. 폴의 《이브의 갈비뼈》(New York : Crown Publishers, 1994년)를 살펴보라.

5 《시시포스의 신화 외 *The Myth of Sisyphus, and Other Essays*》(New York : Vintage, 1991년) 중에서.

6 http://www.starbucks.co.uk/menu/beverage-list/espresso-beverages 참조.

5. 결정적인 다섯 수

1 이 장은 클로테르 라파이유 박사가 만든 방법론에 기반을 두고 있다. 이에 관한 세부적인 설명은 클로테르 라파이유의 《컬처 코드》를 참조하라.

2 위의 책, 21쪽 참조.

3 윌리엄 제임스의 《심리학의 원리 *The Principles of Psychology*》(New York : Dover Publications, 1950년).

4 안티 레본주오는 현대 인간은 고대 조상과 똑같은 꿈을 꾼다고 주장한다. 꿈은 생물학적으로 인간의 뇌에 프로그램되어 있는 것처럼 보이기 때문이다. 더욱이 악몽은 위험을 극복하기 위한 본능의 예행연습이자 표현이다. 안티 레본주오의 《내적 존재 : 생물학적 현상으로서의 의식 *Inner Presence : Consciousness as a biological phenomenon*》(Cambridge, MA : MIT Press, 2006년) 참조.

5 도널드 브라운에 따르면, "수백 가지로 파악된 인간의 보편성은 문화, 사회, 언어, 행동, 정신 등의 특성으로 이루어져 있다. 이는 전 세계 모든 문화권에서 나타난다." 도널드 브라운의 《인간의 보편성*Human Universals*》(New York : McGraw-Hill, 1991년) 참조.

6 스티븐 핑커의 《빈 서판 : 인간은 본성을 타고나는가*The Blank Slate : The modern denial of human nature*》(New York : Penguin Books, 2003년)는 인간이 '백지 상태'로 태어나지 않으며 또 이것이 인간 행동에 영향을 미친다는 사실을 세부적으로 설명하고 있다.

6. 제3의 무의식

1 C. J. 엠덴의 《언어, 의식, 신체에 관한 니체의 철학*Nietzsche on Language, Consciousness, and the Body*》(University of Illinois Press, 2005년).

2 진화심리학 개론에 관해서는 다음 서적들과 논문을 참고하라. 데이비드 버스의 《진화심리학*Evolutionary Psychology : The new science of the mind*》(Boston : Allyn and Bacon, 2007년)과 《진화심리학 핸드북*The Handbook of Evolutionary Psychology*》(Hoboken : John Wiley, 2005년), 스티븐 핑커의 《마음은 어떻게 작동하는가*How the mind Works*》(New York : W. W. Norton, 2009년), 제롬 바코우와 리다 코스미데스와 존 투비의 《적응된 마음*The Adapted Mind : Evolutionary psychology and the generation of culture*》(Oxford : Oxford University Press, 1995년), 에드워드 윌슨의 《사회생물학 : 새로운 종합*Sociobiology : The new synthesis*》(Cambridge, MA : Belknap Press, 2000년), L. 바렛과 R. 던바의 《옥스퍼드 핸드북 진화심리학*The Oxford Handbook of Evolutionary Psychology*》(Oxford : Oxford University Press, 2009년), 로버트 라이트의 《도덕적 동물*The Moral Animal : Why we are the way we are the new science of evolutionary psychology*》(New York : Vintage, 1995년), J. C. 컨퍼 등의 '진화심리학 : 논쟁, 질문, 전망, 그리고 한계(Evolutionary Psychology : Controversies, questions, prospects, and limitations)' 〈아메리칸 사이콜로지스트*American Psychologist*〉 65(2)호, 110-126쪽, D. P. 슈미트와 J. J. 필처의 '정신적 적응의 증거 평가 : 우리는 사물을 보는 것을 어떻게 인식할까?(Evaluating Evidence of Psychological Adaptation : How do we know one when we see one?)', 〈사이콜로지컬 사이언스*Psychological Science*〉 15호, 643쪽(http://www.bradley.edu/academic/departments/psychology/faculty/schmitt/ 참조).

3 프로이트는 《꿈의 해석*The Interpretation of Dreams*》(1899년)에서, 꿈의 해석을 통해 처음으로 무의식의 이론을 만들어냈다. 그는 꿈을 인간의 행동을 암시하기 위한 무의식과 의식의 마음이 소통하는 통로라고 확신했다.

4 원형에 관한 카를 융의 이론은 무의식을 인간이 어떤 행동을 조절하는 비슷한 상징이나 이미지를 공유하는 하나의 집단 차원으로 설명하고 있다. '무의식과의 첫 만남'이라는 장(章)에서 융은 인간은 늘 꿈으로 표현되는 공통 기억을 공유한다고 주장한다. 또한 꿈의 상징이나 이미지는 '개인적인 반응'으로 반영되지만, 꿈의 해석은 집단적이기 때문에 그곳에서 원형이 만들어진다고 주장한다.(카를 융의 《인간과 상징*Man and His Symbols*》, New York : Dell, 1968년)

5 원형을 근거로 하는 인성 검사의 또 다른 사례로는 마이어스 브릭스 성격 유형 검사(Myers-Briggs Type Indicator)가 있다. 이는 캐서린 쿡 브릭스와 그녀의 딸 이사벨 브릭스 마이어스가 성격 유형(원형)을 결정하는 방법으로 만들어낸 지표이다. 이 지표는 일을 하고 싶지만 어떤 일이 적성에 맞는지 모르는 사람들을 위한 지침 역할을 한다. 이사벨 브릭스 마이어스와 피터 B. 마이어스의 《성격

의 재발견 : 마이어스-브릭스 성격 유형 탐구*Gifts Differing : Understanding personality type*》(Boston : Nicholas Brealey, 1995년) 참조.

6 카를 융과 앤터니 스토(ed.), 《융*The Essential Jung : Selected writings*》(Princeton : Princeton University Press, 1999년) 참조.

7 클로테르 라파이유의 《컬처 코드》, 5쪽.

8 라보리는 학습 과정에 강력한 경험이 수반된다면 지식이 인간의 기억에 계속 남아 있을 가능성이 높다고 입증했다. 따라서 인간이 학습하려고 노력하면 개념을 완전히 이해하기가 더 쉽다. 라보리는 이를 통해 학습에 수반되는 경험이 각인을 만들어낸다는 이론을 창안했다. 에리히 프롬은 또한 생생한 경험을 통해 배울 때 사상과 견해가 인간에게 깊이 영향을 준다고 주장했다. 또한 옳고 강력한 사상이라도 그것을 잘 아는 것만으로는 충분하지 않다고 주장했다. 하지만 사상을 가르치는 사람이 활기를 띠면 큰 영향을 미친다. 교사를 통해 의인화된다면 사상은 더욱 구체화된다. 어떤 사람이 겸손이라는 개념을 표현하고 겸손하다면 그에게 귀를 기울이는 사람들은 겸손이 무엇인지 이해할 것이다. 그들은 이해할 뿐 아니라 그 사람이 말하는 것을 믿을 것이다. 에리히 프롬의 《반항과 자유*On Disobedience and Other Essays*》(New York : Seabury Press, 1981년) 참조.

9 알랭 드 보통의 《인생학교 : 섹스-섹스에 대해 더 깊이 생각해 보는 법》

7. 네 가지 S

1 매슬로는 1943년 발표한 유명한 논문에서 욕구 이론을 확립했다. 에이브러햄 H. 매슬로의 '인간 동기부여 이론(A Theory of Human Motivation)', 〈심리학 평론*Psychological Review*〉 50호, 370-396쪽.

8. 생존

1 에즈라 F. 보걸의 《덩샤오핑 평전》, 41쪽.

2 위의 책, 54쪽 참조.

3 다른 동물과 달리 인간은 가장 오랜 발달 시기를 갖는다. 발달 과정은 개인이 완전히 독립할 때까지 10년 넘게 걸린다. 이는 발달과 함께 높은 비용이 들기 때문에 진화 관점에서 설명하기 힘든 수수께끼처럼 보인다. 이에 관한 이유를 알고 싶다면, 데이비드 F. 비요크런드의 《아이들은 왜 느리게 자랄까?*Why Youth Is Not Wasted on the Young : Immaturity in human development*》(Hoboken : Wiley-Blackwell, 2007년)를 살펴보라.

4 가족은 단순히 부모와 아이들에게 가장 완전한 구조가 아니라 훨씬 더 복잡한 의미를 담고 있다. 의사소통, 신호, 양육, 세뇌, 통과의례 등과 관련이 있다. 이에 관한 중요한 정보는 데즈먼드 모리스의 《인간 동물원》을 살펴보라.

5 R. A. 스피츠의 '호스피탈리즘 : 유아기의 정신질환 발생에 관한 조사(Hospitalism : An inquiry into

the genesis of psychiatric conditions in early childhood)', 《아동 정신분석학 연구 *Psychoanalytic Study of the Child*》 1호, 53－74쪽.

6 무신론자가 어떻게 종교를 이해하는지에 관한 완벽하고도 상세한 연구를 확인하고 싶다면, 알랭 드 보통의 《인생학교 : 섹스-섹스에 대해 더 깊이 생각해 보는 법》을 살펴보라.

7 수비르 바우믹의 '마녀 가족이 인도에서 살해되다', 캘커타 BBC 뉴스 보도, 2008년 6월 12일 (http://news.bbc.co.uk/2/hi/south_asia/7449825.stm 참조.)

8 쿤단 판데의 '인도 전체에 미신 금지법이 필요하다(Whole of India Needs Anti-Superstition Law)', 〈다운 투 어스 *Down to Earth*〉, 2013년 8월 22일 (http://www.downtoearth.org.in/content/whole-india-needs-anti-superstition-law 참조)

9 '나렌드라 답홀카르가 살해되다', 〈이코노미스트〉, 2013년 9월 14일(http://www.economist.com/news/obituary/21586275-narendra-dabholkar-fighter-against-superstition-was-killed-august-20th-aged-67-narendra 참조)

10 '새로운 학교의 가치(New School Values)', 〈이코노미스트〉, 2014년 9월 11일(http://www.economist.com/news/international/21616978-higher-teacher-pay-and-smaller-classes-are-not-best-education-policies-new-school 참조)

11 아담 자모이스키의 《모스크바 전투 : 나폴레옹의 치명적인 행진 *Moscow 1812 : Napoleon's fatal march*》(New York : Harper Perennial, 2005년).

12 B. F. 스키너의 '비둘기의 미신('Superstition' in the Pigeon)', 〈실험심리학 저널 *Journal of Experimental Psychology*〉 38호, 168－172쪽(1947년).

9. 성

1 R. 폴의 《이브의 갈비뼈》에 따르면, 성호르몬이 인간의 행동에 많은 영향을 미친다는 증거가 점점 늘어나고 있다. 다시 말해 성호르몬은 감정적 행동뿐 아니라 인지적 능력에도 영향을 미친다.

2 진화심리학은 인간이 왜 섹스를 즐기고, 또 왜 섹스 욕구가 있는지에 관한 중요한 이론들을 제시하고 있다. 하지만 섹스에 관해서는 진화 과정의 결과로만 설명되지 않는다. 알랭 드 보통이 《인생학교 : 섹스-섹스에 대해 더 깊이 생각해 보는 법》에서 주장했듯이, 이런 진화론적 설명은 사실이지만 결국 따분하고 분명 완전하지도 않다. 인간은 자손 번식을 하도록 진화했기 때문에 섹스를 즐긴다. 하지만 우리가 좋아하는 남자나 여자에게 말을 걸 때 긴장하면서 무슨 생각을 하는지, 또 옷을 벗고 섹스를 할 준비가 되었을 때 기분이 어떤지에 관해서는 진화론으로 설명하지 못한다. 알랭 드 보통의 말에 따르면, "섹스는 우리가 좋아하는 것처럼 단순하거나 멋진 일이 되지 못할 것이다. 섹스는 근본적으로 민주적인 유형이 아니라 잔혹한 범죄와 복종과 굴욕의 욕구와 밀접한 관계가 있다." 우리는 섹스를 하면 우리가 품에 안겨 사랑받던 어린 시절로 돌아간다. 또한 외로움을 이겨내고 연인과의 깊은 유대감을 느낀다. 유대감이 전혀 없는 간통의 이유로 섹스를 할 때도 뇌는 똑같이 작용한다. 하지만 변연계에서 일어나는 감정은 똑같지 않다.

3 제레드 다이아몬드의 《섹스의 진화 *Why Is Sex Fun? The evolution of human sexuality*》(New

York : Perseus Books, 1997년).

4 위의 책, 1쪽.

5 '본전을 뽑고도 남는다(More Bang for your buck)', 〈이코노미스트〉, 2014년 8월 9일 (http://www.economist.com/news/briefing/21611074-how-new-technology-shaking-up-oldest-business-more-bang-your-buck 참조)

6 '위장막을 벗어던지다(Throwing off the Covers)', 〈이코노미스트〉, 2014년 8월 7일(http://www.economist.com/news/middle-east-and-africa/21611117-official-report-blows-lid-secret-world-sex-throwing. 참조)

7 http://gingerrogers.com/about/quotes.html 참조.

8 존 메디나(《브레인 룰스 *Brain Rules : 12 principles for surviving and thriving at work, home and school*》(New York : Pear Press, 2009년)는 남자와 여자가 감정을 다르게 처리하며 또 이런 차이는 천성(유전 정보)과 교육(언어를 통해 우리에게 전달되는 문화 체계) 간의 복잡한 상호작용의 부산물이라고 주장한다.

9 2013년 2월 출간된 〈하버드 비즈니스 리뷰〉에서는 여성 지도자들이 이중 잣대를 어떻게 처리하는가에 관한 문제를 다루었다. "여성들은 남성 중심 세계의 경쟁에서 이기도록 사회화되지 못했기 때문에 남성들이 자연스럽게 습득한 능력을 배워야 한다. 하지만 그와 동시에 여성들은 좀더 부드러워야 하거나 갈수록 좁아지는 승진 사다리의 난간을 올라가면서 치열한 경쟁을 벌이는 위험을 감수해야 한다." 다시 말해 '해도 욕 먹고 안 해도 욕 먹는' 딜레마에 빠지게 된다. 여성들은 남성의 기준으로 끊임없이 비교되고 실제 업무와 성과에서 두 번째로 밀려나는 사례가 많다.(http://blogs.hbr.org/cs/2013/02/how_female_leaders_should_handle_double_standards.html 참조.)

10 존 메디나는 또한 남녀 차이가 무시되거나 소외감이 드는 대신 주목받고 찬사를 받는 환경이 되어야 한다고 주장한다. 모든 환경에서 성 구분 없이 남자와 여자의 특성을 모두 활용해야 한다. 존 메디나의 《브레인 룰스》, 259쪽.

11 도나 아부 나스르의 '강간 사건이 사우디의 사법제도를 혼란에 빠트리다(Rape Case Roils Saudi Legal System)', 〈워싱턴포스트〉 2006년 11월 21일 (http://www.washingtonpost.com/wp-dyn/content/article/2006/11/21/AR2006112100967.html) 참조

12 막스 피셔의 '사우디아라비아의 여성 억압이 운전 금지를 막지 못하다(Saudi Arabia's Oppression of Women Goes Way Beyond its Ban on Driving)', 〈워싱턴포스트〉 2013년 10월 28일(http://www.washingtonpost.com/blogs/worldviews/wp/2013/10/28/saudi-arabias-oppression-of-women-goes-way-beyond-its-ban-on-driving/ 참조.)

13 라그하벤드라 차토파디아야와 에스더 듀플로의 '정책 입안자로서의 여성 : 인도 정책에 관한 무작위 실험에 입각한 증거(Women as Policy Makers : Evidence from a randomized policy experiment in India)', 〈이코노메트리카*Econometrica*〉 72(5)호, 1409-1443쪽.

14 아만다 포티니의 '여성 계몽하기(The Feminist Reawakening)', 〈뉴욕매거진〉, 2008년 4월 13일 (http://nymag.com/news/features/46011/ 참조.)

10. 안전

1 앤드루 제이콥스의 '재교육을 받기에 너무 늙고 쇠약한 것일까? 중국에서는 그렇지 않다(Too Old and Frail to Re-educate? Not in China)', 〈뉴욕타임스〉 2008년 8월 20일(http://www.nytimes.com/2008/08/21/sports/olympics/21protest.html?pagewanted=all&_r=0 참조), 주극량과 로이 프로스터만의 '중국의 토지 개혁 노력(Land Reform Efforts in China)', 〈중국비즈니스리뷰〉, 2012년 10월 1일 (http://www.chinabusinessreview.com/land-reform-efforts-in-china/)참조.

2 R. A. 파스터의 《우호의 한계 : 미국과 멕시코*Limits to Friendship : The United States and Mexico*》(New York : Vintage, 2011년).

3 배리 부잔과 레네 한센의 《국제안보론*The Evolution of International Security Studies*》(New York : Cambridge University Press, 2009년).

4 스티븐 핑커는 《우리 본성의 선한 천사*The Better Angels of Our Nature : Why violence has declined*》(New York : Viking, 2011년)에서, 뚜렷하지는 않아도 폭력이 왜, 어떻게 수년 동안 감소했는지를 설명한다.

5 에두아르드 푼셋의 《낙관주의로 가는 여정 *Viaje al optimismo : Las claves del futuro*》(Mexico City : Editorial Diana, 2013년), 200쪽(영어번역본).

6 브루스 슈나이어는 공항 보안에 관한 조치는 하지 않는 것보다 낫고, 특히 공항 보안 검색으로 확인할 수 있는 조치는 훨씬 낫다고 인정한다. 하지만 정치가 개입되면 효과가 있더라도 겉으로 드러나지 않을 수 있으므로 반드시 실행하는 것만이 가장 좋은 해결책(예를 들어 정보기관 투자)은 아니다.(http://www.schneier.com/blog/archives/2013/05/the_politics_of_3.html 참조.)

7 데이비드 몬테로의 '방글라데시 : 부패의 역풍(Bangladesh : The blowback of corruption)' 미국공영방송(PBS), 2009년 8월 21일

8 '자유를 합법화하다'는 말은 로버트 쿠터와 한스 베른트 쉐퍼가 혁신적인 벤처사업을 보장하는 신뢰 있는 제도를 만들어내는 데 사용한 용어다. 그들은 "자유는 모든 법이 없어야 한다는 의미가 아니라 좋은 법이 존재해야 한다는 의미"라고 주장한다. 개인의 안전뿐 아니라 성장과 발전을 이끌 수 있도록 신뢰성 있고 효율적인 법을 만들어야 한다. 법이 어떻게 세상을 바꿀 수 있는지에 대해 더 많은 사실을 알고 싶다면 로버트 쿠터와 한스 베른트 쉐퍼의 《솔로몬의 난제*Solomon's Knot : How law can end the poverty of nations*》(Princeton : Princeton University Press, 2012년)를 살펴보라.

9 잭 퍼코우스키의 '중국에서 지적 재산권 보호하기(Protecting Intellectual Property Rights in China)', 〈포브스〉, 2012년 4월 18일(http://www.forbes.com/sites/jackperkowski/2012/04/18/protecting-intellectual-property-rights-in-china/ 참조)

10 국제교도소연구센터(International Centre for Prison Studies)에서 2014년 9월 30일 조사.

11 '흑인과 백인의 대마초에 관한 전쟁(The War on Marijuana in Black and White)', 미국자유시민연맹(American Civil Liberties Union)의 보고, 2013년 6월.

12 '미국의 형사사법제도의 인종차별에 관해 '형 선고문제 연구'가 국제연합인권위원회에 보고한 내용', 형 선고문제 연구(Sentencing Project), 2013년 8월.

13 미국 허리케인 연구센터의 리처드 D. 냅, 제이미 R. 롬과 다니엘 P. 브라운의 '허리케인 카트리나에 관한 보고', 2005년 8월 23~30일(http://www.nhc.noaa.gov/pdf/TCR-AL122005_Katrina.pdf에서 PDF 이용 가능.)

11. 성공

1 로버트 H. 프랭크(Robert H. Frank)의 《좋은 연못 고르는 법*Choosing the Right Pond : Human behavior and the quest for status*》(New York : Oxford University Press, 1985년).

2 Y. 김과 장은룽의 '권력 거리 신념이 소비자의 지위 브랜드 선호도에 미치는 영향(The Impact of Power-Distance Belief on Consumers' Preference for Status Brands)', 〈글로벌마케팅저널〉 27(1)호, 13-29쪽.

3 알랭 드 보통의 《불안*Status Anxiety*》(New York : Pantheon Books, 2004년), 로버트 프랭크의 《리치스탄*Richistan : A journey through the american wealth boom and the lives of the new rich*》(New York : Three Rivers Press, 2007년) 참조.

4 G. 호프슈테더, G. J. 호프슈테더와 M. 민코프(M. Minkov)의 《세계의 문화와 조직*Cultures and Organizations : Software of the mind, international cooperation and its importance for survival*》(New York : McGraw-Hill, 2010년), 그리고 G. 호프슈테더, G. J. 호프슈테더, 폴 B. 페데르센의 《문화 탐구*Exploring Culture : Exercises, stories and synthetic cultures*》(Boston : Intercultural Press, 2002년)는 어떻게 문화가 성별에 따라 분류되었는지에 관해 자세한 연구를 제시했다.

5 '역량(capability)'이라는 용어에 대해 좀더 알고 싶다면, 마사 C. 누스바움의 《역량의 창조*Creating Capabilities : The human development approach*》(Cambridge, MA : Harvard University Press, 2011년)를 살펴보라.

6 B. L. 드 멘테의 《NTC 멕시코 문화 코드 단어 사전*NTC's Dictionary of Mexican Cultural Code Words : The complete guide to key words that express how the Mexicans think, communicate, and behave*》(New York : McGraw-Hill : 1996년).

7 영국의 작가 E. M. 포스터는 그의 에세이 〈영국적 특성에 대한 기록*Notes on the English Character*〉에서 영국인과 프랑스인의 성격을 멋지게 비교했다. "옛날에 영국인 몇 명과 프랑스인 몇 명을 태운 마차 한 대가 알프스산맥을 넘어가고 있었다. 그런데 말들이 질주해 어떤 다리를 건너갈 때 마차가 석조물에 걸려 기우뚱거리더니 하마터면 계곡 밑으로 떨어질 뻔했다. 프랑스인들은 두려움에 미쳐 날뛰었다. 과거 프랑스인들이 흔히 그랬던 것처럼 그들은 몸을 이리저리 움직이면서 비명을 질렀다. 그러나 영국인들은 아주 조용히 앉아 있었다. 한 시간 뒤 그 마차는 말을 바꾸기 위해 어느 여인숙에 멈췄다. 그런데 그때 상황이 완전히 바뀌었다. 프랑스인들은 조금 전 위험했던 상황을 모두 다 잊고 유쾌하게 잡담을 나눴다. 하지만 영국인들은 이제야 위험을 느끼기 시작했고, 결국 한 명이 신경쇠약에 걸려 드러눕고 말았다……. 프랑스인들은 즉시 반응을 보였는데 영국인들은 시간이 조금 흐른 다음에 반응을 보였다. 영국인들은 느렸고 역시 실용적이었다." E. M. 포스터의 《어빙거의 수확*Abinger Harvest*》(New York : Mariner Books, 1964) 중에서.

8 소스타인 베블런(Thorstein Veblen)의 《유한계급론*The Theory of the Leisure Class : An economic*

study of institutions》(Delhi : Aakar Books, 2005년) 참조.

9 인간 행동에서 브랜드와 그 역할에 관한 짧은 비평을 살펴보고 싶다면, 매슈 허트슨(Matthew Hutson)의 '지위 불안(Status Anxiety)', 〈더 아틀랜틱〉(2014년 9월 17일, http://www.theatlantic.com/magazine/archive/2014/10/status-anxiety/379339/ 참조)을 살펴보라. 그 외에도 다음과 같은 학술 논문들이 있다. 넬리센(Nelissen)과 마이어스(Meijers)의 〈부와 지위의 값비싼 상징으로서 명품 브랜드의 사회적 이점 *Social Benefits of Luxury Brands as Costly Signals of Wealth and Status*〉, 국제학술지 《진화와 인간행동 *Evolution and Human Behavior*》 32(5)호, 343-355쪽 참조, D. D. 럭커와 A. D. 갈린스키의 '획득의 욕구 : 무기력과 보상 소비(Desire to Acquire : Powerlessness and compensatory consumption)', 〈미국 소비자 연구저널〉, 35(2)호, 257-267쪽, K. 찰스 등의 '과시적 소비와 경쟁(Conspicuous Consumption and Race)', 미국의 계량경제학 잡지 《쿼털리 저널 오브 이코노믹스 *Quarterly Journal of Economics*》, 124(2)호, 425-467쪽, 개드 사드와 존 G. 봉가스의 '남성의 테스토스테론에 미치는 과시적 소비의 영향(The Effect of Conspicuous Consumption on Men's Testosterone Levels)', 국제학술지 《조직행동 및 인간 의사결정 절차 *Organizational Behavior and Human Decision Processes*》, 110(2)호, 80-92쪽, J. M. 선디 등의 '수컷 공작, 포르쉐, 소스타인 베블런 : 성적 신호 방식으로서 과시적 소비(Peacocks, Porsches, and Thorstein Veblen : Conspicuous consumption as a sexual signaling system)', 〈성격 및 사회심리학 저널 *Journal of Personality and Social Psychology*〉 100(4)호, 664쪽, Y. 왕과 V. 그리스케비시우스의 '과시적 소비, 인간관계, 경쟁 : 과시용의 여성 명품(Conspicuous Consumption, Relationships, and Rivals : Women's luxury products as signals to other women)', 〈미국 소비자 연구저널 *Journal of Consumer Research*〉 40(5)호, 834-854쪽, Y. J. 한(Han)과 J. C. 누네스와 X. 드로즈의 '명품을 이용한 지위 과시 : 유명 브랜드의 역할(Signaling Status with Luxury Goods : The role of brand prominence)', 〈마케팅저널〉 74(4)호, 15-30쪽.

10 '남의 불행에 대한 쾌감(schadenfreude)' 또는 그런 느낌과 관련된 행동은 인류 역사를 통틀어 존재해 왔다. 그 좋은 사례로 빅토르 위고의 〈시기와 탐욕〉이라는 시가 있다. 이 시는 어떻게 인간이 다른 사람의 불명예 대가로 행복해질 수 있는가에 대한 이야기를 담고 있다(http://www.readbookonline.net/readOnLine/11841/ 참조).

11 대런 애쓰모글루와 제임스 로빈슨의 《국가는 왜 실패하는가》.

12 댄 세노르와 사울 싱어의 《창업국가 : 21세기 이스라엘 경제성장의 비밀 *Start-Up Nation : The story of Israel's economic miracle*》(New York : Twelve, 2011년) 참조. 이 저자들은 어떻게 이스라엘이 사막의 한가운데에 있고 적으로 둘러싸여 있는데도 급속히 발전하고 상향 이동을 하는지를 설명한다. 그들은 혁신과 기업가적 문화에 그 해답이 있다고 주장한다.

13 로버트 D. 쿠터와 아론 엘딘의 '법과 성장 경제학 : 연구를 위한 틀(Law and Growth Economics : A framework for research)' 법과 경제학의 버클리 프로그램 워킹 페이퍼 시리즈, UC버클리, 2011년 1월 13일.

14 조지 버나드 쇼는, "당신에게 사과 하나가 있고 나에게 사과 하나가 있는데, 우리가 사과를 서로 교환하면 당신과 나는 여전히 사과가 하나밖에 없다. 하지만 당신에게 한 가지 생각이 있고 나에게 또 다른 생각이 있어서 두 생각을 서로 교류하면 우리는 두 가지 생각을 갖게 된다"고 말했다. 폴 로머는 어떻게 인적 자본이 성장의 원동력이 되는지, 또 성장 이론의 아버지인 솔로우가 이전에 주장했듯이 인구 성장만으로는 충분하지 않다는 사실을 보여준다. 이는 기업가 정신을 고취하는 강력한 주장이다. 폴 로머의 '내생적 기술 변화(Endogenous Technological Change : Part 2, the problem of development : a conference on the institute for the study of free enterprise systems)', 〈정치경제저널 *Journal of Political Economy*〉, 98(5)호, S71-S102 참조. 성장 이론의 아버지 솔로우는 경제

성장을 이끄는 것은 자본 축적과 인구 성장률이라고 확신했다. 따라서 인적 자본이 중요하다고 입증하는 것은 대단히 획기적인 일이다. 앤디 보인튼, 빌 피셔, 윌리엄 볼의 《아이디어 헌터 *The Idea Hunter : How to find the best ideas and make them happen*》(San Francisco : Jossey-Bass, 2011년)는 기업가들과 투자가들에게 높이 평가될 것이다. 이는 잠재적인 비즈니스 아이디어를 어디서, 어떻게 발견시켜야 하는지 알 수 있는 훌륭한 책이다.

15 에즈라 보걸의 《덩샤오핑 평전》, 456쪽.

16 세계지적재산권기구(World Intellectual Property Organization)의 경제학 및 통계학 부서가 발표한 세계지적소유권 지표(World Intellectual Property Indicators)와 특별 부문 : 투자가들의 국제 이동성(Special Section : The international mobility of investors), 2013년, 35쪽.

17 로버트 에스프레이의 《나폴레옹 보나파르트의 시대 *The Reign of Napoleon Bonaparte*》(New York : Basic Books, 2001)와 스티븐 잉글런드의 《나폴레옹의 정치 인생 *Napoleon : A political life*》(Cambridge, MA : Harvard University Press, 2004) 참조.

18 '미국 내 사회계층 이동의 경직화(Social Mobility in America : Repairing the rungs on the ladder), 〈이코노미스트〉, 2013년 2월 9일(http://www.economist.com/news/leaders/21571417-how-prevent-virtuous-meritocracy-entrenching-itself-top-repairing-rungs 참조)

결론 : 행동으로 의사 표시를 하라

1 닥터 수스(Dr. Seuss)의 〈오, 네가 갈 그곳들! *Oh, the Places you'll go!*〉(New York : Random House, 1990년).

2 에두아르드 푼셋(Eduard Punset), 《낙관주의로 가는 여정 *Viaje al optimismo : Las claves del futuro*》(Mexico City : Editorial Diana, 2013

참고 문헌

Acemoglu, D. and Robinson, J. (2012), *Why Nations Fail: The origins of power, prosperity, and poverty*. New York: Crown Publishers.

Aczel, A. (2001), *The Riddle of the Compass: The invention that changed the world*. San Diego: Harcourt.

Aczel, A. (2002), *Fermat's Last Theorem: The story of a riddle that confounded the world's greatest minds for 358 years*. London: Fourth Estate.

Addiego, F., Belzer, E. G., Comolli, J., Moger, W., Perry, J. D. and Whipple, B. (1981), 'Female Ejaculation: A case study', *Journal of Sex Research*,17, pp. 13 – 21.

Aharon, I., Etcoff, N., Ariely, D., Chabris, C. F., O'Connor, E. and Breiter, H. C. (2001),'Beautiful Faces Have Variable Reward Value: fMRI and behavioral evidence', *Neuron*, 32.

Allison, G. T., Blackwill, R. D. and Wyne, A. (2013), *Lee Kuan Yew: The grand master's insights on China, the United States, and the world*. Cambridge, MA: MIT Press.

Ariely, D. (2009), *Predictably Irrational: The hidden forces that shape our decisions*. New York: Harper Perennial.

Asprey, R. (2001), *The Reign of Napoleon Bonaparte*. New York: Basic Books.

Baker, R. (2006), *Sperm Wars: Infidelity, sexual conflict, and other bedroom battles*. New York: Basic Books.

Baker, R. and Bellis, M. A. (1995), *Human Sperm Competition: Copulation, masturbation and infidelity*. London: Chapman & Hall.

Bandow, D. (1994), *The Politics of Envy: Statism as theology*. New Jersey: Transaction Publishers.

Barash, D. P. (2003), *The Survival Game: How game theory explains the biology of cooperation and competition*. New York: Owl Books.

Barash, D. P. and Barash, N. R. (2005), *Madame Bovary's Ovaries: A Darwinian look at literature*. New York: Delacourt Press.

Barkow, J.H., Cosmides, L. and Tooby, J. (1995), *The Adapted Mind: Evolutionary psychology and the generation of culture*. Oxford: Oxford University Press.

Barret, L. and Dunbar, R. (2009), *The Oxford Handbook of Evolutionary Psychology*. Oxford: Oxford University Press.

Barrett, D., Greenwood, J. G. and McCullagh, J. F. (2006), 'Kissing Laterality and Handedness', *Laterality*, 11 (6), pp. 573 – 9.

Baum, L. F. (2006), *The Wonderful Wizard of Oz*. New York: Signet Classics.

Belsky, S. (2010), *Making Ideas Happen: Overcoming the obstacles between vision and reality*. New York: Portfolio.

Benedict, R. (2006), *The Chrysanthemum and the Sword: Patterns of Japanese culture*. New York: Mariner Books.

Bjorklund, D. F. (2007) *Why Youth Is Not Wasted on the Young: Immaturity in human development* (Hoboken: Wiley-Blackwell).

Bloom, P. (2010), *How Pleasure Works: The new science of why we like what we like*. New York: W.W. Norton & Company.

Bloom, P. and Pinker, S. (1990), 'Natural Language and Natural Selection', *Behavioral and Brain Sciences*, 13, pp. 707-84.

Boyd, J. and Zimbardo, P. (2009), *The Time Paradox: The new psychology of time*. Rider.

Boynton, A., Fischer, B. and Bole, W. (2011). *The Idea Hunter: How to find the best ideas and make them happen*. San Francisco: Jossey-Bass.

Brizendine, L. (2007), *The Female Brain*. New York: Three Rivers Press.

Brizendine, L. (2010), *The Male Brain*. New York: Crown.

Brockman, J. (1995), *The Third Culture*. New York: Simon & Schuster.

Brockman, J. (2011), *Culture: Leading scientist explore civilizations, art, network, reputation, and the on-line revolution*. New York: HarperCollins Publishers.

Brockman, J. (2013). *This explains everything: Deep, beautiful, and elegant theories of how the world works*. New York: Harper Perennial.

Brooks, D. (2001), *Bobos in Paradise: The new upper class and how they got there*. New York: Simon & Schuster.

Brotto, L. A., Knudson, G., Inskip, J., Rhodes, K. and Erskine, Y. (2010), 'Asexuality: A mixed-methods approach', *Archives of Sexual Behavior*, 39, pp.599-712.

Brown, D. (1991), *Human Universals* (New York: McGraw-Hill).

Brown, S. (2009), *Play: How it shapes the brain, opens the imagination, and invigorates the soul*. New York: Penguin.

Burnham, T. and Phelan, J. (2000), *Mean Genes: From sex to money to food, taming our primal instincts*. London: Simon & Schuster.

Buss, D. M. (2003), *The Evolution of Desire: Strategies of human mating*. New York: Basic Books.

Buss, D.M. (2005), *The Handbook of Evolutionary Psychology*. Hoboken: John Wiley.

Buss, D. M. (2007), *Evolutionary Psychology: The new science of the mind*. Boston: Allyn and Bacon.

Buzan, B. and Hansen, L. (2009), *The Evolution of International Security Studies*. New York:

Cambridge University Press.

Cain, S. (2013), *Quiet: The power of introverts in a world that can't stop talking*. London: Penguin Books.

Camus, A. (1991), *The Myth of Sisyphus, and Other Essays*. New York: Vintage.

Cholle, F. P. (2012), *The Intuitive Compass: Why the Best Decisions Balance Reason and Instinct*. San Francisco: Jossey-Bass.

Cohen, R. (2003), *The Good, the Bad and the Difference: How to tell right from wrong in everyday situations*. New York: Broadway Books.

Confer J. C., Easton, J. A., Fleischman, S., Goetz, C. D. and Buss D. M. (2010), 'Evolutionary Psychology: Controversies, questions, prospects, and limitations' *American Psychologist*, 65 (2), pp. 110-26.

Cooter, R. and Eldin, A. (2011), 'Law and Growth Economics: A framework for research' *Working Paper Series, Berkeley Program in Law and Economics*, UC Berkeley, 13 January 2011.

Cooter, R. D. and Schäfer, H.-B. (2012), *Solomon's Knot: How law can end the poverty of nations*. Princeton: Princeton University Press.

Coyne, J. A. (2010), *Why Evolution Is True*. Oxford: Oxford University Press.

Dawkins, R. (1976), *The Selfish Gene*. Oxford: Oxford University Press.

Dawkins, R. (2008), *The God Delusion*. New York: Mariner Books.

Dawkins, R. (2009), *The Greatest Show on Earth: The evidence for evolution*. New York: Free Press.

de Botton, A. (2002), *The Art of Travel*. New York: Vintage.

de Botton, A. (2004), *Status Anxiety*. New York: Pantheon Books.

de Botton, A. (2012), *How to Think More About Sex*. New York: The School of Life.

de Botton, A. (2013), *Religion for Atheists: A non-believer's guide to the uses of religion*. New York: Vintage.

de Grey, A. (2008), *Ending Aging: The rejuvenation breakthroughs that could reverse human aging in our lifetime*. New York: St Martin's Griffin.

De Mente, B. L. (1996), *NTC's Dictionary of Mexican Cultural Code Words: The complete guide to key words that express how the Mexicans think, communicate, and behave*. New York: McGraw-Hill.

de Waal, F. (2005), *Our Inner Ape: A leading primatologist explains why we are who we are*. United States: Tantor Media.

de Waal, F. (2009), *Primates and Philosophers: How morality evolved*. Princeton: Princeton University Press.

Dennett, D. (1995), *Darwin's Dangerous Idea: Evolution and the meaning of life*. New York: Simon & Schuster Paperbacks.

Diamandis, P. H. and Kotler, S. (2012), *Abundance: The future is better than you think*. New York: Free Press.

Diamond, J. (1992), *The Third Chimpanzee: The evolution and future of the human animal*. New York: HarperCollins.

Diamond, J. (1997), *Guns, Germs, and Steel: The Fates of Human Societies*. New York: W. W. Norton.

Diamond, J. (1997), *Why Is Sex Fun? The evolution of human sexuality*. New York: Perseus Books.

Diamond, J. (2003), *The Rise and Fall of the Third Chimpanzee: How our animal heritage affects the way we live*. New York: Vintage Books.

Drassinower, A. (2003), *Freud's Theory of Culture: Eros, loss, and politics*. Maryland: Rowman & Littlefield.

Dunn, K. M., Cherkas, L. F. and Spector, T. D. (2005), 'Genetic Influences on Variation in Female Orgasmic Function: A twin study', *Biology Letters*, 1 (3), pp. 260–63.

Eagleman, D. (2011), *Incognito: The secret lives of the brain*. New York: Pantheon Books.

Easterbrook, G. (2004), *The Progress Paradox: How life gets better while people feel worse*. New York: Random House.

Emden, C.J. (2005), *Nietzsche on Language, Consciousness, and the Body*. Champaign: University of Illinois Press.

Englund, S. (2004), *Napoleon: A political life*. Cambridge, MA: Harvard University Press.

Enriquez, J. (2001), *As the Future Catches You: How genomics and other forces are changing your life, work, health and wealth*. New York: Crown Business.

Estupinyà, P. (2013), *S=ex²: La ciencia del sexo*, Barcelona: Random House Mondadori.

Etcoff, N. L. (2000), *Survival of the Prettiest: The science of beauty*. Michigan: Anchor.

Fang, F. C. and Casadevall, A. 'Why We Cheat', *Scientific American Mind*, May/June 2013.

Ferguson, N. (2012), *Civilization: The west and the rest*. New York: Penguin Books.

Fields, R. (1991), *The Code of the Warrior: In history, myth, and everyday life*. New York: Harper Collins.

Finkel, E. J., Eastwick, P. W., Karney, B. R., Reis, H. T. and Sprecher, S. (2012), 'Online dating: A critical analysis from the perspective of psychological science', *Psychological Science in the Public Interest*, February.

Fisher, H. E. (1992), *Anatomy of Love: The mysteries of mating, marriage and why we stray*. New York: Fawcett Columbine.

Fisher, H. E. (2000), *The First Sex: The natural talents of women and how they are changing the world*. New York: Ballantine Books.

Foer, J. (2012), *Moonwalking with Einstein: The art and science of remembering everything*. London: Penguin Books.

Forgas, J. P., Haselton, W. and Von Hippel, W. (2007), *Evolution and the Social Mind: Evolutionary psychology and social cognition*. Hove: Psychology Press.

Forster, E. M. (1964), *Abinger Harvest*. New York: Mariner Books.

Fortini, A. 'The Feminist Reawakening', *New York Magazine*, 13 April 2008.

Francken, A. B., Van de Wiel, H. B., Van Driel, M. F. and Weijmar Schultz, W. C. (2002), 'What Importance Do Women Attribute to the Size of the Penis?' *European Urology*, 42 (5), pp. 426–31.

Frank, R. (2007), *Richistan: A journey through the American wealth boom and the lives of the new rich*. New York: Three Rivers Press.

Frank, R. H. (1985), *Choosing the Right Pond: Human behavior and the quest for status*. New York: Oxford University Press.

Freud, S. (2000), *The Interpretation of Dreams*. Ware: Wordsworth Editions.

Friedman, T. L. (1999), *The Lexus and the Olive Tree: Understanding globalization*. New York: Farrar, Straus and Giroux.

Fromm, E. (1981), *On Disobedience, and other essays*. New York: Seabury Press.

Fromm, E. (1992), *The Anatomy of Destructiveness*. New York: Holt Paperbacks.

Gannon, M. J. and Pillai, R. (2010), *Understanding Global Cultures: Metaphorical journeys through 29 nations, clusters of nations, continents, and diversity*. Thousand Oaks: Sage Publications.

Garcia, J. R. and Reiber, C. (2008), 'Hook-up Behavior: A biopsychosocial perspective', *Journal of Social, Evolutionary, and Cultural Psychology*, 2, pp. 192–208.

Gilbert, D. (2007), *Stumbling on Happiness*. London: Harper Perennial.

Givens, D. B. (1978),'The Nonverbal Basis of Attraction: Flirtation, courtship, and seduction', *Psychiatry*, 41 (4), pp. 346–359.

Gladwell, M. (2008), *Outliers: The story of success*. New York: Hachette.

Godin, S. (2003), *Purple Cow: Transform your business by being remarkable*. New York: Portfolio.

Godin, S. (2008), *Tribes: We need you to lead us*. New York: Portfolio.

Goleman, D. (1995), *Emotional Intelligence: Why it can matter more than IQ*. New York: Bantam Books.

Greenblatt, S., Meyer-Kalkus, R., Nyiri, P., Pannewick, F., Paul, H. and Zupanov, I. (2010), *Cultural Mobility*: A manifesto.Cambridge: Cambridge University Press.

Gueguen, N. (2007), 'Women's Bust Size and Men's Courtship Solicitation', *Body Image*, 4 (4), pp. 386–90.

Gueguen, N. (2008), 'The Effect of a Woman's Smile on a Man's Courtship Behavior', *Social Behavior and Personality*, 36, pp. 1233 –6.

Gueguen, N. (2011), 'The effect of women's suggestive clothing on men's behavior and judgment: A field study', *Psychological Reports*, 109 (2), p. 635 –638.

Hall, E.T. (1959), *The Silent Language*. New York: Anchor Books.

Hall, E. T. (1966), *The Hidden Dimension*. New York: Anchor Books.

Hall, E. T. (1989), *Beyond Culture*. New York: Anchor Books.

Hall, E.T. (1990), *Hidden Differences: Doing business with the Japanese*. New York: Anchor Books.

Hall, E.T. (1990), *Understanding Cultural Differences –Germans, French and Americans*. Boston: Nicholas Brealey Publishing.

Hamann, S., Herman, R. A., Nolan C. L. and Wallen, K. (2004), 'Men and Women Differ in Amygdale Response to Visual Sexual Stimuli', *Nature Neuroscience*, 7 (4), pp. 411 –16.

Hamer, D. H. and Copeland, P. (1999), *Living With Our Genes: Why they matter more than you think*. New York: Anchor Books.

Harris, S. (2012), *Free Will*. New York: Free Press.

Harrison, L. E. and Huntington, S. P. (2006), *Culture Matters: How values shape human progress*. New York: Basic Books.

Hauser, M.D. (2006), *Moral Minds: The nature of right and wrong*. New York: Harper Perennial.

Heath, C. and Heath, D. (2013), *Decisive: How to make better choices in life and work*. New York: Crown Business.

Henley, N. M. and Goodchilds, J. D. (2000), *The Curmudgeon Woman*. Missouri: Andrews McMeel Publishing.

Hermann, H. (2000), *Demian*. New York: Dover Publications.

Hill, S. E. and Buss, D. M. (2008), 'The Mere Presence of Opposite-Sex Others on Judgments of Sexual and Romantic Desirability: Opposite effects for men and women', *Personality and Social Psychology Bulletin*, 34 (5), pp. 635 –47.

Hilton, D. L., Jr. and Watts, C. (2011), 'Pornography Addictions: A neuroscience perspective', *Surgical Neurology International*, 2, p.19.

Hofstede G., Hofstede, G. J. and Minkov, M. (2010), *Cultures and Organizations: Software of the mind, international cooperation and its importance for survival*. New York: McGraw-Hill.

Hofstede G., Hofstede, G. J. and Pedersen, P. B. (2002), *Exploring Culture: Exercises, stories and synthetic cultures*. Boston: Intercultural Press.

Honoré, C. (2004), *In Praise of Slow: How a worldwide movement is challenging the cult of speed*. London: Orion.

Horner, J. and Gorman, J. (2010), *How to Build a Dinosaur: The new science of reverse evolution*. New York: Plume Books.

Huntington, S. (1977), *The Clash of Civilizations and the Remaking of the World Order*. New York: Simon & Schuster.

Jackendoff, R. and Pinker, S. (2005), 'The Faculty of Language: What's special about it?' *Cognition*, 95, pp. 201 – 36.

Jacobi, J. (1942), *Psychology of C. G. Jung*. London: Routledge & Kegan Paul.

James, W. (1950), *The Principles of Psychology*. New York: Dover Publications.

Janet, L. Peplau, L. A. and Frederick, D. A. (2006), 'Does Size Matter? Men's and women's views on penis size across the lifespan', *Psychology of Men and Masculinity*, 7 (3), pp. 129 – 43.

Jensen, A. R. and Miele, F. (2002), *Intelligence, Race, and Genetics: Conversations with Arthur R. Jensen*. Boulder: Westview Press.

Johnson, S. (2005), *Mind Wide Open: Your brain and the neuroscience of everyday life*. New York: Scribner.

Johnson, S. (2012), *Future Perfect: The case for progress in a networked age*. New York: Riverhead Books

Jung, C. (1968), *The Archetype and the Collective Unconscious*. Princeton: Princeton University Press.

Jung, C. (1968), *Man and His Symbols*. New York: Dell.

Jung, C. and Storr, A. (ed.) (1999), *The Essential Jung: Selected writings*. Princeton: Princeton University Press.

Kahneman, D. (2011), *Thinking, Fast and Slow*. New York: Farrar, Straus and Giroux.

Kaku, M. (2012), *Physics of the Future: The inventions that will transform our lives*. London: Penguin Books.

Kanter, B. and Fine, A. H. (2010), *The Networked Nonprofit: Connecting with social media to drive change*. San Francisco:Jossey-Bass.

Kay, J. (2004), *Culture and Prosperity: Why some nations are rich but most remain poor*. New York: HarperBusiness.

Kelling, G. L. and Wilson, J. Q (1982). 'Broken Windows', *The Atlantic*, March.

Kirshenbaum, S. (2011), *The Science of Kissing*. New York: Hachette.

Knight, J. (1968), *For The Love of Money: Human behavior and money*. Philadelphia: J.B. Lippincott.

Kristof, N. D. and WuDunn, S. (2010), *Half the Sky: How to change the world*. London: Virago.

Krugman, P. (2013), *End This Depression Now!* New York: W. W. Norton.

Kruzban, R. (2012), *Why Everyone (Else) Is a Hypocrite: Evolution and the modular mind*. Princeton: Princeton University Press.

Kurzweil, R. (2005), *The Singularity Is Near: When humans transcend biology*. New York: Viking.

Landes, D. (1999), *The Wealth and Poverty of Nations: Why some are so rich and some so poor*. New York: W.W. Norton.

Lee Kuan Yew (2000), *From Third World to First: The Singapore story*, 1965 – 2000. New York: HarperCollins.

Lee, L., Loewenstein, G., Ariely, D., Hong, J. and Young, J. (2008), 'If I'm Not Hot, Are You Hot or Not? Physical-attractiveness evaluations and dating preferences as a function of one's own attractiveness', *Psychological Science*, 19 (7), pp. 669 – 77.

Lehrer, J. (2009), *The Decisive Moment: How the brain makes up its mind*. Edinburgh: Canongate Books.

Leyner, M. and Goldberg, B. (2006), *Why Do Men Fall Asleep After Sex?: More questions you'd only ask a doctor after your third whiskey sour*. New York: Random House.

Levitt, S. (2006), *Freakonomics: A rogue economist explores the hidden side of everything*. London: Penguin Books.

Linden, D.J. (2012), *The Compass of Pleasure: How our brains make fatty foods, orgasm, exercise, marijuana, generosity, vodka, learning, and gambling feel so good*. New York: Penguin.

Livermore, D. (2009), *Cultural Intelligence: Improving Your CQ to Engage Our Multicultural World*. Grand Rapids: Baker Academic.

Livermore, D. (2009), *Leading with Cultural Intelligence: The new secret to success*. New York: AMACON.

MacHale, D. (2003), Wit. Kansas City: Andrews McMeel.

MacLean, Paul D. (1990), *The Triune Brain in Evolution: Role in paleocerebral functions*. New York: Plenum Press.

MacLeod, H. (2009), *Ignore Everybody: And 39 other keys to creativity*. New York: Portfolio.

Mahbubani, K. (2013), *The Great Convergence: Asia, the west, and the logic of one world*. New York: PublicAffairs.

Manning, J. (2007), *The Finger Book*. London: Faber and Faber.

Marcus, G. (2009), *Kluge: The haphazard evolution of the human mind*. London: Faber and Faber.

Markman, A. B. (2012), *Smart Thinking: Three essential keys to solve problems, innovate, and get things done*. New York: Perigee.

Marmot, M. (2004), *The Status Syndrome: How social standing affects our health and longevity*. New York: Owl Books.

Maslow, A. H. (1943), 'A Theory of Human Motivation', *Psychological Review*, 50, pp. 370 – 96.

May, E. R. (1986), *Knowing One's Enemies: Intelligence assessment before the two world wars*. Princeton: Princeton University Press.

May, R. (2008), *Love and Will*. Princeton: Recording for the Blind and Dyslexic.

Medina, J. (2009), *Brain Rules: 12 principles for surviving and thriving at work, home and school*. New York: Pear Press.

Meston, C. M. and Buss, D. M.(2009), *Why Women Have Sex: Understanding sexual motivations, from adventure to revenge (and everything in between)*. New York: Times Books.

Meston, C. M. (2000), 'Sympathetic Nervous System Activity and Female Sexual Arousal', *American Journal of Cardiology*, 86(2/1), pp. 30–34.

Miller, G. (2009), *Spent: Sex, evolution, and consumer behavior*. New York: Viking.

Milner, M. (1994), *Status and Sacredness: A general theory of status relations and an analysis of Indian culture*. New York: Oxford University Press.

Mischel, W., Shoda, Y. and Rodriguez, M.L. (1989), 'Delay of Gratification in Children', *Science*, 244, pp. 933–8.

Moore, M. M. (2010), 'Human Nonverbal Courtship Behavior: A brief historical review', *Journal of Sex Research*, 47 (2–3), pp. 171–80.

Morris, D. (1994), *The Human Animal: A personal view of the human species*. London: BBC Books.

Morris, D. (1996), *The Human Zoo: A zoologist's classic study of the urban animal*. New York: Kodansha International.

Moyo, D. (2009), *Dead Aid: Why aid is not working and how there is a better way for Africa*. New York: Farrar, Straus and Giroux

Moyo, D. (2013), *Winner Take All: China's race for resources and what it means for us*. London: Penguin Books.

Myers, I. B. and Myers P. B. (1995), *Gifts Differing: Understanding personality type*. Boston: Nicholas Brealey.

Nisbett, A. (1976), *Konrad Lorenz*. London: Dent.

Nolan, P. (2004), *Transforming China: Globalization, transition and development*. New York: Anthem Press.

Nussbaum, M. C. (2011), *Creating Capabilities: The human development approach*. Cambridge, MA: Harvard University Press.

Parada, M., Vargas, E. B., Kyres, M., Burnside, K. and Pfaus, J. G. (2012), 'The Role of Ovarian Hormones in Sexual Rewards States of the Female Rat', *Hormones and Behavior*, 62 (4), pp. 442–7.

Paul, E. L. and Hayes, K. A. (2002), 'The Casualties of "Casual" Sex: A qualitative exploration of the phenomenology of college students' hook-ups', *Journal of Social and Personal Relation-*

ships, 19, pp. 639–61.

Paul, E. L., McManus, B. and Hayes, A. (2000), '"Hook-ups": Characteristics and correlates of college students' spontaneous and anonymous sexual experience', *Journal of Sex Research*, 37, pp. 76–88.

Payer, L. (1996), *Medicine and Culture: Varieties of treatment in the United States, England, West Germany, and France*. New York: Henry Holt and Company.

Petersen, J. L. and Hyde, J. S. (2010), 'A Meta-Analytic Review of Research on Gender Differences in Sexuality, 1993–2007', *Psychological Bulletin*, 136 (1), pp. 149–65.

Pinker, S. (1994), *The Language Instinct*. New York: Morrow.

Pinker, S. (2003) *The Blank Slate: The modern denial of human nature*. New York: Penguin Books.

Pinker, S. (2009), *How the Mind Works*. New York: W. W. Norton.

Pinker, S. (2011), *The Better Angels of Our Nature: Why violence has declined*. New York: Viking.

Pool, R. (1994), *Eve's Rib: Searching for the biological roots of sex differences*. New York: Crown Publishers.

Posner, R. A. (1992), *Sex and Reason*. Cambridge, MA: Harvard University Press.

Provine, R. R. (2012), *Curious Behavior: Yawning, laughing, hiccupping, and beyond*. Cambridge, MA: Belknap Press.

Punset, E. (2007), *El alma está en el cerebro. Radiografía de la máquina de pensar*. Mexico: Punto de Lectura.

Punset, E. (2010), *El viaje al poder de la mente*. Barcelona: Destino.

Punset, E. (2010), *Por qué somos como somos*. Mexico: Punto de Lectura.

Punset, E. (2013), *Viaje al optimismo: Las claves del futuro*. Mexico City: Editorial Diana.

Putnam, R. D. (2000), *Bowling Alone: The collapse and revival of American community*. New York: Simon and Schuster.

Randall, L. (2012), *Knocking on Heaven's Door: How physics and scientific thinking illuminate our universe*. London: Vintage Publishing.

Rapaille, C. (1972), *Laing*. Paris: Editions Universitaires.

Rapaille, C. (1973), *La Relation créatrice*. Paris: Éditions Universitaires.

Rapaille, C. (1975), 'Wisdom Of Madness', thesis, Michigan State University.

Rapaille, C. (1976), *La Communication créatrice*. Paris: Éditions Dialogues.

Rapaille, C. (1978), *Si vous écoutiez vos enfants*. Paris: Mengès.

Rapaille, C. (1980), *Le Trouple*. Paris: Mengès.

Rapaille, C. (1981), *Escúchelo: Es su hijo*. Barcelona: Pomaire.

Rapaille, C. (1982), *Comprendre ses parents et ses grands parents*. Paris: Marabout.

Rapaille, C. (1984), *Versteh'deine Eltern*. Munich: Bucher Verlag.

Rapaille, C. (2001), *Seven Secrets of Marketing in a Multi-Cultural World*. Utah: Executive Excellence.

Rapaille, C. (2003), *Social Cancer: Decoding the archetype of terrorism*. New York: Tuxedo Productions.

Rapaille, C. (2006), *The Culture Code: An ingenious way to understand why people around the world live and buy as they do*. New York: Crown Business.

Reich, W. (1973), *The Function of the Orgasm*. New York: Farrar, Straus and Giroux.

Restak, R. (2006), *The Naked Brain: How the emerging neurosociety is changing how we live, work, and love*. New York: Harmony Books.

Revonsuo, A. (2006), *Inner Presence: Consciousness as a biological phenomenon*. Cambridge, MA: MIT Press.

Riding, A. (1987), *Vecinos distantes: Un retrato de los mexicanos*. Mexico: Planeta.

Ridley, M. (1993), *The Red Queen: Sex and the evolution of human nature*. London: Viking.

Ridley, M. (1996), *Evolution*. Cambridge, MA: Blackwell Science.

Ridley, M. (2011), *The Rational Optimist: How prosperity evolves*. New York: Harper Perennial.

Rilling, J. K. Scholz, J., Preuss, T. M. Glasser, M. F., Errangi, B. K. and Behrens, T. E. (2012), 'Differences between Chimpanzees and Bonobos Is Neural System Supporting Social Cognition', *Social and Cognitive Affective Neuroscience*, 7 (4), pp. 369–79.

Robinson, K. (2013), *Finding Your Element: How to discover your talents and passions and transform your life*. London: Allen Lane.

Roemer, A. (1995), *El juego de la negociación*. Mexico: ITAM.

Roemer, A. (1997), *Economía y derecho: Políticas públicas*. Mexico: Porrúa.

Roemer, A. (1998), *Sexualidad, derecho y políticas públicas*. Mexico: Porrúa.

Roemer, A. (2000), *Derecho y economía: Una revision de la literatura*. Mexico: FCE-CED.

Roemer, A. (2001), *Economía del Crimen*. Mexico: Limusa.

Roemer, A. (2003), *Enigmas y paradigmas: Una exploración entre el arte y la política pública*. Mexico: Limusa.

Roemer, A. (2005), *Entre lo publico y lo privado. 1300 + 13 preguntas para pensar sobre pensar*. Mexico: Editorial Noriega.

Roemer, A. (2005), *Felicidad: Un enfoque de derecho y economía*. Mexico: Instituto de Investigaciones Jurídicas UNAM.

Roemer, A. (2006), *Terrorismo y crimen organizado: Un enfoque de derecho y economía*. Mexico:

Instituto de Investigaciones Jurídicas UNAM.

Roemer, A. (2007), *No: Un imperativo de la generacion next*. Mexico: Santillana Ediciones Generales.

Roemer, A. (2008), *El otro Einstein*. Mexico: Porrúa.

Roemer, A. (2011), *Oskar y Jack*. Mexico: Porrúa.

Roemer, A. and Ghersi, E. (2008), *¿Por qué amamos el futbol? Un enfoque de derecho y economía*. Mexico: Porrúa.

Roheim, G. (1943), *The Origin and Function of Culture*. New York: Nervous and Mental Disease Monographs.

Rosenfield, I. (1988), *The Invention of Memory*. New York: Basic Books.

Russell, B. (1983), *The Will to Doubt*. New York: Philosophical Library.

Russell, B. and Ruse, M. (1997), *Religion and Science*. New York: Oxford University Press.

Ryan, C. and Jetha, C. (2010), *Sex at Dawn: How we mate, why we stray, and what it means for modern relationships*. New York: HarperCollins.

Sachs, J. (2005), *The End of Poverty: Economic possibilities for our time*. New York: Penguin Press.

Sahrot, T. (2011), *The Optimism Bias: A tour of the irrationality positive brain*. New York: Pantheon.

Sapolsky, R.M. (1998), *The Trouble with Testosterone: And other essays on the biology of the human predicament*. New York: Touchstone.

Sapolsky, R. M. (2002), *A Primate's Memoir: A neuroscientist's unconventional life among the baboons*. New York: Simon & Schuster.

Sapolsky, R. M. (2004), *Why Zebras Don't Get Ulcers*. New York: Owl Books.

Sapolsky, R. M. (2005), *Monkeyluv: And other essays on our lives as animals*. New York: Scribner.

Schacter, D. L. (2002), *The Seven Sins of Memory: How the mind forgets and remembers*. New York: Mariner Books.

Schein, E.H. (2009), *The Corporate Culture Survival Guide*. San Francisco: John Wiley.

Schellnhuber, H. J. et al. (2010), *Global Sustainability: A Nobel cause*. Cambridge: Cambridge University Press.

Schmitt, D.P. and Pilcher, J. J. 'Evaluating Evidence of Psychological Adaptation: How do we know one when we see one?', *Psychological Science*, 15, p. 643.

Schopenhauer, A. (1995), *Essays on Freedom of the Will*. New Jersey: Wiley-Blackwell.

Schwartz, B. (2004), *The Paradox of Choice: Why more is less*. New York: Harper Perennial.

Segev, I. and Markram, H. (2011), *Augmenting Cognition*. Lausanne: EPFL Press.

Senor, D. and Singer, S. (2011), *Start-up Nation: The story of Israel's economic miracle*. New York:

Twelve.

Shah, J. and Christoper, N. (2002), 'Can Shoe Size Predict Penile Length?', BJU *International*, 90 (6), pp. 586–7.

Shermer, M. (2011), *The Believing Brain: From ghosts and gods to politics and conspiracies – how we construct beliefs and reinforce them as truths*. New York: Times Books.

Smith, D. L. (2004), *Why We Lie: The evolutionary roots of deception and the unconscious mind*. New York: St Martin's Press.

Sober, E. and Wilson, D.S. (1999), *Unto Others: The evolution and psychology of unselfish behavior*. Cambridge, MA: Harvard University Press.

Spencer, H. (1864). *Principles of Biology*. (London: Williams and Norgate)

Spitz, R.A. (1945), 'Hospitalism: An inquiry into the genesis of psychiatric conditions in early childhood', *Psychoanalytic Study of the Child*, 1, pp. 53–74.

Spurlock, M. (2005), *Don't Eat This Book*. New York: Penguin.

Standage, T. (2006), *A History of the World in 6 Glasses*. New York: Walker.

Stevens, A. (1983), *Archetypes: A pioneering investigation into the biological basis of Jung's theory of archetypes*. New York: Quill.

Sukel, K. (2012), *This Is Your Brain on Sex: The science behind the search for love*. New York: Simon & Schuster Paperbacks.

Sunstein, C. R. and Thaler, R. H. (2008), *Nudge: Improving decisions about health, wealth, and happiness*. New Haven: Yale University Press.

Swami, V. (2010), 'The Attractive Female Body Weight and Female Body Dissatisfaction in 26 Countries Across 10 World Regions: Results of the International Body Project I', *Personality and Social Psychology Bulletin*, 36, p. 309.

Swami, V. and Tovée, M. J. (2006), 'Does Hunger Influence Judgments of Female Physical Attractiveness?', *British Journal of Psychology*, 97 (3), pp. 353–63.

Taleb, N.N. (2012), *Antifragile: Things that gain from disorder*. London: Penguin Books.

Trivers, R. (2011), *The Folly of Fools: The logic of deceit and self-deception in human life*. New York: Basic Books.

Veblen, T. (2005), *The Theory of the Leisure Class: An economic study of institutions*. Delhi: Aakar Books.

Vogel, E.F. (2011), *Deng Xiaoping and the Transformation of China*. Cambridge, MA: Harvard University Press.

Wallen, K. and Lloyd, E. A. (2011), 'Female Sexual Arousal: Genital anatomy and orgasm in intercourse', *Hormones and Behavior*, 59 (5), pp.780–92.

Warren, F. (2007), *A Lifetime of Secrets: A PostSecret book*. New York: William Morrow.

Weber, M. (2001), *The Protestant Ethic and the Spirit of Capitalism*. London: Routledge.

Wilson, E.O. (2000), *Sociobiology: The new synthesis*. Cambridge, MA: Belknap Press.

Wilson, J. Q. and Herrnstein, R. J. (1985), *Crime and Human Nature: The definitive study of the causes of crime*. New York: Free Press.

Winston, R. (2002), *Human Instinct: How our primeval impulses shape our modern lives*. London: Bantam Books.

Wobber, V,. Hare, B., Maboto, J., Lipson, S., Wrangham, R. and Ellison, P. T. (2010), 'Differential Changes in Steroid Hormones Prior to Competition in Bonobos and Chimpanzees', *Proceeding of the National Academy of Science*, 107 (28), pp. 457–62.

Wright, P. J. (2013), 'U.S. Males and Pornography, 1973–2010: Consumption predictors, correlates', *Journal of Sex Research*, 50 (1), pp. 60–71.

Wright, R. (1995), *The Moral Animal: Why we are the way we are; the new science of evolutionary psychology*. New York: Vintage.

Zamoyski, A. (2005), *Moscow 1812: Napoleon's fatal march*. New York: Harper Perennial.

Zuckerman, M. (1992), *Incredibly American*. Milwaukee: ASQC Quality Press.

부록 1

R^2 이동성 지수를 만들다

R^2 이동성 지수의 구성 요소는 어떻게 만들어졌는가

1.1 생존

우리는 생존 지수의 구성 요소에 관해서는 1인당 국민총소득(GNI) 대비 의료비와 교육비뿐만 아니라 이코노미스트 인텔리전스 유닛이 만들어내고 〈이코노미스트〉가 발표한 '태어나고 싶은 나라 지수(Where to Be Born Index)'를 사용했다.

$$생존 = \frac{태어나고\ 싶은\ 나라\ 지수 + (의료비+교육비)}{2}$$

'태어나고 싶은 나라 지수'는 2013년에 발표되었다. 이 지수는 11개의 지표를 기준으로 80개국을 평가한 것이다. 지리적 조건 등 변하지 않는 지표도 있고, 인구 변동, 사회적·문화적 특성 등 시간이 지나면서 천천히 변하는 지표도 있다. 이 지수는 국가별로 주관적 삶의 만족도 조사(얼마나 행복한가)의 결과와 객관적 삶의 질 결정 요인을 접목한 삶의 질 지수(Quality-of-Life Index)를 사용한 것이다. 또한 이 지수에는 범죄, 공공기관의 신뢰, 가족 삶의 질 등을 비롯해 1인당 국내총생산(GDP)도 지표로 사용되고 있다. 우리는 R^2 이동성 지수를 위해 '태어나고 싶은 나라 지수'의 점수를 0에서 1까지 표준화했다.

왜 의료비와 교육비를 사용하는가?

정부가 의료비와 교육비에 상당한 예산을 할당하는 것을 보면 공공정책이 개발 전략에 미치는 영향을 파악할 수 있다. 따라서 국민들이 교육과 건강을 위해 더 많은 기회를 가질 수 있는지를 예상할 수 있다.

우리는 R^2 이동성 지수에 사용할 더 넓은 표본을 확보하기 위해, 피어슨의 상관계수(Pearson's coefficient)를 사용하여 사회 이동에 가장 큰 상관관계가 있는 변수를 선택했다. 이 척도는 -1에서 1까지 두 변수 간의 선형 관계성의 정도를 반영한다. 상관관계가 -1값을 갖는다면 변수들 사이에서 완전한 반비례 관계를 나타낸다(D. 구자라티의 《계량경제학(Basic Econometrics)》(Boston : McGraw Hill, 4th edn, 2003년).

사회 이동에 관한 값은 푼다치온 에스피노사 루가르샤(http://www.fundacionesru.org/ 참조)가 만들어낸 지수에서 뽑은 것이다. 사회 이동 값의 범위는 0에서 1까지로, 1은 완벽한 사회 이동을 의미하고, 0은 사회 이동이 전혀 없다는 의미다. 상관관계를 나타내기 위해 선택된 변수는 GDP 대비 의료비 및 교육비다. 이 상관관계 그래프에서는 양의 기울기가 나타나는데, 이는 국내총생산(GDP) 대비 의료비 및 교육비와 사회 이동 사이에 직접적인 관계가 있음을 의미한다.

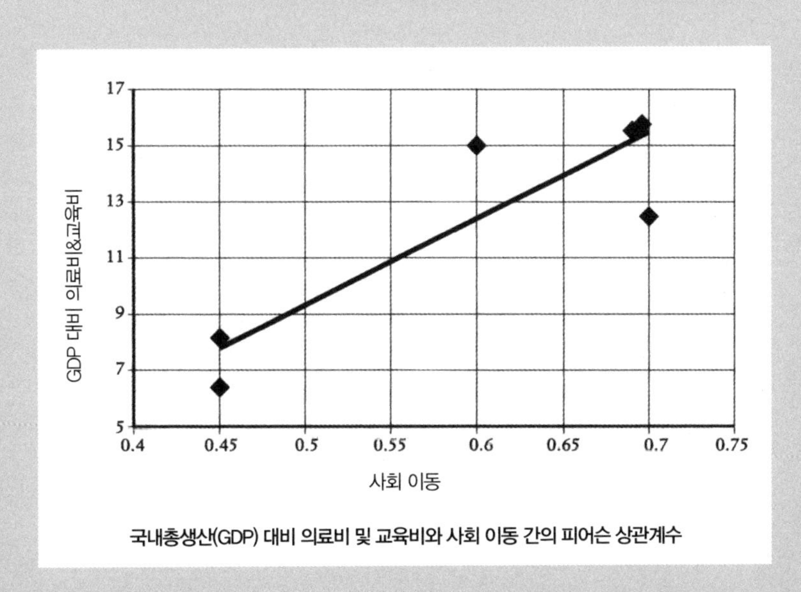

국내총생산(GDP) 대비 의료비 및 교육비와 사회 이동 간의 피어슨 상관계수

의료비 및 교육비에 쓰는 국내총생산(GDP)의 비율이 높은 나라일수록 사회 이동의 기회가 더욱 높다는 의미다. 게다가 피어슨의 상관계수가 높은 값을 나타내는데, 이는 국내총생산(GDP) 대비 의료비 및 교육비와 사회 이동 사이에 밀접한 관계가 있다는 의미다.

이 결괏값은 국가의 문화 코드를 고려하지 않고 사회 이동에 관해 경제 및 개발 변수들만 적용한 것이다. 이 그래프에 나타난 값들은 국가의 경제 발전을 보여주는 것이 아니라 사회 이동에 반드시 필요한 경제 및 개발 변수를 나타낸다는 사실에 유의해야 한다.

생존 지수에서 가장 큰 값을 기록한 나라는 덴마크이고, 그다음으로 별 차이 없는 스위스가 2위를 차지했고, 미국은 4위를 차지했다. 최하위를 차지한 국가는 방글라데시와 파키스탄이다. 생존 지수가 높은 상위 10위 국가 중 7개국이 유럽이고, 2개국이 북아메리카(캐나다, 미국)이며, 나머지는 호주다. 하위 국가로는 러시아, 인도, 필리핀으로 생존 지수가 (가장 낮은 것은 아니지만) 매우 낮다.

1.2 성

성 지수의 구성 요소에 관해서는, 유엔이 146개국을 대상으로 조사하여 1995년에서 2011년까지 기록한 '성불평등지수(Gender Inequality Index, GII)'를 사용했다. 성불평등지수는 세 가지 측면에서 여성의 불리한 점을 반영한다.

- 생식 건강
- 권한 부여
- 노동 참여

성 지수는 이런 세 가지 측면에서 남성과 여성의 성취도 사이에 나타나는 불평등 때문에 인간 발달에 있어 손실을 초래한다는 것을 보여준다.

- 생식 건강 부문은 모성 사망률과 청소년 출산율이라는 두 지표로 평가된다. 모성 사망률은 임신 중 전문 치료를 제대로 받지 못하거나 임신 및 분만 관련 합병증으로 여성이 사망하는 비율을 말한다. 이 지표는 전문가의 도움을 받지 못할 때에도 여성이 임신 중에 어떻게 자신의 건강을 돌보는지를 보여준다. 따라

서 모성의 생존 본능과 자식을 위한 보호 본능까지 나타낸다. 또한 가족계획, 여성의 권리, 성에 관한 지식 등이 청소년 출산율 지표에 포함되어 있다.

- 권한 부여 부문은 성별에 따른 의회 의석의 비율과 중등 이상의 교육을 받은 인구 비율, 두 가지 지표로 평가된다.
- 노동 참여 부문은 여성의 경제활동 참가율로 평가된다. 여성들이 경제활동에 많이 참여할수록 더욱 성별에 상관없이 권리가 동등한 열린사회가 된다.

성불평등지수는 인간 개발 측면에서 성불평등으로 국가의 수준이 얼마나 약화되었는지를 밝혀내고, 각 국가의 성 평등 개선을 위한 노력과 정책 분석의 실증적 토대를 제공하려고 만들어진 것이다. 이 지수의 점수는 0에서 1까지로, 남자와 여자가 평등하면 0, 여자가 모든 부문에서 불평등하면 1을 나타낸다.

우리는 R^2 이동성 지수에 사용하기 위해, 성불평등지수 값을 상향 이동을 방해하는 요소로 사용하여 이런 공식을 완성했다. 성 지수 = 1 − (성불평등지수, GII)

지금까지의 내용을 살펴보면, 결과적으로 우리가 만든 지수들은 모두 점수가 0에서 1까지의 범위를 갖고 있다. 점수가 1에 가까울수록 이동성은 더욱 높아진다. 성 지수의 경우 성불평등지수가 낮을수록 상향 이동의 가능성이 더욱 높아진다. 따라서 성 지수에서 높은 점수를 차지한 국가들이 성불평등지수가 매우 낮다. 그 국가들로는 스웨덴, 네덜란드, 덴마크, 스위스가 있다. 성 지수에서 최하위 국가는 사우디아라비아이고, 모로코, 방글라데시, 파키스탄, 인도, 케냐도 최하위 국가와 별 차이가 없다.

1.3 안전

$$\text{안전} = \frac{\text{경제자유지수} + \text{인간안보지수}}{2}$$

우리는 안전 지수의 구성 요소에 관해서는 경제자유지수와 인간안보지수를 사용했다. 경제자유지수는 월스트리트저널과 헤리티지 재단이 해마다 발표한다. 경제자유는 인간 개발의 중요한 부분에 속한다. 인간은 상향 이동을 위해 돈, 노동, 지식, 제품, 소비 등 무엇이 되었건 재산을 마음대로 옮길 권리가 있어야 한다. 정부와 문화가 자유를 고취하고 수호하면 사람들은 더 많은 이동성을 누릴 것이다.

경제자유지수는 다음과 같이 경제자유의 네 가지 항목을 기준으로 평가된다(이 내용들은 월스트리트저널과 헤리티지 재단이 발표한 2014년 경제자유지수의 방법론에서 비롯된 것이고, 모든 인용문은 그 보고서에서 발췌되었다. 일부 변환 공식과 세부 사항은 생략되었지만 더 알고 싶다면, http://www.heritage.org/index/book/methodology에서 확인하면 된다).

1. 법률체계(Rule of law)
   a. 재산권 보호(Property rights) : 이 항목은 국가에서 법으로 사유재산권을 보호하는 정도와 관련 법률들이 제대로 지켜지고 있는가를 평가한다. 또한 국가가 사유재산을 몰수할 가능성을 평가하고 사법부의 독립성과 부패성, 개인과 기업의 계약 강행 능력 등을 분석한다.

   b. 부패로부터 자유(Freedom from corruption) : 이 항목은 국제투명성기구의 부패인식지수(Corruption Perceptions Index, CPI)를 통해 산정하여 176개국의 부패 인식 수준을 평가한다.

2. 제한된 정부(Limited government):
   a. 세금 부담(Fiscal Freedom) : 정부가 부과하는 직접세와 간접세를 비롯한 전반적인 과세 수준, 개인 및 법인 소득에 대한 최고 세율, GDP 대비 총 세금 부담 등을 평가한다. 이 수치는 다음 세 가지 기준으로 산정된다.
      i. 개인소득에 대한 최고 세율
      ii. 법인소득에 대한 최고 세율
      iii. GDP 대비 총 세금 부담

   b. 정부 지출(Government Spending) : 이 지수 방식은 정부 지출 0을 기준점으로 계산한다. 특히 정부의 능력이 부족한 저개발 국가는 결과적으로 높은 점수를 받을 수 있다. 하지만 공공재를 거의 제공하지 못하는 정부는 정부의 효율성 측면을 평가하는 경제자유지수의 다른 요소(재산권 보호, 재정적 자유, 투자의 자유)에서 낮은 점수를 받을 가능성이 있다. 정부 지출은 경제자유에 중요한 영향을 미치지만 많은 중요한 요소들 가운데 하나일 뿐이다. 정부지출지수의 척도는 비선형으로, 이는 0에 가까운 정부지출은 좋은

지수를 산출하지만, 정부지출이 GDP의 30퍼센트를 넘으면 좋지 않은 지수를 산출하게 된다. 정부지출이 지나친 수준(예를 들어 GDP의 58퍼센트 이상)이면 0점이라는 지수를 받는다. 정부지출지수의 공식은 다음과 같다. 정부지출지수(GEi)=100 − α (Expenditures$_i$)^{2}이다(Expenditures$_i$는 GDP 대비 총 정부지출액 비중임).

3. 규제 효율(Regulatory efficiency):

a. 사업의 자유(Business Freedom) : 사업의 자유 점수는 0에서 100 사이로, 100이 가장 자유로운 사업 환경을 나타낸다. 점수는 세계은행의 기업 활동 보고서를 근거로 10가지 항목의 점수를 평균해 산출한다.

i. 개업하는 데 필요한 과정 수
ii. 개업하는 데 소요되는 기간
iii. 개업하는 데 소요되는 비용(1인당 소득 대비)
iv. 개업하는 데 필요한 최소한의 자본(1인당 소득 대비)
v. 허가증을 받는 데 필요한 과정 수
vi. 허가증을 받는 데 소요되는 기간
vii. 허가증을 받는 데 소요되는 비용(1인당 소득 대비)
viii. 폐업하는 데 소요되는 기간
ix. 폐업하는 데 소요되는 비용(개인 재산 대비)
x. 폐업 후 '회복률'

각 항목은 다음 공식을 사용하여 0에서 100까지 범위로 점수를 산출한다. Factor Score$_i$ = 50factor$_{average}$/factor$_i$(factor$_i$는 10가지 항목을 나타낸다).

b. 노동시장의 자유(Labour Freedom) : 이 자료도 세계은행의 기업 활동(World Bank's Doing Business) 보고서를 근거로 하고 '사업의 자유'에서 사용한 공식을 똑같이 적용한다. 다음 6가지 항목의 점수를 평균해 산출한다.

i. 노동 생산성 대비 최저 임금
ii. 새로운 고용에 방해가 되는 제도
iii. 노동 시간의 엄격함
iv. 불필요한 직원 해고의 어려움
v. 법정 통지 기간

vi. 필수적 퇴직금

c. 화폐정책의 자유(Monetary Freedom) : 화폐정책의 자유 정도는 가격 안정성의 평가와 가격 통제의 평가를 결합한 것이다. 인플레이션과 가격 통제가 모두 시장 활동을 왜곡한다. 미시경제가 개입하지 않고 가격이 안정되는 것이 가장 이상적인 화폐정책의 자유다.

'화폐정책의 자유' 점수는 다음 두 가지 항목을 기준으로 한다.
i. 지난 3년간의 평균 인플레이션율
ii. 가격 통제

4. 시장 개방(Open markets):
a. 무역의 자유(Trade Freedom) : 무역의 자유는 재화와 용역의 수입과 수출에 영향을 미치는 관세율과 비관세장벽 정도를 측정한다. 무역의 자유 점수는 다음 두 가지 항목을 기준으로 한다.
i. 평균 관세율
ii. 비관세장벽(NTBs - Non-tariff barriers)

b. 투자 자유도(Investment Freedom) : 경제적으로 자유로운 국가에서는 투자 자본의 흐름에 제한이 없다. 개인 및 기업이 제한 없이 국내와 해외로 재원을 특정 활동에 투입하거나 유입할 수 있도록 허용된다. 그런 이상적인 국가는 경제자유지수의 투자의 자유에서 100점을 받는다. 이런 지수의 일부로 계산된 투자 제한은 해외투자의 국가적 대우, 해외투자 코드, 토지소유권 제한, 부문별 투자 제한, 정당한 보상 없는 투자의 몰수, 해외투자 제한, 자본 제한 등의 항목을 포함하지만 이 항목만 해당되는 것은 아니다.

c. 금융의 자유(Financial Freedom) : 금융 부문에 대한 정부의 통제와 개입으로부터의 자유와 은행의 효율성을 측정한다. 은행과 여러 금융기관의 국가 소유는 경쟁을 줄이고 일반적으로 신용의 접근 수준을 낮춘다. 금융의 자유는 다음 다섯 가지 항목을 측정 대상으로 지수를 산출한다.
i. 금융 서비스에 대한 정부 규제의 정도
ii. 은행 및 기타 금융기관에 대한 직간접적인 소유권을 통한 국가 개입

iii. 금융 및 자본시장의 발전 정도
iv. 신용 할당에 대한 정부의 영향
v. 외국과의 경쟁에 대한 개방 정도

인간안보지수(Human Security Index, HSI)는 비정부조직이 발표한 것으로 232개국을 평가한 것이다. 이 지수는 세 가지 주요 요소들로 구성되어 있다.

- 안전의 경제적 측면을 나타내는 경제조직지수(Economic Fabric Index). 이 지수는 개인과 국가의 재정적 안전과 관련이 있다.
- 환경 요인에 관한 삶의 질의 측면을 나타내는 환경조직지수(Environmental Fabric Index).
- 안전의 사회적 측면을 나타내는 사회조직지수(Social Fabric Index).

경제조직지수는 다음 지표들로 구성되어 있다.

- 일반인의 소득 자원은 다음 항목에서 비롯된다.
  - 구매력 평가 기준의 1인당 GDP – 국제통화기금(IMF), 세계발전지표(World Development Indicators, WDI), 미국 중앙정보국(Central Intelligence Agency, CIA)에서 발표.
  - 소득 평등(지니계수) – 솔트(Solt), 유엔대학 세계개발경제연구소(United Nations University World Institute for Development Economics Research, (UNU-WIDER)), WDI, CIA 등에서 발표.
- 금융위기의 보호는 다음 항목에서 비롯된다.
  - 외환보유고(수입 대비) – IMF, WDI, CIA 등에서 발표.
  - 대외부채(GDP 대비) – WDI, CIA 등에서 발표.
  - 경상수지(GDP 대비) – IMF, WDI, CIA 등에서 발표.
- 건강관리 체계/건강관리 재원 조달 – 2001년 캐린(Carrin) 등의 자료에서 요약.
- 국가저축률(1인당 GDP 대비) – 세계경제포럼(World Economic Forum), WDI, IMF 등에서 발표.

환경조직지수는 다음 지표들로 구성되어 있다.

- 환경취약성지수(Environmental Vulnerability Index) – 응용지구과학(Applied Geoscience)과 남태평양공동체사무국 기술과(Technology Division of the Secretariat of the Pacific Community, SOPAC)에서 발표.

• 환경성과지수(Environmental Performance Index) - 미국 예일대학교 환경법·정책센터와 컬럼비아대학교 국제지구과학정보센터(Centre for International Earth Science Information Network, CIESIN)에서 발표.
• 1인당 온실가스 방출 - 세계자원연구소(World Resources Institute)와 위키피디아(Wikipedia)에서 발표.
• 2010-2050년 예상인구성장률 - 미국 인구조사국(census.gov), 유엔 인구국(UN Population Division), 남태평양공동체사무국의 개발통계과(Statistics for Development of SOPAC)에서 발표.

사회조직지수는 다음 지표들로 구성되어 있다.

a) 교육과 정보의 권한 부여(Education and information empowerment):
  • 식자율 - 유네스코, WDI, CIA에서 발표.
  • 정보통신지수(Connection Index) :
    -1인당 유선 전화 가입자 수 - 국제전기통신연합(International Telecommunication Union, ITU)에서 발표.
    -1인당 이동전화 가입자 수 - ITU에서 발표.
    -1인당 인터넷 이용자 수 - ITU에서 발표.
  • 세계언론자유지수(Press Freedom Index) - 국경 없는 기자회에서 발표.

b) 다양성(Diversity) : 세계경제포럼이 발표한 세계성격차지수(Global Gender Gap Index)로 구성되어 있다. 세계성격차지수는 성 지수에서 산정한 성불평등지수와 다르다는 사실에 유의해야 한다.

c) 평화로움(Peacefulness):
  • 세계평화지수(Global Peace Index) - 경제평화연구소(Institute for Economics and Peace)에서 발표.
  • 세계 재소자 현황(World Prison Population List/Brief) - 국제교도소연구센터(International Centre for Prison Studies)에서 발표.
  • 정치 테러 척도(Political Terror Scale) - politicalterrorscale.org에서 발표.

d) 식량안전보장(Food security) :
  • 영양실조 상태에 있는 사람들의 비율 - 유엔 식량농업기구(Food and Ag-

riculture Organization), 국제식량정책연구소(International Food Policy Research Institute)에서 발표.

- 지역별 빈곤 지수 이하의 사람들의 비율 – WDI, CIA에서 발표.
- 식량 수입과 식량 수출과 GDP의 비교 – WDI에서 발표.
- 식량안전보장으로 긴급 원조를 받는 인구의 비율 – 미국 농무부(US Department of Agriculture)에서 발표.
- 1인당 생산성 높은 농지 소유의 비율, 2000+ – WDI에서 발표.
- 생산성 높은 토지의 변화율, 2000+/ 1960+ – WDI에서 발표.

e) 건강(Health) :

- 기대 수명 – 세계보건기구(WHO), WDI, CIA에서 발표.
- 건강하지 않은 기대 수명의 비율 – WHO에서 발표.
- 개선된 급수 시설을 사용하는 인구 비율 – 유네스코, WDI에서 발표.
- 건강 형평성의 결과 – 페트리와 탕의 발표(2008년).

f) 통치(Governance) :

- 폭력 없는 정치적 안정성 – 전세계통치구조지수(World Governance Indicators, WGI)에서 발표.
- 불법적 부패의 통제 – WGI에서 발표.
- 합법적 부패 – 세계경제포럼에서 발표, 비센테와 카우프만의 발표(2011년).

인간안보지수(HSI)는 자연재해, 군사적인 위협, 정치적 위협, 개인이나 공동체의 위협 등 인간안보에 관한 많은 문제점이 의사 결정자와 지도자들을 통해 논의되면서 생겨나게 되었다. 인간안보지수는 사람들의 안보를 위협하는 여러 상황들을 피하기 위한 전략을 세우고 효과적인 개선안을 시행하기 위해 사람들에게 그런 위협적인 상황들을 인식하고 이해하는 데 도움을 주는 것을 목표로 한다.

우리는 인간개발지수보다 더 많은 요소들을 다루고 있기 때문에 인간안보지수(HSI)를 선택했다. 경제조직지수만큼 환경조직지수와 사회조직지수도 사회의 상향 이동에 중요한 요소라는 사실을 고려했다. 사람들과 공동체가 바라는 진보는 다름 아닌 상향 이동이기 때문이다.

안전 지수 표에서 확인할 수 있듯이, 인간안보지수(HSI)는 특히 통치, 지속 가능성, 성불평등을 평가하고 있기 때문에 그 결과는 인간개발지수와 다르다.

1.4 성공

우리는 성공 요소에 관해서는 세계경제포럼의 2012년~2013년 세계 경쟁력 보고서를 사용했다. 이 보고서는 143개국을 평가하고 있다.
경쟁력의 개념에는 정적 및 동적 요소들이 포함되어 있다. 한 국가의 생산성이 높은 수준의 소득을 지속시키는 능력을 결정하더라도, 경쟁력은 또한 투자수익률의 핵심 결정 요인 중 하나이므로 경제 성장의 가능성을 설명하는 주요 요인에 속한다. 따라서 이 세계경쟁력지수에는 한 국가의 경쟁력, 법규, 제도의 중요성 등과 관련 있는 요소들(성공을 위한 중요한 요소들)이 평가된다. 또한 다음 12가지 주요 평가 부문으로 구성되어 있다.

1. 제도(Institutions)
2. 인프라(Infrastructure)
3. 거시경제 환경(Macroeconomic Environment)
4. 보건 및 초등교육(Health and Primary Education)
5. 고등교육 및 훈련(Higher Education and Training)
6. 상품시장 효율성(Goods Market Efficiency)
7. 노동시장 효율성(Labour Market Efficiency)
8. 금융시장 성숙도(Financial Market Development)
9. 기술 수용성(Technological Readiness)
10. 시장 규모(Market Size)
11. 사업 성숙도(Business Sophistication)
12. 혁신(Innovation)

우리는 성공 지수의 요소들을 평가할 때 이런 세계경쟁력지수를 사용했다. 그 이유는 국가가 경쟁력을 높이기 위해 노력하는 한, 새로운 사업을 개발하고, 경쟁을 허용하고, 혁신하고, 지식을 얻고, 사회 전체의 수용력과 능력을 향상하는 등 모든 면에서 성공을 이루는 많은 기회를 가질 수 있기 때문이다.
국가가 생산적이고 성공에 필요한 요소와 제도와 경제를 사람들에게 제공하면 사람들은 분명 상향 이동을 할 수 있다. 그리고 사람들이 상향 이동을 하기만 하면 국가는 경쟁, 생산성, 개발 면에서 상향 이동할 것이다.
상향 이동은 경쟁, 생산성, 유효성, 혁신, 개발 등의 일부이기도 하고, 또 그런 모든 것 이상을 나타내기도 한다. 하지만 국가는 그런 요건을 실행할 때도 상향 이동이 보장되지 않는다. 거기에 다른 '세 가지 S'(성공, 생존, 안전)가 결합되어야 한다.

그러면 이제 세계 경쟁력 보고서를 구성하는 12가지 주요 평가 부문에 관해 세계경제포럼이 조사한 변수들을 자세히 살펴보자.

1.4.1. 제도

• 재산권 : 재산권과 지적재산권 보호	• 안전 보장 : 테러에 따른 기업 비용, 범죄 및 폭력에 따른 기업 비용, 조직범죄와 경찰 서비스 신뢰성
• 윤리와 부패 : 공적 자금의 전환, 정치인에 대한 공공의 신뢰, 비정상적인 지급 및 뇌물	• 기업 성과 개선을 위한 정부 서비스 • 부당한 영향력 : 사법부 독립성과 공무원 의사 결정의 편파성
• 정부 효율성 : 정부 지출의 낭비, 정부 규제의 부담, 규제개선 측면 법체계의 효율성, 논쟁 해결 측면 법체계의 효율성, 정책 결정의 투명성, 기업 개선을 위한 정부 서비스 부문	민간 제도 : • 기업 윤리 : 기업 경영 윤리 • 책임성 : 회계감사 및 공시 기준의 강도, 소수 주주의 이익 보호, 기업 이사회의 유효성과 투자자 보호의 강도

1.4.2. 인프라

수송 인프라	전기와 통신 인프라
• 전체 인프라의 질 • 철도 인프라의 질 • 항공운송 인프라의 질 • 여객기의 운송 능력 • 도로의 질	• 1백 명당 유선 전화 가입자 수 • 전력 공급의 질 • 1백 명당 이동 전화 가입자 수

1.4.3. 거시경제 환경

- 재정 수지 : GDP 대비
- 국가 저축률 : GDP 대비
- 인플레이션 : 연간 증감률
- 정부 부채 : GDP 대비
- 국가신용도, 0-100(100이 최고 등급)

1.4.4. 보건 및 초등교육

보건	교육
• 말라리아가 기업 활동에 미치는 영향 • 말라리아 발병률/10만 명당 • 결핵이 기업 활동에 미치는 영향 • HIV/AIDS가 기업에 미치는 영향 • 기대 수명 • 영아 사망률(1천 명당) • 결핵 발병률(10만 명당) • 성인 인구 대비 HIV 발병률	• 초등학교 취학률 • 초등학교의 질

1.4. 5. 고등교육 및 훈련

질적 및 양적 교육	직무 교육 훈련
• 고등학교 취학률 • 중등교육 취학률 • 교육 시스템의 질 • 수학, 과학 교육의 질 • 학교에서의 건강 접근도	• 전문 연구 및 훈련 서비스 이용 가능성 • 기업의 직원 훈련 정도

1.4.6. 상품시장 효율성

국내 경쟁	대외 경쟁
• 시장경쟁의 강도 • 시장지배의 정도 • 세금의 정도와 효과 • 반독점 정책의 효율성 • 총 조세율(수익 대비) • 창업 시 소요 날짜 • 창업 시 행정절차 수 • 농업 정책의 비용	• 무역장벽 정도 • 관세율(의무 지급 대비) • 외국인 기업 소유의 보편성 • FDI(외국인 직접투자)규제의 기업 활동에의 영향 • 관세 규정의 부담 • GDP 대비 수입 비율

1.4.7. 노동시장 효율성

유연성	재능의 효율적 사용
• 노사 간 협력 • 임금 결정의 유연성 • 고용 및 해고 관행 • 정리해고 비용(몇 주치의 급여) • 과세의 정도와 효과	• 보수 및 생산성 • 두뇌 유출 • 전문 경영진에 대한 신뢰 • 여성 경제활동 참가율

1.4.8. 금융시장 성숙도

효율성	신뢰성
• 금융 서비스 이용 가능성 • 금융 서비스 가격 적정성 • 국내 주식시장을 통한 자본 조달 • 대출의 용이성 • 벤처 자본의 이용 가능성	• 은행 건전성 • 증권거래 관련 규제 • 법적 권리 지수(0-10)

1.4.9. 기술 수용성

기술의 채택	정보통신기술(ICT)의 사용
• 첨단기술 이용 가능성 • 기업의 기술 흡수 적극성 • FDI에 의한 기술 이전	• 인터넷 이용자 수 • 광대역 인터넷 사용자 수 • 인터넷 대역폭 • 광대역 이동통신 사용자 수 • 핸드폰 사용자 수 • 유선 전화 이용자 1/2

1.4.10. 시장 규모

- 국내시장 규모 지수
- 해외시장 규모 지수

1.4.11. 사업 성숙도

- 국내 공급자의 양
- 국내 공급자의 질
- 기업 클러스터 조성 정도
- 국제시장 경쟁우위의 원인
- 수출기업 가치사슬의 폭
- 국제 물류의 내국 기업 장악력
- 생산 공정의 성숙도
- 기업의 마케팅 정도
- 기업의 직원에 대한 권한 이양 정도
- 전문 경영진에 대한 신뢰

1.4.12. 혁신

- 기업의 혁신 능력

- 과학연구기관 수준
- 기업의 R&D 지출
- 대학 산업 간 R&D 협조
- 공공구매 시 고급기술 제품 구매
- 과학자 및 기술인력 확보 용이성
- PCT 국제특허 출원 건수
- 지적재산권 보호

지금까지 확인할 수 있듯이, 국가의 경쟁력을 결정하는 변수들은 많다. 우리의 목적에 관해 살펴보면, 국가의 경쟁력이 높을수록 R^2 이동성 지수 측면에서 상향 이동성이 더욱 높아질 것이다.

1.5. 문화 코드(C^2) : 문화적 무의식 평가하기

라파이유 박사는 사람들의 무의식을 찾아내 각 나라의 문화 코드(C^2)를 밝혀내고 싶다면 포커스 그룹을 이용하는 전통적인 방법론과 완전히 다른 접근법을 사용할 필요가 있다고 생각했다. 그래서 우리는 '라파이유의 발견식 접근법(The Rapaille Discovery Approach)'을 사용하기로 했다.

이 접근법의 첫 번째 단계는 질문자가 '직업적인 이방인' 노릇을 해야 하는 것이다. 즉, 완전히 외부인이어서 어떤 제품의 작동 방법이나 개념 원리와 그 제품이 불러일으키는 감정 등을 이해하려면 사람들에게 도움이 필요하다고 납득시켜야 하는 외계에서 온 방문객이다. 돈은 일종의 의복인가요? 사랑은 어떻게 인식하나요? 신분은 죄인가요? 이런 질문을 하면 사람들은 대뇌피질에서 분리되어 해당 제품이나 개념을 처음 접했을 때로 되돌아간다. 무의식 준거 체계를 만들어내고 각인하기 위해 뇌에서 신경전달물질을 만들어내는 데 필요한 첫 번째 감정은 무엇이었을까? 무의식 준거 체계는 사람들이 자신의 문화나 국가, 또는 국민성에 대해 생각할 때마다 활성화된다.

라파이유의 발견식 접근법은 3시간 동안 이루어진다. 첫 번째 한 시간은 대뇌피질, 즉 논리성이 작용한다. 우리는 참가자들에게 '중국인'이나 '미국인' 같은 단어를 보여주고 그 단어에 대해 언급해 달라고 요청했다. 우리는 사람들이 언급하는 사실을 믿지 않기 때문에 이 첫 번째 시간에 '모든 생각을 없애는' 정화 과정을 사용했다. 이 첫 번째 시간에는 흔히 사람들이 새로운 개념을 만들어내지 못하고, 대신 익숙한 상투적인 표현과 고정관념을 떠올린다.

두 번째 시간에는 우리가 문화를 구성하는 잠재 구조를 탐구하면서 보이지 않던 것이 점점 드러나기 시작한다. 우리는 대뇌피질의 의도 이면에 있는 것을 드러내기 시작하는 언어 연상 검사를 실시했다. 예를 들어 미국인들은 자유에 관해 말할 때 '자유의 땅', '자유의 투사', '언론의 자유' 등의 개념을 상기한다. 잠재 구조를 찾아내지 못하면 이런 단어 이면에 있는 의미와 감정의 논리를 전혀 알아낼 수 없다. 착시를 불러일으키는 '꽃병과 두 옆얼굴'의 경우처럼 갑자기 꽃병의 본모습이 드러나면 우리는 두 옆얼굴도 그냥 알아볼 수 있다. 이와 마찬가지로 미국 문화의 경우에도 꽃병, 즉 금지 규정이 있는 잠재 구조의 본모습을 드러내지 않고는 미국의 자유에 대해 더 깊은 의미를 이해할 수 없다. 이는 동전의 양면과 같다. 하나의 구조가 두 가지 중요한 요소를 갖는다는 의미다. 한쪽이 다른 한쪽을 묘사하고 명확히 밝혀낸다는 것이다. 따라서 '자유의 땅'이라는 말에서 16년 동안의 금주법, 정치적 정당성이 부여된 독재('흑인'이 아니라 '아프리카계 미국인'이라고 말해야 한다), 어디에서든 흡연 금지(뉴욕의 공원에서도), 특대 콜라 구매 금지(현재 금지) 등을 예상할 수 있다.

프랑스 문화에서 자유의 의미는 전혀 다르다. 자유(liberté)의 잠재적 구조는 금지가 아니고 특권이다. 프랑스 사람들은 이런 특권을 얻기 위해 특권이 있는 사람들을 몰아내려고 자유를 원한다. 그들은 특권에 반대하지 않고 특권이 있는 다른 사람들에게 반대한다. 혁명으로 거의 일생을 보낸 나폴레옹은 특권을 지닌 귀족들에게 반기를 들었다. 하지만 황제가 되었을 때 나폴레옹은 자신과 가족과 친구를 위해 모든 특권을 부활시켰다.

라파이유의 발견식 접근법의 세 번째 시간에는 참가자들이 마루에 베개를 베고 누워 편안한 음악을 듣는데, 이때 사람들은 진심을 말하기 시작한다. 이 과정에서는 사람들이 뇌의 다른 부분을 사용한다. 그들의 대답은 이제 본능이 자리 잡고 있는 파충류 뇌에서 나온다. 진실한 답은 바로 파충류 뇌에 있다.

세 번째 시간은 가장 흥미롭다. 두 번째 시간에 참가자들에게 동심의 세계에 살고 있는 다섯 살짜리 아이에게 어떤 이야기를 들려주라고(그런 요구가 얼마나 이상할까?) 했고, 참가자들은 완전히 어리둥절해했다. 참가자들은 자신들이 더 이상 무엇을 하고 있는지 몰랐다. 이것이 정확히 우리가 원하는 상황이다. 참가자들은 이제 우리를 만족스럽게 하는 방법을 모르고, 우리가 기대하는 것을 전혀 이해할 수 없게 된 것이다. 참가자들은 보수를 받고 이 실험에 참여하기로 했기 때문에 그들은 좋은 정보 제공자가 되고 싶어 했다. 간혹 우리는 참가자들이 '그냥 내가 무슨 말을 하기를 바라는지 말해 주세요'라고 말없이 간청하는 느낌도 받았지만, 그것은 우리가 바라는 것이 아니었다. 그런 상황은 진행자가 무슨 대답을 원하는지를 참가자들이 추측하려고 하는 대부분의 포커스 그룹에서 나타나는 방식이기 때문이다. 그래서 우리는 참가자들이 말하는 것을 믿지 않고, 마루에 편하게 누워 그들의 문화 요소가 맨 처음 각인된 시점으로 돌아가라고 요청한 것이다.

우리는 참가자들이 맨 처음 각인된 것을 떠올리고, 또 그렇게 하기 위해서는 생각하는 방식이 아침에 깨어났을 때와 비슷해야 한다고 설명했다. 사람들은 대부분 잠에서 깨어난 후 5~10분 안에 꿈을 생생하게 기억할 수 있다. 하지만 그 시간에 꿈의 상세한 내용을 기록해 두지 않으면 영영 잊어버린다. 그 이유는 잠에서 깨어나 시간이 지날수록 우리의 뇌가 대뇌피질의 영향을 받기 때문이다. 아침에 막 깨어났을 때는 우리의 뇌가 변연계 차원에서 꿈속의 감정과 여전히 연결되어 있다. 예를 들어 꿈속에서 위험을 피해 도망가고 있다면 실제로 땀을 흘리거나 심장이 뛰고 있을 수 있다. 하지만 대뇌피질의 영향을 받으면 사람들은 그 상황을 이렇게 합리화한다. "이건 꿈일 뿐이야. 그러니 진정해. 더 이상 위험은 없어." 이 꿈은 또한 사람들의 기억에서 사라지고 무의식에 저장될 수 있다. 그러면 사람들은 재빨리 꿈을 잊어버리고 이제 어떤 행동을 해야 한다는 의식으로 돌아간다. 여기서 우리가 원하는 것은 바로 사람들이 수십 년 동안 잊고 있던 상황으로 돌아가 그때를 기억하는 것이다.

우리는 분명 참가자들에게 이 실험은 익명으로 이루어지며 원하지 않는다면 자신에 관해 이야기할 필요 없다고 말했다. 참가자들에게 베개와 담요를 제공하고 마루에 누워 편안한 음악을 들려주었다. 30분 정도 휴식을 취한 뒤, 참가자들에게 이를테면, 중국인이나 미국인이 되는 것 등 실험되고 있는 개념에 관한 맨 처음의 경험을 떠올리게 했다. 사람들이 맨 처음 떠올린 것은 무엇이었을까? 또 어떤 느낌이었을까? 장소, 색상, 냄새, 함께 있었던 사람, 그때 사용한 단어, 그때 경험한 감정 등 세부적인 내용들을 모두 떠올려보라고 했다.

그다음에 우리는 참가자들에게 그 개념에 관한 가장 강력한 경험으로 돌아가고, 마지막으로 가장 최근의 경험을 떠올려보라고 요청했다. 그리고 참가자들에게 그 경험을 메모장에 기록하라고 했다. 익명으로 실험하는 것이기 때문에 이름을 적을 필요 없었다. 하지만 이런 기준 내에 여러 구조가 존재하는지를 알아보려고 성별과 나이만 적도록 요청했다.

우리는 이런 이야기들을 모두 수집하여 문화별로 9백 가지 정보를 모았고, 그 문화 내에서 반복되는 것과 패턴들을 살펴보았다. 우리는 그 내용을 연구한 것이 아니라 문화의 구조를 알아낼 수 있는 동사에 중점을 두었다. 그 이야기는 모두 공통의 각본을 가지고 있을까? 예를 들어 〈웨스트 사이드 스토리〉, 〈로미오와 줄리엣〉, 〈록산느〉, 〈시라노 드 베르주라크〉 등을 보면, 각각의 내용은 완전히 다르지만 이야기 구조는 거의 동일하다는 사실을 알게 된다. 우리는 이런 유형이나 공통의 구조를 찾아내면 그 안에 있는 각본을 확인했다. 각본은 새로운 것이 아니라 오랫동안 그 문화 내에 존재해 온 것이다. 따라서 우리는 소설, 영화, 연극, 시, 역사 등을 비롯해 문화의 모든 표현들을 탐구했다. 문화의 유형과 반복을 모두 관찰한 것이다.

부록 2

수치로 나타낸 '네 가지 S'

$$R^2 \text{ 이동성 지수} = \frac{\text{생물 논리} + \text{문화 코드}(C^2)}{2}$$

	국가	R^2	생물 논리	생물 논리 순위	C^2	C^2 순위
1	스위스	0.85	0.86	1	0.84	3
2	캐나다	0.82	0.78	9	0.87	2
3	미국	0.81	0.74	14	0.88	1
4	싱가포르	0.81	0.80	7	0.81	4
5	독일	0.79	0.79	8	0.79	6
6	노르웨이	0.78	0.81	6	0.76	11
7	호주	0.78	0.77	10	0.79	7
8	핀란드	0.78	0.81	5	0.75	14
9	오스트리아	0.78	0.77	11	0.79	8
10	덴마크	0.77	0.82	3	0.72	15
11	뉴질랜드	0.77	0.77	12	0.77	10
12	네덜란드	0.76	0.82	4	0.70	17
13	스웨덴	0.76	0.83	2	0.68	19
14	이스라엘	0.75	0.70	20	0.80	5
15	영국	0.75	0.73	16	0.76	12
16	아일랜드	0.74	0.72	18	0.76	13
17	한국	0.72	0.71	19	0.72	16
18	프랑스	0.71	0.73	17	0.68	20
19	중국	0.68	0.58	38	0.79	9
20	칠레	0.66	0.63	31	0.70	18
21	일본	0.65	0.74	15	0.56	31
22	벨기에	0.64	0.76	13	0.52	33
23	스페인	0.63	0.67	21	0.59	28
24	폴란드	0.63	0.63	28	0.63	24
25	에스토니아	0.61	0.63	29	0.60	26
26	브라질	0.61	0.54	43	0.68	21
27	이탈리아	0.61	0.66	23	0.55	32
28	멕시코	0.60	0.53	44	0.66	22
29	체코	0.58	0.67	22	0.50	36
30	터키	0.58	0.51	51	0.66	23
31	말레이시아	0.56	0.63	30	0.50	37
32	포르투갈	0.56	0.66	24	0.47	38
33	코스타리카	0.56	0.60	33	0.52	34
34	콜롬비아	0.56	0.51	50	0.61	25
35	페루	0.55	0.51	48	0.60	27

$$R^2 \text{ 이동성 지수} = \frac{\text{생물 논리} + \text{문화 코드}(C^2)}{2}$$

	국가	R^2	생물 논리	생물 논리 순위	C^2	C^2 순위
36	러시아	0.53	0.48	57	0.59	29
37	키프로스	0.53	0.65	26	0.41	47
38	슬로베니아	0.52	0.63	27	0.41	48
39	리투아니아	0.52	0.60	35	0.44	43
40	크로아티아	0.52	0.57	40	0.46	41
41	라트비아	0.51	0.60	36	0.43	44
42	슬로바키아	0.51	0.60	32	0.42	45
43	불가리아	0.51	0.56	41	0.46	42
44	인도	0.50	0.42	67	0.59	30
45	헝가리	0.50	0.59	37	0.41	49
46	태국	0.50	0.53	46	0.47	39
47	인도네시아	0.48	0.45	61	0.51	35
48	쿠웨이트	0.48	0.60	34	0.36	56
49	우크라이나	0.48	0.48	56	0.47	40
50	그리스	0.47	0.57	39	0.37	54
51	아르헨티나	0.46	0.50	52	0.42	46
52	루마니아	0.45	0.52	47	0.39	52
53	베트남	0.45	0.49	55	0.41	50
54	남아프리카공화국	0.45	0.50	53	0.39	53
55	모로코	0.43	0.46	59	0.40	51
56	엘살바도르	0.41	0.44	62	0.37	55
57	사우디아라비아	0.38	0.55	42	0.22	59
58	아랍에미리트	0.37	0.66	25	0.09	67
59	필리핀	0.37	0.46	58	0.28	57
60	요르단	0.36	0.50	54	0.22	60
61	카자흐스탄	0.35	0.51	49	0.19	62
62	도미니카공화국	0.33	0.43	65	0.23	58
63	이란	0.29	0.44	64	0.14	63
64	아제르바이잔	0.28	0.53	45	0.04	71
65	케냐	0.28	0.35	69	0.21	61
66	에콰도르	0.28	0.43	66	0.13	64
67	알제리	0.28	0.44	63	0.11	66
68	스리랑카	0.27	0.46	60	0.09	68
69	베네수엘라	0.23	0.40	68	0.06	70
70	파키스탄	0.23	0.33	71	0.13	65
71	방글라데시	0.22	0.34	70	0.09	69

$$생물\ 논리\ 지수 = \frac{생존 + 성 + 안전 + 성공}{4}$$

	국가	생물 논리	생존 (Survival)	성 (Sex)	안전 (Security)	성공 (Success)	도표
1	스위스	**0.86**	0.73	0.93	0.81	0.98	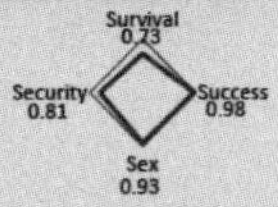 Survival 0.73 Security 0.81 Success 0.98 Sex 0.93
2	스웨덴	**0.83**	0.69	0.95	0.78	0.92	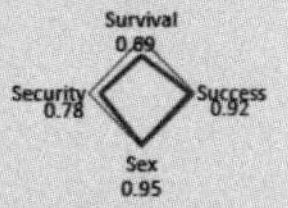 Survival 0.69 Security 0.78 Success 0.92 Sex 0.95
3	덴마크	**0.82**	0.74	0.94	0.77	0.85	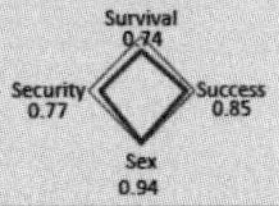 Survival 0.74 Security 0.77 Success 0.85 Sex 0.94
4	네덜란드	**0.82**	0.68	0.95	0.74	0.91	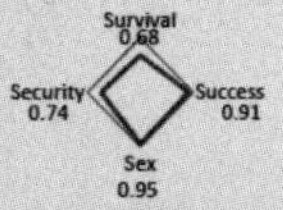 Survival 0.68 Security 0.74 Success 0.91 Sex 0.95
5	핀란드	**0.81**	0.63	0.93	0.77	0.92	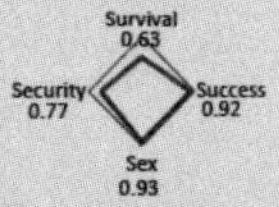 Survival 0.63 Security 0.77 Success 0.92 Sex 0.93
6	노르웨이	**0.81**	0.69	0.92	0.78	0.84	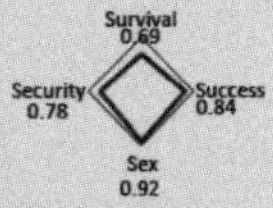 Survival 0.69 Security 0.78 Success 0.84 Sex 0.92
7	싱가포르	**0.80**	0.53	0.91	0.81	0.96	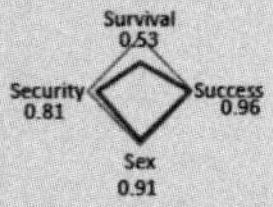 Survival 0.53 Security 0.81 Success 0.96 Sex 0.91
8	독일	**0.79**	0.59	0.91	0.74	0.90	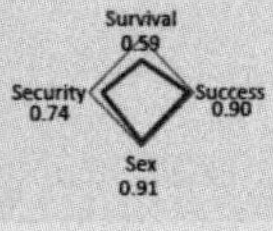 Survival 0.59 Security 0.74 Success 0.90 Sex 0.91

$$\text{생물 논리 지수} = \frac{\text{생존} + \text{성} + \text{안전} + \text{성공}}{4}$$

	국가	생물 논리	생존 (Survival)	성 (Sex)	안전 (Security)	성공 (Success)	도표
9	캐나다	**0.78**	0.65	0.86	0.76	0.84	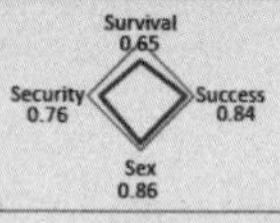 Survival 0.65 Security 0.76 Success 0.84 Sex 0.86
10	호주	**0.77**	0.65	0.86	0.78	0.79	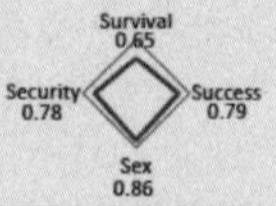 Survival 0.65 Security 0.78 Success 0.79 Sex 0.86
11	오스트리아	**0.77**	0.65	0.87	0.74	0.82	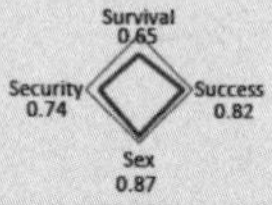 Survival 0.65 Security 0.74 Success 0.82 Sex 0.87
12	뉴질랜드	**0.77**	0.71	0.80	0.78	0.78	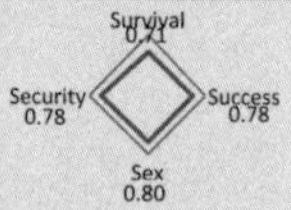 Survival 0.71 Security 0.78 Success 0.78 Sex 0.80
13	벨기에	**0.76**	0.63	0.89	0.71	0.82	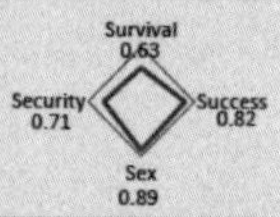 Survival 0.63 Security 0.71 Success 0.82 Sex 0.89
14	미국	**0.74**	0.69	0.70	0.67	0.90	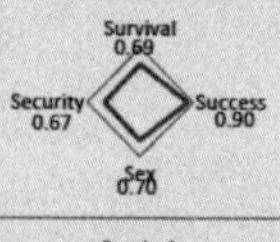 Survival 0.69 Security 0.67 Success 0.90 Sex 0.70
15	일본	**0.74**	0.48	0.88	0.73	0.88	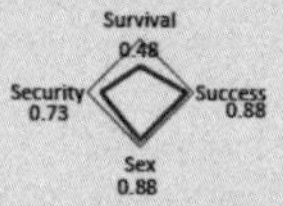 Survival 0.48 Security 0.73 Success 0.88 Sex 0.88
16	영국	**0.73**	0.51	0.79	0.73	0.89	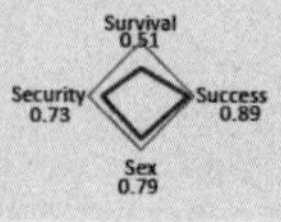 Survival 0.51 Security 0.73 Success 0.89 Sex 0.79

$$\text{생물 논리 지수} = \frac{\text{생존} + \text{성} + \text{안전} + \text{성공}}{4}$$

	국가	생물 논리	생존 (Survival)	성 (Sex)	안전 (Security)	성공 (Success)	도표
17	프랑스	**0.73**	0.55	0.89	0.68	0.79	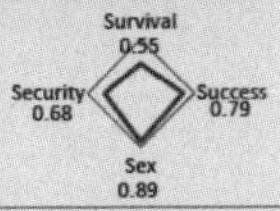 Survival 0.55 / Security 0.68 / Success 0.79 / Sex 0.89
18	아일랜드	**0.72**	0.63	0.80	0.73	0.73	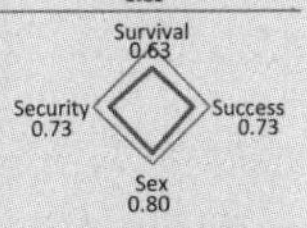 Survival 0.63 / Security 0.73 / Success 0.73 / Sex 0.80
19	한국	**0.71**	0.49	0.89	0.67	0.79	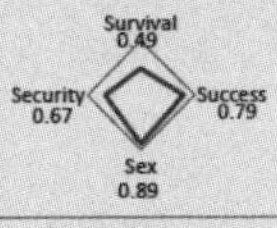 Survival 0.49 / Security 0.67 / Success 0.79 / Sex 0.89
20	이스라엘	**0.70**	0.53	0.86	0.66	0.76	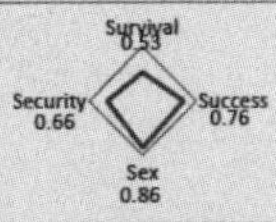 Survival 0.53 / Security 0.66 / Success 0.76 / Sex 0.86
21	스페인	**0.67**	0.49	0.88	0.69	0.64	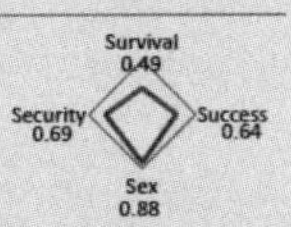 Survival 0.49 / Security 0.69 / Success 0.64 / Sex 0.88
22	체코	**0.67**	0.45	0.86	0.74	0.61	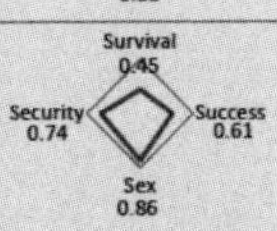 Survival 0.45 / Security 0.74 / Success 0.61 / Sex 0.86
23	이탈리아	**0.66**	0.53	0.88	0.66	0.59	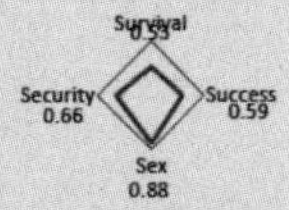 Survival 0.53 / Security 0.66 / Success 0.59 / Sex 0.88
24	포르투갈	**0.66**	0.52	0.86	0.67	0.58	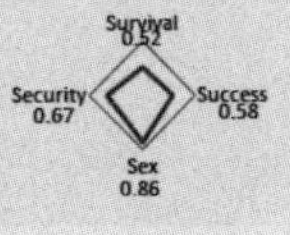 Survival 0.52 / Security 0.67 / Success 0.58 / Sex 0.86

$$생물\ 논리\ 지수 = \frac{생존 + 성 + 안전 + 성공}{4}$$

	국가	생물 논리	생존 (Survival)	성 (Sex)	안전 (Security)	성공 (Success)	도표
25	아랍에미리트	**0.66**	0.42	0.77	0.66	0.78	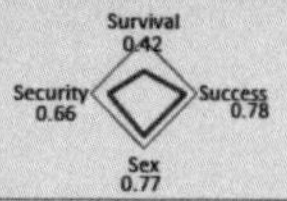 Survival 0.42 / Security 0.66 / Success 0.78 / Sex 0.77
26	키프로스	**0.65**	0.51	0.86	0.69	0.55	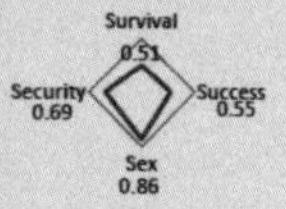 Survival 0.51 / Security 0.69 / Success 0.55 / Sex 0.86
27	슬로베니아	**0.63**	0.47	0.82	0.68	0.56	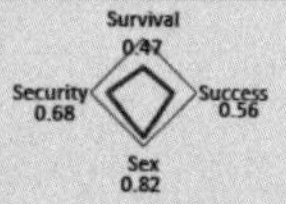 Survival 0.47 / Security 0.68 / Success 0.56 / Sex 0.82
28	폴란드	**0.63**	0.40	0.84	0.69	0.59	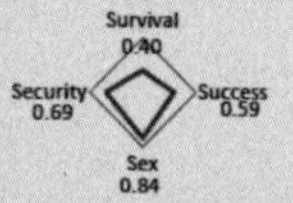 Survival 0.40 / Security 0.69 / Success 0.59 / Sex 0.84
29	에스토니아	**0.63**	0.32	0.81	0.74	0.65	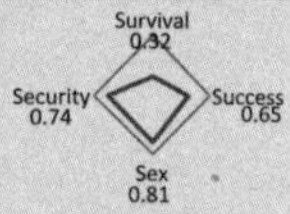 Survival 0.32 / Security 0.74 / Success 0.65 / Sex 0.81
30	말레이시아	**0.63**	0.35	0.71	0.68	0.78	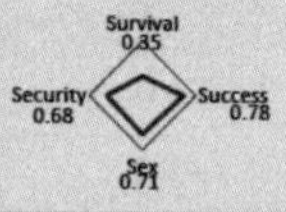 Survival 0.35 / Security 0.68 / Success 0.78 / Sex 0.71
31	칠레	**0.63**	0.49	0.63	0.74	0.65	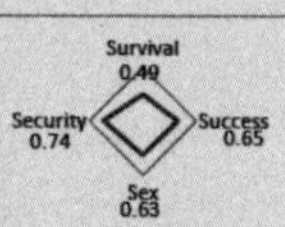 Survival 0.49 / Security 0.74 / Success 0.65 / Sex 0.63
32	슬로바키아	**0.60**	0.41	0.81	0.70	0.50	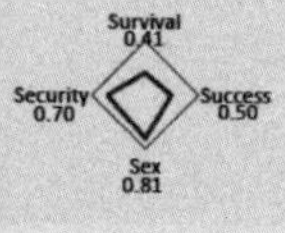 Survival 0.41 / Security 0.70 / Success 0.50 / Sex 0.81

$$\text{생물 논리 지수} = \frac{\text{생존} + \text{성} + \text{안전} + \text{성공}}{4}$$

	국가	생물 논리	생존 (Survival)	성 (Sex)	안전 (Security)	성공 (Success)	도표
33	코스타리카	**0.60**	0.54	0.64	0.67	0.56	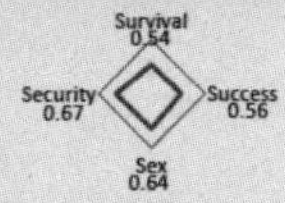 Survival 0.54 / Security 0.67 / Success 0.56 / Sex 0.64
34	쿠웨이트	**0.60**	0.39	0.77	0.62	0.62	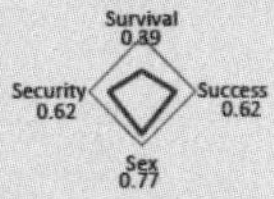 Survival 0.39 / Security 0.62 / Success 0.62 / Sex 0.77
35	리투아니아	**0.60**	0.28	0.81	0.73	0.58	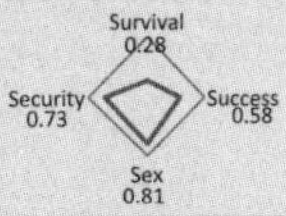 Survival 0.28 / Security 0.73 / Success 0.58 / Sex 0.81
36	라트비아	**0.60**	0.33	0.78	0.71	0.56	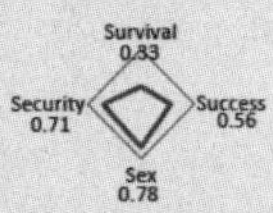 Survival 0.33 / Security 0.71 / Success 0.56 / Sex 0.78
37	헝가리	**0.59**	0.36	0.76	0.70	0.55	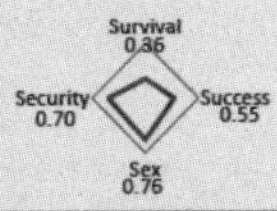 Survival 0.36 / Security 0.70 / Success 0.55 / Sex 0.76
38	중국	**0.58**	0.22	0.79	0.58	0.72	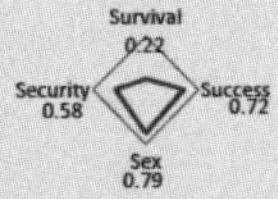 Survival 0.22 / Security 0.58 / Success 0.72 / Sex 0.79
39	그리스	**0.57**	0.43	0.84	0.61	0.41	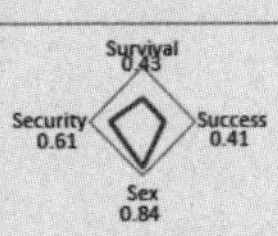 Survival 0.43 / Security 0.61 / Success 0.41 / Sex 0.84
40	크로아티아	**0.57**	0.32	0.83	0.66	0.47	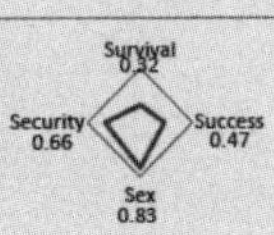 Survival 0.32 / Security 0.66 / Success 0.47 / Sex 0.83

$$\text{생물 논리 지수} = \frac{\text{생존} + \text{성} + \text{안전} + \text{성공}}{4}$$

	국가	생물 논리	생존 (Survival)	성 (Sex)	안전 (Security)	성공 (Success)	도표
41	불가리아	**0.56**	0.26	0.75	0.68	0.54	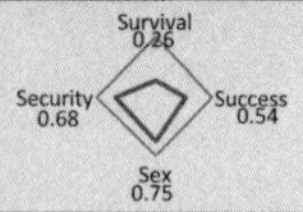 Survival 0.26 / Security 0.68 / Success 0.54 / Sex 0.75
42	사우디아라비아	**0.55**	0.39	0.35	0.63	0.82	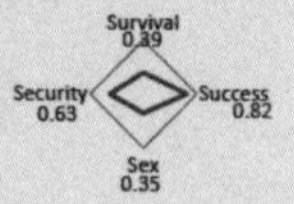 Survival 0.39 / Security 0.63 / Success 0.82 / Sex 0.35
43	브라질	**0.54**	0.43	0.55	0.59	0.58	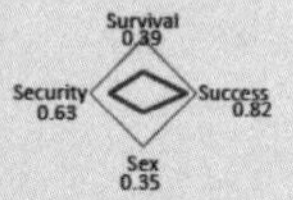 Survival 0.39 / Security 0.63 / Success 0.82 / Sex 0.35
44	멕시코	**0.53**	0.36	0.55	0.64	0.56	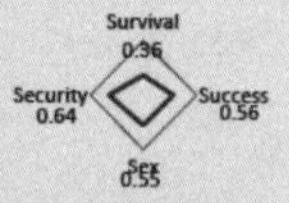 Survival 0.36 / Security 0.64 / Success 0.56 / Sex 0.55
45	아제르바이잔	**0.53**	0.21	0.69	0.64	0.58	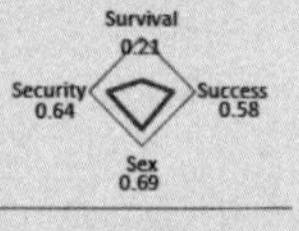 Survival 0.21 / Security 0.64 / Success 0.58 / Sex 0.69
46	태국	**0.53**	0.24	0.62	0.64	0.61	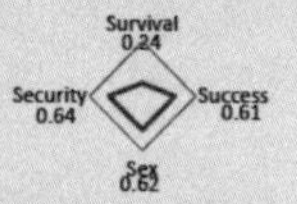 Survival 0.24 / Security 0.64 / Success 0.61 / Sex 0.62
47	루마니아	**0.52**	0.24	0.67	0.68	0.48	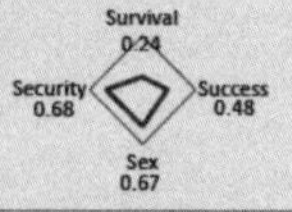 Survival 0.24 / Security 0.68 / Success 0.48 / Sex 0.67
48	페루	**0.51**	0.26	0.58	0.65	0.54	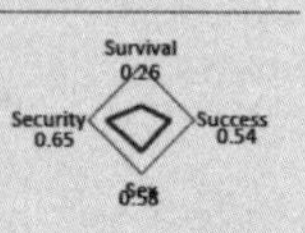 Survival 0.26 / Security 0.65 / Success 0.54 / Sex 0.58

$$생물\ 논리\ 지수 = \frac{생존 + 성 + 안전 + 성공}{4}$$

	국가	생물 논리	생존 (Survival)	성 (Sex)	안전 (Security)	성공 (Success)	도표
49	카자흐스탄	**0.51**	0.14	0.67	0.66	0.57	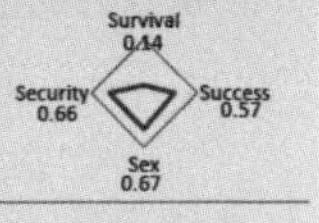 Survival 0.14 Security 0.66 Success 0.57 Sex 0.67
50	콜롬비아	**0.51**	0.34	0.52	0.66	0.51	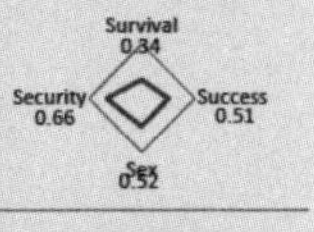 Survival 0.34 Security 0.66 Success 0.51 Sex 0.52
51	터키	**0.51**	0.26	0.56	0.62	0.59	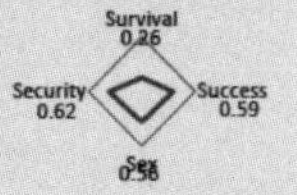 Survival 0.26 Security 0.62 Success 0.59 Sex 0.56
52	아르헨티나	**0.50**	0.41	0.63	0.56	0.42	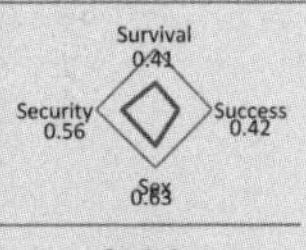 Survival 0.41 Security 0.56 Success 0.42 Sex 0.63
53	남아프리카 공화국	**0.50**	0.34	0.51	0.59	0.57	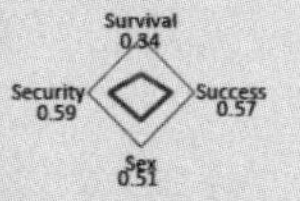 Survival 0.34 Security 0.59 Success 0.57 Sex 0.51
54	요르단	**0.50**	0.29	0.54	0.65	0.52	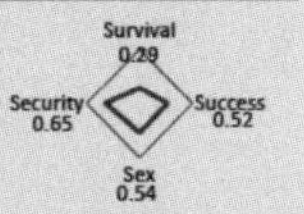 Survival 0.29 Security 0.65 Success 0.52 Sex 0.54
55	베트남	**0.49**	0.21	0.69	0.55	0.49	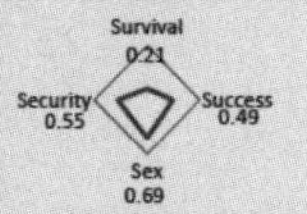 Survival 0.21 Security 0.55 Success 0.49 Sex 0.69
56	우크라이나	**0.48**	0.19	0.66	0.57	0.50	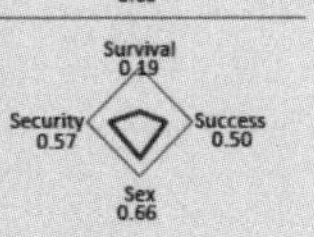 Survival 0.19 Security 0.57 Success 0.50 Sex 0.66

$$\text{생물 논리 지수} = \frac{\text{생존} + \text{성} + \text{안전} + \text{성공}}{4}$$

	국가	생물 논리	생존 (Survival)	성 (Sex)	안전 (Security)	성공 (Success)	도표
57	러시아	**0.48**	0.15	0.66	0.58	0.52	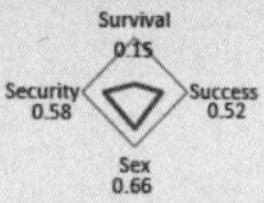 Survival 0.15 Security 0.58 Success 0.52 Sex 0.66
58	필리핀	**0.46**	0.16	0.57	0.57	0.52	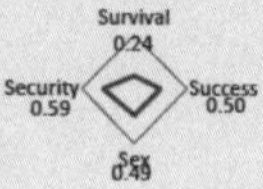 Survival 0.24 Security 0.59 Success 0.50 Sex 0.49
59	모로코	**0.46**	0.24	0.49	0.59	0.50	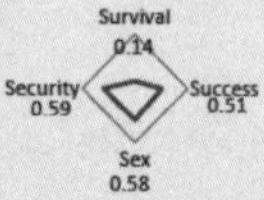 Survival 0.14 Security 0.59 Success 0.51 Sex 0.58
60	스리랑카	**0.46**	0.14	0.58	0.59	0.51	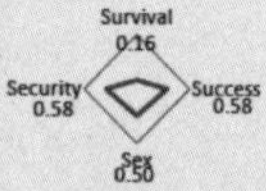 Survival 0.16 Security 0.58 Success 0.58 Sex 0.50
61	인도네시아	**0.45**	0.16	0.50	0.58	0.58	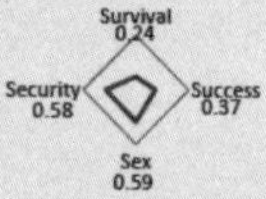 Survival 0.24 Security 0.58 Success 0.37 Sex 0.59
62	엘살바도르	**0.44**	0.23	0.51	0.64	0.39	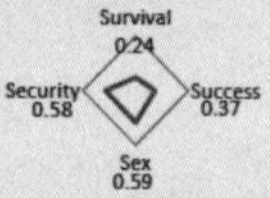 Survival 0.24 Security 0.58 Success 0.37 Sex 0.59
63	알제리	**0.44**	0.24	0.59	0.58	0.37	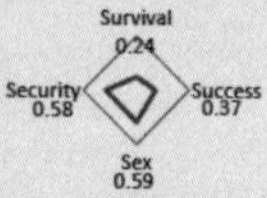 Survival 0.24 Security 0.58 Success 0.37 Sex 0.59
64	이란	**0.44**	0.24	0.52	0.49	0.52	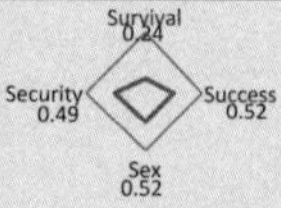 Survival 0.24 Security 0.49 Success 0.52 Sex 0.52

$$생물\ 논리\ 지수 = \frac{생존 + 성 + 안전 + 성공}{4}$$

	국가	생물 논리	생존 (Survival)	성 (Sex)	안전 (Security)	성공 (Success)	도표
65	도미니카공화국	**0.43**	0.23	0.52	0.59	0.38	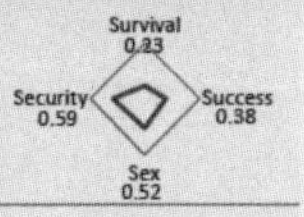 Survival 0.23 / Security 0.59 / Success 0.38 / Sex 0.52
66	에콰도르	**0.43**	0.21	0.53	0.53	0.44	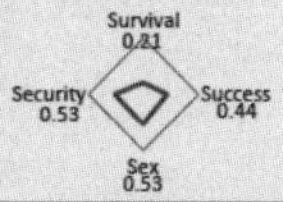 Survival 0.21 / Security 0.53 / Success 0.44 / Sex 0.53
67	인도	**0.42**	0.18	0.38	0.56	0.55	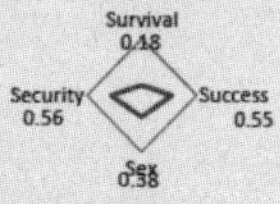 Survival 0.18 / Security 0.56 / Success 0.55 / Sex 0.38
68	베네수엘라	**0.40**	0.26	0.55	0.48	0.29	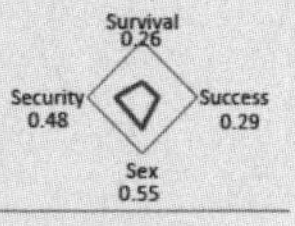 Survival 0.26 / Security 0.48 / Success 0.29 / Sex 0.55
69	케냐	**0.35**	0.14	0.37	0.52	0.38	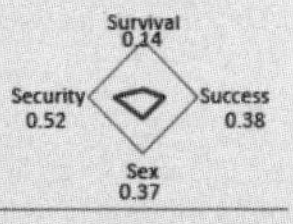 Survival 0.14 / Security 0.52 / Success 0.38 / Sex 0.37
70	방글라데시	**0.34**	0.05	0.45	0.52	0.35	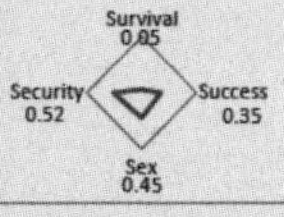 Survival 0.05 / Security 0.52 / Success 0.35 / Sex 0.45
71	파키스탄	**0.33**	0.04	0.43	0.53	0.31	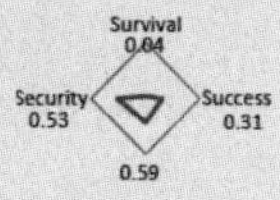 Survival 0.04 / Security 0.53 / Success 0.31 / 0.59

옮긴이 | 이경희

대학에서 생물학과 영문학을, 대학원에서 영어번역학을 전공하고 바른번역 아카데미에서 출판번역 과정을 마친 후, 현재 전문 번역가로 활동 중이다. 옮긴 책으로는 《5분 작가》, 《날마다 읽는 육아백과》, 《경제의 책》, 《히스토리》, 《더그래픽북》, 《심리의 책》, 《위대한 예술》, 《위대한 정치》, 《철학의 책》, 《신디 오 신디(Bamboo heart)》, 경제경영 백과사전 《BUSINESS(비즈니스)》등이 있다.

왜 그들이 이기는가

초판 1쇄 인쇄 2016년 4월 13일 | 초판 1쇄 발행 2016년 4월 20일

지은이 클로테르 라파이유·안드레스 로머
옮긴이 이경희
펴낸이 김영진

부문장 권혁춘 | 본부장 조은희
개발실장 박현미 | 책임편집 차재호
디자인 팀장 신유리 | 디자인 김가민
사업실장 김경수 | 영업 이용복, 방성훈, 정유
마케팅 민현기, 김재호, 정슬기, 엄재욱, 김은경, 류다현

펴낸곳 (주)미래엔 | 등록 1950년 11월 1일(제16-67호)
주소 137-905 서울시 서초구 신반포로 321
미래엔 고객센터 1800-8890
팩스 (02)541-8248 | 이메일 bookfolio@mirae-n.com
홈페이지 www.mirae-n.com

ISBN 978-89-378-3776-0 03300

* 와이즈베리는 ㈜미래엔의 성인단행본 브랜드입니다.
* 책값은 뒤표지에 있습니다.
* 파본은 구입처에서 교환해 드리며, 관련 법령에 따라 환불해 드립니다.
  다만, 제품 훼손 시 환불이 불가능합니다.

와이즈베리는 참신한 시각, 독창적인 아이디어를 환영합니다.
기획 취지와 개요, 연락처를 bookfolio@mirae-n.com으로 보내주십시오.
와이즈베리와 함께 새로운 문화를 창조할 여러분의 많은 투고를 기다립니다.

「이 도서의 국립중앙도서관 출판시도서목록(CIP)은 서지정보유통지원시스템 홈페이지(http://seoji.nl.go.kr)와 국가자료공동목록시스템(http://www.nl.go.kr/kolisnet)에서 이용하실 수 있습니다.
(CIP제어번호: CIP2016007720)」